Wort & Co 8

Sprachbuch für Gymnasien

Erarbeitet von:
Andreas Hensel
Markus Knebel
Ulrike Korb
Frank Kubitza
Anja Kühn
Gerhard Loh
Alois Mandl
Karla Müller

Überarbeitet von:
Claudia Högemann
Reinhild Międzybrocki

Illustration:
Peter Lowin

C. C. BUCHNER

Wort & Co 8 NEU

Sprachbuch für Gymnasien

RECHTSCHREIBREFORM 2006

1. Auflage 1 ⁵⁴³²¹ 2010 09 08 07 06
Die letzte Zahl bedeutet das Jahr des Druckes. Alle Drucke dieser Auflage sind, weil untereinander unverändert, nebeneinander benutzbar.

Dieses Werk folgt der reformierten Rechtschreibung und Zeichensetzung. Ausnahmen bilden Texte, bei denen künstlerische, philologische oder lizenzrechtliche Gründe einer Änderung entgegenstehen.

© 2006 C.C. Buchners Verlag, Bamberg
Das Werk und seine Teile sind urheberrechtlich geschützt. Jede Nutzung in anderen als den gesetzlich zugelassenen Fällen bedarf der vorherigen schriftlichen Einwilligung des Verlages. Das gilt insbesondere auch für Vervielfältigungen, Übersetzungen und Mikroverfilmungen. Hinweis zu § 52a UrhG: Weder das Werk noch seine Teile dürfen ohne eine solche Einwilligung eingescannt und in ein Netzwerk eingestellt werden. Dies gilt auch für Intranets von Schulen und sonstigen Bildungseinrichtungen.

www.ccbuchner.de

Gestaltung: Artbox Grafik & Satz GmbH, Bremen
Druck: Stürtz GmbH, Würzburg

ISBN 3-7661-**3828**-6
ISBN 978-3-7661-**3828**-6

Liebe Schülerinnen und Schüler!

Wir hoffen, dass euch das Arbeiten mit unserem Sprachbuch Spaß macht!

Damit ihr euch gleich gut zurechtfindet, hier die Erklärung der Zeichen, die in den Randspalten auftauchen.

> **!** In solchen Kästen mit einem Ausrufezeichen findet ihr wichtiges Lernwissen kurz zusammengefasst.

Bei diesem Zeichen müsst ihr zum Lösen der Aufgabe wahrscheinlich in einem Lexikon oder Fachbuch nachschlagen.

Der Pfeil verweist auf Seiten in anderen Kapiteln, auf denen weitere Informationen oder Aufgaben zu finden sind.

Dieses Zeichen weist auf Aufgaben hin, die für Partner- oder Gruppenarbeit geeignet sind.

Bei diesem Zeichen werden euch wichtige inhaltliche oder organisatorische Informationen gegeben, die euch beim Lösen der Aufgaben helfen.

Viel Erfolg in diesem Schuljahr wünschen euch Andreas Hensel, Claudia Högemann, Markus Knebel, Ulrike Korb, Frank Kubitza, Anja Kühn, Gerhard Loh, Alois Mandl, Reinhild Międzybrocki und Karla Müller.

6	Methoden: Einen Vortrag stimmlich, mimisch und gestisch gestalten	

8 Argumentieren

8	Körperschmuck – auch etwas für euch?	DISKUSSION UND STREITGESPRÄCH
12	Schule und Umwelt	SUCHEN UND ORDNEN VON ARGUMENTEN
16	Ein Jahr nach Amerika?	GLIEDERN
18	„Schade, dass ich schon wieder zurück muss!"	EINLEITUNG UND SCHLUSS
20	„Ich brauche dringend Geld – nur woher?"	ARGUMENTATION – DIE 3 Bs
22	„Wenn ich eine Million gewänne …"	MODALITÄT
25	„Klassengemeinschaft – finden wir wichtig!"	ARGUMENTATION – ÜBERLEITUNGEN
27	Und zum Schluss …	ÜBERARBEITUNG
30	Methoden: Informationen vermitteln – das Kurzreferat	

32 Mit Sprache und Literatur produktiv umgehen

32	Feuer – Faszination und Gefahr	SCHILDERN VON SITUATIONEN, STIMMUNGEN UND EMPFINDUNGEN
35	Schreib doch mal!	DEN SCHREIBPROZESS KREATIV GESTALTEN
39	Stadt – Land – Fluss	ZU TEXTEN UND BILDERN SCHREIBEN
45	Fluss…	PROJEKT
46	Methoden: Das Thema erschließen	

48 Protokollieren

48	„Gebt ihm eine Chance!"	PROTOKOLLARTEN
50	Ein Anti-Mobbing-Programm	TECHNIKEN DES MITSCHREIBENS
52	Diskussionen im Lehrer- und im Klassenzimmer	REDEBEITRÄGE WIEDERGEBEN
56	Toleranz gegenüber Fremden	UNTERRICHTSPROTOKOLL
61	Friedlich miteinander umgehen	PROJEKT
62	Methoden: Informationen sichten und auswerten	

64 Texte zusammenfassen und wiedergeben

64	Darin enthalten sind …	ZUSAMMENFASSUNGEN UND INHALTSANGABEN
66	Schritt für Schritt von der Textvorlage zum eigenen Text	BAUSTEINE FÜR DAS VERFASSEN EINER INHALTSANGABE
76	Kleingeld und andere Kleinigkeiten	REDEWIEDERGABE UND TEMPUSGEBRAUCH IN DER INHALTSANGABE
82	Konservierte Geschichten	ZUSAMMENFASSEN VON SACHTEXTEN
88	Das Grauen	INHALTSANGABE FÜR PROFIS
90	Methoden: Informationen aufbereiten	

92 Sprache verstehen und verwenden

92	Suche! Finde! Schreibe! Erkläre!	ÜBUNGEN ZU RECHTSCHREIBUNG UND ZEICHENSETZUNG
100	Wie sich das Deutsche entwickelt hat	SPRACHGESCHICHTE UND LAUTVERÄNDERUNGEN
104	Wörter aus anderen Sprachen bereichern	FREMD- UND LEHNWÖRTER
106	Das kommt mir aber spanisch vor!	FACH- UND GRUPPENSPRACHEN
108	Vielfalt ist Reichtum	ROLLE UND EINFLUSS DER MUNDARTEN
111	Reden, wie einem der Schnabel gewachsen ist	PROJEKT
112	Ein Brett vor dem Kopf …	REDEWENDUNGEN UND IHRE HERKUNFT

114	Methoden: Das Referat gliedern und schreiben	

116 Sich mit poetischen Texten auseinandersetzen

116	Wirf deine Angst in die Luft!	GEDICHTE
124	Vorhang auf!	EINFÜHRUNG IN DAS DRAMA
137	Theaterwerkstatt	PROJEKT
140	Die Barockzeit – eine europäische Epoche	LITERATUREPOCHE
152	Kriegserlebnisse verarbeiten	ZEITGENÖSSISCHE LITERATUR
162	Von Alltagsmenschen und Weltraumhelden	LITERARISCHE WERTUNG

166	Methoden: So gelingt dein Kurzreferat	

168 Texte und Medien nutzen

168	Ein Papier, das es in sich hat	ORIENTIERUNG IN DER TAGESZEITUNG
174	Rasende Reporter	VOM EREIGNIS ZUR NACHRICHT
180	Von Flugzeugen und Schneechaos	INFORMIERENDE TEXTSORTEN
186	Sensationen! Sensationen!	BOULEVARD-PRESSE
188	Was sonst noch in der Zeitung steht	MEINUNGSBILDENDE TEXTSORTEN
193	Information ist nicht gleich Information	NACHRICHTEN IN ZEITUNG, FERNSEHEN UND INTERNET
194	Sicher surfen	KRITERIEN FÜR DIE INFORMATIONSBESCHAFFUNG IM NETZ
195	Schüler schreiben für Schüler	PROJEKT
198	Hyper, hyper …	PROJEKT

199	Glossar
214	Quellenverzeichnisse

Einen Vortrag stimmlich, mimisch und gestisch gestalten

Bevor du einen Vortrag hältst, solltest du an einige Dinge denken, damit du gut vorbereitet bist und so deine Nervosität weitgehend ausschalten kannst.

1. Entscheide, ob du den Vortrag über einen zeitgenössischen Dichter (S. 152 ff.) oder zum Text *Literarische Wertung* (S. 162 ff.) mithilfe der Tipps unten gestalten willst. Schreibe die folgenden Fragen und die Antworten auf Karteikarten und befestige sie sichtbar über deinem Arbeitsplatz.

> Wer sind meine Zuhörer und Zuhörerinnen (Klasse, Kurs, Freunde …) und wie viele sind es?

> Haben die Zuhörer und Zuhörerinnen bereits Kenntnisse über mein Thema?

> Welchen Zweck hat mein Vortrag? (Will ich informieren, unterhalten, von etwas überzeugen?)

2. Betrachte die verschiedenen Körperhaltungen und Gesichtsausdrücke der Personen auf den Fotos. Erkläre, weshalb bestimmte Haltungen auf dich eher negativ, andere aber positiv wirken. Überlege dann, welche Haltung du für deinen Vortrag einnehmen willst, und übe sie vor dem Spiegel.

3. Lies die folgenden Tipps. Begründe, warum sie für einen guten Vortrag wichtig sind.

❶ Bertolt Brecht meinte einmal: „Sehe ich deine Haltung, dann interessiert mich deine Meinung nicht mehr." Für das Auftreten ist also eine richtige **Haltung**, insbesondere die Haltung der Hände, besonders wichtig.

So wird's gemacht: die Methodenseite

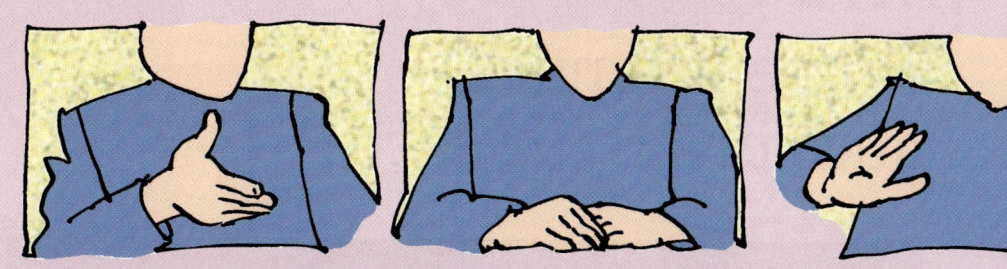

Positive Ebene: Hier kann man mit Gesten die Aussagen des Textes am besten unterstreichen.

Neutrale Ebene: Hier sind die Hände jederzeit zur Gestik bereit.

Negative Ebene: Diese sollte gemieden werden, weil diese Gestik vom Vortrag ablenkt.

2 Die folgenden fünf **Prinzipien des guten Redens** helfen beim Referieren, da sie es den Zuhörern erleichtern, deinen Ausführungen zu folgen und „bei der Sache" zu bleiben.
- Ich spreche langsam.
- Ich bilde kurze überschaubare Sätze.
- Ich baue Pausen ein.
- Ich habe Blickkontakt zum Publikum.
- Ich spreche mit ausreichender Lautstärke.

3 Bezüglich der **Atmung** während des Vortrags kann man lediglich den Tipp geben, möglichst gleichmäßig und tief, d. h. in den Bauch, nicht in den Brustkorb, zu atmen.

4 Achte auf eine angemessene und abwechslungsreiche **Stimmführung**. Das betrifft die Lautstärke und Sprechgeschwindigkeit. Dabei ist die Veränderung der Lautstärke ein effektives Mittel, um den Vortrag „farbig" zu gestalten.
Wenn wir leise sprechen, wirken wir eindringlich oder behutsam. Wenn wir laut sprechen, wirken wir mitreißend, aufrufend oder engagiert. Wenn wir in einer mittleren Tonlage sprechen, wirken wir sachlich und verbindlich, bei gleichbleibender Lautstärke monoton.

4. Nimm deinen Vortrag auf (Kassettenrekorder, Diktafon …) und bewerte im Anschluss anhand der folgenden Prüfliste selbst mögliche Stärken und Schwächen deines Vortrags.

Lautstärke und Betonung	Tempo des Vortrags	Art der Aussprache
• Hat die Lautstärke variiert? • Wurden besonders wichtige Aussagen zusätzlich betont? • Wurde insgesamt zu laut oder zu leise gesprochen?	• Wurde zu schnell oder zu langsam vorgetragen? • Wurde die Geschwindigkeit verändert? • Wurden ausreichend Pausen gemacht?	• Gingen Silben verloren? • War der Dialekt zu ausgeprägt?

5. Damit ihr die Tipps ständig vor Augen habt, entwerft in Gruppen Regelplakate zum Thema *Einen Vortrag gestalten*. Sprecht darüber, ob sie anschaulich und vollständig die Regeln wiedergeben, und hängt die auf, die den Kriterien entsprechen.

Körperschmuck – auch etwas für euch?

gefällt mir · *gefährlich* · *schön* · *hässlich* · *cool* · *igitt* · *ekelhaft*

1. **a)** Betrachte die Abbildung und formuliere das Thema, um das es hier geht.
   b) Schau dir das Poster an und gib deine Empfindungen wieder.
2. Notiere Pro- und Kontraargumente in deinem Heft.
3. Vergleicht in Gruppen die Argumente und wählt mindestens zwei Pro- und zwei Kontraargumente für eine spätere Diskussionsrunde aus.
4. Gestaltet ein Plakat, mit dessen Hilfe ihr die Diskussionsregeln immer wieder vor Augen habt. Bezieht ein, was ihr aus den vergangenen Schuljahren wisst.

- Vorbereitung der Diskussion – Sitzordnung
- Sprachverhalten während der Diskussion
- Sozialverhalten während der Diskussion

Argumentieren

Diskussion und Streitgespräch

5. **a)** Klärt den Begriff „Feedback", wenn nötig mithilfe eines Fremdwörterbuches.
   b) Sammelt Situationen, in denen ein Feedback erfolgt, und diskutiert, welchen Sinn das Feedback hat und wie es erfolgen sollte.
6. Erläutert den Feedbackbogen und übertragt ihn in eure Hefte. Ergänzt gegebenenfalls eigene Ideen.

Name des Diskutierenden/der Diskutierenden:

_____

	+	−	
beteiligt sich gut	_____	_____	beteiligt sich kaum
bleibt beim Thema	_____	_____	schweift vom Thema ab
redet deutlich	_____	_____	redet undeutlich
blickt und spricht Mitschüler/-innen an	_____	_____	blickt und spricht Lehrer/-in an
redet überzeugend	_____	_____	schwafelt nur
lässt andere ausreden	_____	_____	fällt anderen ins Wort
…			…

---

7. Führt die Diskussion durch.
   - Teilt euch in zwei Gruppen auf: Beobachter und Diskussionsteilnehmer.
   - Lost unter den Diskussionsteilnehmern aus, wer pro und wer kontra ist, und setzt euch in der Mitte des Klassenraums einander gegenüber.
   - Die Beobachter setzen sich jeweils hinter die Person, auf deren Gesprächsverhalten sie im Verlauf der Diskussion achten und für die sie einen Feedbackbogen ausfüllen.
   - Einigt euch auf einen Diskussionszeitraum und bestimmt einen Zeitnehmer.
   - Nach Ablauf der Zeit äußern sich die Beobachter und begründen mithilfe ihrer Notizen, ob das Verhalten jeweils den Regeln entsprach.
   - Danach berichten die Diskussionsteilnehmer über ihre Empfindungen während der Diskussion und nehmen Stellung zu den Beobachteräußerungen.
   - Besprecht im Plenum, welche Regeln zum Tragen gekommen sind, welche noch besser beachtet werden müssen und macht Vorschläge für einen noch besseren Gesprächsverlauf.

8. Beschreibt den Verlauf der Diskussion und sucht nach Gründen für die Entwicklung der Diskussion. Nennt in diesem Zusammenhang die Aufgaben eines Gesprächsleiters/einer Gesprächsleiterin.
9. Bildet Gruppen und wählt eine Talkshow aus, in der ihr den Diskussionsleiter/die Diskussionsleiterin beobachtet, und überprüft, inwieweit er/sie die Anforderung an die Rolle erfüllt.

Johannes B. Kerner Show

Berlin Mitte

Sabine Christiansen

NDR Talk Show

10. In vielen Unternehmen werden Mitarbeiter/Mitarbeiterinnen geschult, um ihre Gesprächs- und Diskussionsfähigkeiten zu verbessern, damit sie z. B. besser mit Kunden verhandeln können.
    Wähle eines der folgenden Themen:
    - Computerspiele
    - Lesen
    - Skikurs als Klassenfahrt
    - Betriebspraktikum im Gymnasium

    Vertritt deinen Standpunkt dazu auf dem sogenannten „heißen Stuhl" gegen den Rest der Klasse. Wechselt nach einer vereinbarten Zeit die Rollen.

Diskussion und Streitgespräch

Nach dem Ende des Gesprächsspiels solltest du dir nochmals überlegen, inwieweit die Regeln der Diskussion, die du bisher kennst, von dir und den anderen umgesetzt wurden:

- Hast du die anderen zu Wort kommen lassen?
- Bist du auf die Argumente der anderen eingegangen oder hast du lediglich immer wieder deinen Standpunkt wiederholt?
- Wie haben sich deine Gesprächspartner verhalten?
- Hast du deine Position mit Beispielen untermauert oder lediglich Behauptungen aufgestellt? Wie war es bei deinem Gegenüber?

S. 20f.

> Bei einer **Diskussion** sind verschiedene **Regeln** zu beachten, ohne die ein richtiges Gespräch kaum möglich ist. Neben einer sinnvollen Sitzordnung sollte jeder Teilnehmer die Möglichkeit erhalten, zu Wort zu kommen. Wichtig ist hier auch, dass die Meinung des Gegenübers respektiert wird und man im Gespräch aufeinander eingeht. Ein Diskussionsleiter/eine Diskussionsleiterin achtet auf die Einhaltung der Regeln und steuert den Verlauf der Diskussion im Sinne der vereinbarten Regeln.

Schule und Umwelt

„Der Skikurs entfällt!"

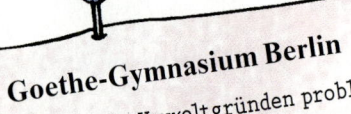

> **Goethe-Gymnasium Berlin**
>
> Aufgrund des aus Umweltgründen problematisch gewordenen Skitourismus und der damit verbundenen zahlreichen Stimmen von Eltern gegen die Beibehaltung unserer Fahrt nach Österreich sieht sich die Schulleitung gezwungen, den Skikurs ab dem laufenden Schuljahr nicht mehr stattfinden zu lassen.
>
> Die Schulleiterin und der Elternbeirat

Zu Beginn des neuen Schuljahres fand sich dieser knappe Anschlag der Schulleitung am schwarzen Brett des Goethe-Gymnasiums in Berlin. Elternbeirat, Lehrerkollegium und Schulleitung hatten gemeinsam entschieden, den Skikurs nicht mehr durchzuführen. Die Schülerinnen und Schüler hatten zwar von dieser Entscheidung gewusst, jedoch darauf vertraut, dass die Entscheidung nochmals überdacht würde. Nun waren sie von der Endgültigkeit des Beschlusses mehr als entsetzt, vor allem diejenigen der 8. Klassen, die von der Entscheidung direkt betroffen waren.

Stephan: Das lassen wir uns nicht bieten. Wir streiken!
Michaela: Genau. Wir machen so lange keinen Unterricht mehr, bis wir wieder fahren dürfen.
Johanna: Na toll. Glaubt ihr, so lässt die Schulleitung mit sich reden?
5 *Alexandra:* Johanna hat recht. Wir sollten uns auf eine Auseinandersetzung vorbereiten. Die haben ja nicht mal richtige Gründe angegeben, weshalb der Kurs gestrichen werden soll. Oder glaubt ihr, dass alle Eltern gegen den Kurs sind? Also meine Eltern bestimmt nicht.
Peter: Lasst uns doch mal überlegen, was wir der Schulleitung sonst noch entgegen-
10 halten könnten.

Suchen und Ordnen von Argumenten

Die Klasse 8b hat spontan gemeinsam Argumente gesammelt, um doch noch ins Skilager fahren zu können:

- Skigebiete sind sowieso schon da
- Gemeinschaftsgefühl bei Skikurs besonders hoch
- sportliche Aktivität
- Lernzuwachs in kurzer Zeit sehr hoch
- Selbstbewusstsein steigt
- Skitourismus schafft Arbeitsplätze in den Bergen
- auch andere Wirtschaftsbereiche profitieren (Skihersteller, Winterbekleidung)
- Skifahren verschafft intensives Naturerlebnis
- Vielfalt der sportlichen Aktivität (Schlittschuhlaufen, Snowboarden, Skifahren, Langlauf, Bergtouren)

1. Ergänzt in Partnerarbeit die Liste der Argumente durch eigene. Ordnet sie dann nach verschiedenen Themenbereichen und sucht jeweils Oberbegriffe.

Für ein Gespräch mit der Schulleiterin müssen die Schülerinnen und Schüler in aller Kürze ihre Argumentation so vorbereiten, dass sie eine Chance haben, die Schulleiterin zu überzeugen.

Michaela: Ich finde, dass wir mit einem Argument beginnen sollten, das wirklich überzeugt. Dann kann unsere Schulleiterin schon nichts mehr entgegnen und wir sparen uns die weitere Diskussion.
Stefan: Meinst du wirklich, dass sie sich so schnell überzeugen lässt?
Johanna: Ich glaube das auch nicht. Wir sollten vielleicht erst einmal versuchen, die Argumente in eine Ordnung zu bringen. Der wirtschaftliche Aspekt hat sicherlich ein anderes Gewicht als der sportliche. Das wird auch in der Diskussion wichtig sein.
Stefan: Stimmt. Und außerdem glaube ich, dass wir die Dinge, die uns selbst angehen, wie zum Beispiel das Gemeinschaftserlebnis, als Trumpf besser aufheben sollten, denn das ist sicherlich etwas, womit wir unsere Schulleiterin überzeugen können.
Martin: Du hast recht. Das ist wie beim Fußball. Nicht der, der stark loslegt, hat die besten Karten, sondern der, der die beste Taktik besitzt.
Michaela: In Ordnung. Ihr habt mich überzeugt. Aber dann lasst uns anfangen. Wir haben nicht mehr viel Zeit!

2. a) Vergleicht die hier angeführten Themenbereiche mit euren Oberbegriffen aus Aufgabe 1.
 b) Nennt die verschiedenen Argumentationsstrategien, die im Gespräch vorgeschlagen werden, und diskutiert ihre Erfolgsaussicht.

3. Die Klasse 8b hat gute Argumente gefunden und der Klassensprecher und die Klassensprecherin sind auf das Gespräch mit der Schulleiterin vorbereitet. Auch der Vorsitzende des Elternbeirates, der sich gegen einen weiteren Skikurs ausgesprochen hat, wird anwesend sein. Überlegt, welche Argumente die beiden den Schülern entgegenhalten könnten.
4. Spielt das Gespräch. Die Beobachter verfassen dazu ein Protokoll.
5. Notiert, wo Diskussionsregeln eingehalten und wo sie nicht beachtet worden sind.

Ein weiterer Diskussionspunkt am Goethe-Gymnasium ist die Abschaffung des traditionsreichen, von den Schülern und Schülerinnen organisierten Schulfestes.

6. Schreibt aus den beiden folgenden Texten die Argumente heraus, die dazu geführt haben, dass die verschiedenen Gremien für die Abschaffung sind.

In der Diskussion um die Abschaffung des Schulfestes am Goethe-Gymnasium möchte ich mich als Elternbeiratsvorsitzender zu Wort melden. Ich habe selbst zwei Kinder an der Schule, eine Tochter in der 8. Jahrgangsstufe und einen Sohn in der 11. Jahrgangsstufe. Beide waren auf diesem Fest anwesend. Ich selbst kam gegen
5 22.00 Uhr vorbei, um meine Tochter abzuholen. Bereits zu dieser Zeit lagen Unmengen von Müll vor dem Haupteingang der Schule. Nachdem ich mehrere Schüler auf diesen Missstand angesprochen hatte, bekam ich – wenn überhaupt – nur Antworten, die ich hier nicht wiederholen möchte. Die Musik war meiner Meinung nach angemessen, jedoch wurde mir von einem Freund, der in der Nachbarschaft wohnt,
10 am nächsten Tag erzählt, dass die Musikanlage wohl erst gegen Mitternacht „aufgedreht" wurde. Aufgrund meiner eigenen Erfahrungen sowie der Berichte anderer Personen halte ich es für nicht mehr hinnehmbar, wenn das Goethe-Gymnasium sich so nach außen präsentiert. Auch wenn die Veranstaltung keine offizielle Schulveranstaltung ist und in Eigeninitiative durch die Schülermitverantwortung durchge-
15 führt wird, so steht dennoch der Ruf der Schule auf dem Spiel.

K. Schneider, Elternbeiratsvorsitzender des Goethe-Gymnasiums Berlin

Suchen und Ordnen von Argumenten

Goethe-Gymnasium Berlin

Beim diesjährigen Schulfest kam es zu verschiedenen unerfreulichen und nicht hinnehmbaren Auswüchsen. Neben der für die Anwohner nicht mehr zumutbaren Lärmbelästigung bis in die frühen Morgenstunden war vor allem die Verschmutzung der Schule und der angrenzenden Grünflächen mit leeren Dosen, weggeworfenen Flaschen
5 und Zigarettenresten eine Schande für unsere Schule. „Umweltschutz fängt im Kleinen an!" Vor allem die vielen leeren Bierdosen und -flaschen lassen zudem darauf schließen, dass Alkohol in nicht mehr angemessenem Umfang getrunken wurde. Aufgrund dieser unerfreulichen Erscheinungen kam es zu zahlreichen Protesten von Seiten der Lehrerschaft, der Eltern, aber auch jüngerer Schülerinnen und Schüler. Nach
10 einem Beschluss der verschiedenen Gremien sieht sich die Schulleitung gezwungen, ihre Räumlichkeiten ab dem nächsten Jahr nicht mehr für dieses Fest zur Verfügung zu stellen.
Die Schulleiterin

7. Die Schulsprecherin hat eine Liste für die Klassensprecherversammlung angefertigt.
   a) Untersuche ihre Argumente jeweils daraufhin, ob sie ein Gegenargument zu den Aussagen in den Texten darstellen oder ob sie Verbesserungsvorschläge für das nächste Schulfest sind.
   b) Welcher Seite würdest du dich anschließen? Begründe deine Meinung mit geeigneten Argumenten.

- Schulfest war gar nicht so schlimm
- Alkohol vor allem durch Jugendliche aus anderen Schulen
- Fest außerhalb des schulischen Rahmens noch weniger kontrollierbar
- ab Mitternacht keine Musik mehr außerhalb des Gebäudes
- Zugang nur für Schülerinnen und Schüler der Schule
  (mit max. einer Begleitperson)
- früher anfangen, früher aufhören
- ?

8. Versetze dich in die Rolle der Schulsprecherin und verfasse aus ihrer Sicht einen Leserbrief für die Zeitung. Stelle dar, wie das Schulfest verlaufen ist, und mache Vorschläge zur Abschaffung der bemängelten Missstände.

S. 20

Wenn man einen **Standpunkt** vertritt oder sich gegen die Position eines anderen wendet, muss man versuchen, möglichst **viele** und vor allem **gute Argumente** zu finden. Zudem muss man darauf achten, dass man seine Argumente **sachlich** und in sich **schlüssig** vorbringt. Ansonsten läuft man Gefahr, dass man den anderen möglicherweise trotz besserer Argumente nicht überzeugen kann.

Ein Jahr nach Amerika?

In der Schülerzeitung des Albert-Einstein-Gymnasiums in Ulm schreibt ein Schüler über seine Erfahrungen in Lateinamerika:

Ein mulmiges Gefühl hatte ich schon im Magen, als ich das Flugzeug bestieg, das mich, 17 weitere Deutsche und circa 100 andere Jugendliche aus ganz Europa, nach Costa Rica bringen würde. Immer wieder fragte ich mich, ob es eine gute Idee gewesen war, für so lange Zeit von zu Hause, von meiner Familie und meinen Freunden wegzugehen.

In San José, der Hauptstadt Costa Ricas, empfingen uns Palmen und glühende 35 Grad Hitze. Nachdem ich von meinen Gasteltern abgeholt worden war, wurde ich gleich allen Verwandten vorgestellt. Ich lernte über 20, ja wirklich über 20, Tanten und Onkels und dann natürlich auch deren Kinder und Enkel kennen.

Nachdem ich einige Wochen dort war, begann die Schule. Inzwischen konnte ich mich schon ein bisschen verständigen. Aber als der Direktor eine Rede hielt, verstand ich gar nichts. Erst so nach und nach konnte ich dem Unterricht folgen. Die Schule war dort so eine Sache. Die Lehrer streikten mindestens einen Tag in der Woche, manchmal auch die ganze Woche lang und ständig hatten wir schulfrei. Rang sich ein Lehrer doch einmal dazu durch, Unterricht zu machen, so sagte er uns, welche Seiten im Buch wir in unser Heft übertragen sollen, oder er diktierte sie uns. Heimweh hatte ich eigentlich nie, da ich ständig mit meinen „Verwandten" und meinen neuen Freunden etwas unternahm. Ich ging zum Schwimmen, zu Messen und suchte mit meinem „Gastvater" im Urwald Orchideen. Wir zogen jedes Wochenende durch die Wälder rund um die Stadt oder kraxelten in den Anden herum.

Mit anderen ging ich regelmäßig Billardspielen oder zu einem Fußballspiel der ersten Liga Costa Ricas.

Als ich in Costa Rica angekommen war, war mir ein Jahr wie eine Ewigkeit vorgekommen, aber jetzt im Rückblick ging es viel zu schnell vorbei und ich wäre gern noch länger geblieben.

(Christoph Schmittner)

1. Was erfährt man aus dem Bericht von Christoph? Fasse seine Eindrücke, die du dem Text entnehmen kannst, mit eigenen Worten zusammen.
2. Damit ihr die Äußerungen Christophs besser einordnen könnt, solltet ihr euch etwas genauer mit seinem Gastland beschäftigen. In eurer Klasse findet sich sicher jemand, der dem Rest der Klasse Costa Rica genauer vorstellen möchte.
3. Arbeite die Gründe, die Christoph für einen Auslandsaufenthalt nennt, heraus.

4. Stell dir vor, du möchtest an einem Schüleraustausch teilnehmen. Finde weitere Gründe, die für einen Auslandsaufenthalt sprechen.
5. **a)** Betrachte die beiden folgenden Schemata, die einer Gliederung zugrunde liegen können, und beschreibe Unterschiede und Gemeinsamkeiten.
   b) Begründe, warum solche Schemata hilfreich für das Erstellen einer Gliederung sind.

Schema I	Schema II
A. Einleitungsgedanke	1 Einleitungsgedanke
B. Hauptteil	2 Hauptteil
1. erstes Argument	2.1 erstes Argument
2. zweites Argument	2.2 zweites Argument
3. drittes Argument	2.3 drittes Argument
...	...
C. Schluss	3 Schluss

6. Erstelle mithilfe der folgenden Gliederungspunkte zu zwei unterschiedlichen Themen jeweils eine Gliederung für beide Muster.

> **Gefahr: Abschaffung des Schüleraustausches** • Kommunikation mit Freunden nur über den Computer • Gründe für Schüleraustausch • isoliertes Arbeiten • Verbesserung der Fremdsprachenkenntnisse • keine direkte Problemlösung • Kennenlernen anderer Kulturen • Anregung: Internet als Ergänzung in der Schule • Förderung der Selbständigkeit • Wunsch: Beibehaltung des Schüleraustausches • **Frage: Internetschulen auch in Deutschland?** • Gründe gegen die Internetschule

7. Gestalte eine Gliederung nach einem der vorgegebenen Muster zum Thema *Weshalb sollten an unserer Schule weiterhin Skikurse stattfinden?*

> Die **Gliederung** ist ein wichtiger Bestandteil **der schriftlichen Argumentation**. In ihr werden die **Gedanken sinnvoll geordnet**. Damit deine Stellungnahme überzeugend wirkt, solltest du deine **Argumente** vom weniger Wichtigen zum Wichtigsten hin (**steigernd**) anordnen. So steht das wichtigste Argument am Schluss des Hauptteils.

```
Gliederung
Thema: Weshalb sollten an unserer Schule weiterhin Skikurse stattfinden?

A) Einleitung:   Plan der Schulleitung, Skikurse abzuschaffen
B) Hauptteil:    Argumente für die Beibehaltung
                 1. Argument: Skikurs macht viel Spaß
                 2. Argument: ...
                 3. Argument: ...
                 4. Argument: ...
                 5. Argument: Skikurs fördert den Zusammenhalt in der Klasse
                 6. Argument: ...
C) Schluss:      ...
```

„Schade, dass ich schon wieder zurück muss!"

Nicht selten kostet es viel Zeit, bis man einen gelungenen Einstieg in ein Thema gefunden hat. Doch diese Zeit kann man verkürzen, wenn man sich vorher bereits Gedanken macht, welche Einstiegsmöglichkeiten es grundsätzlich gibt.

1. Im Folgenden werden einige Möglichkeiten vorgestellt. Ordne den Einleitungen den jeweils entsprechenden Typ zu.

Thema	Teil der Einleitung		Typ
1. Sollten Schulnoten abgeschafft werden?	→ „Man lernt nicht für die Schule, sondern für das Leben." Dieser alte Ausspruch scheint im Gegensatz zu stehen zu der schulischen Art der Benotung …	?	a) aktuelle Statistik
2. Was spricht für ein Zeltlager mit Freunden?	→ Das Jugendzeltlager unserer Stadt hat eine lange Tradition. Bereits vor 80 Jahren trafen sich zum ersten Mal einige wenige Jugendliche, um …	?	b) kurzer historischer Rückblick
3. Weshalb sollten bereits Jugendliche einen eigenen Computer besitzen?	→ Nach einer Umfrage einer großen Computerzeitschrift besitzt bereits jeder zweite Jugendliche unter 14 Jahren einen eigenen Computer …	?	c) Erläuterung des Themabegriffs
4. Was spricht gegen einen Cola- und Süßigkeitenautomat in der Schule?	→ Nach einem Beschluss der Schulleitung soll der Cola- und Süßigkeitenautomat an unserer Schule abgeschafft werden. Ich möchte daher in einem offenen Brief an die Schulleitung mögliche Gründe aufzeigen, weshalb …	?	d) Zitat oder Sprichwort
5. Soll man als Schüler eine Nebentätigkeit oder einen Ferienjob annehmen?	→ „Nebentätigkeit" – was ist darunter zu verstehen? Schließt der Begriff kleine Tätigkeiten wie das Einkaufen für die Großmutter oder Waschen des Autos der Eltern mit ein oder ist damit vor allem eine organisierte und festbezahlte Arbeit – etwa Zeitungaustragen oder Aushilfsarbeiten in einer Firma – gemeint? …	?	e) Schreibanlass

2. Folgendes Thema liegt vor: *Als Austauschschüler nach Frankreich oder England?* Verfasse dazu drei Einleitungen mit drei unterschiedlichen Einleitungstypen und achte darauf, die Themafrage am Ende der Einleitung nicht zu vergessen.

In der Ausführung muss am Ende der Einleitung die sogenannte Themafrage stehen, d. h. die Frage, die du behandelst.

Einleitung und Schluss

Ähnlich wie bei der Einleitung gestaltet sich die Formulierung des Schlusses oft schwierig.

3. Versuche, einen Schluss zum Thema *Müssen Noten sein?* zu verfassen.
4. Sammelt in Gruppen (4–6 Personen) eure Schlussworte, vergleicht sie miteinander und entwickelt daraus einen „Katalog" mit möglichen Schlussbemerkungen. Stellt euren „Katalog" abschließend den anderen in der Klasse vor.

Im Folgenden findet ihr eine begründete Stellungnahme zum Thema *Sollen Zeugnisse abgeschafft werden?*, bei der geschickt Einleitung und Schluss miteinander verknüpft worden sind.

Seit Jahrhunderten gibt es Zensuren in allen Schulen dieser Welt. Doch als ich letztes Jahr in Schweden eine Schule besuchte, konnte ich feststellen, dass es auch ohne die klassischen Noten und die ungeliebten Zeugnisse geht. Nach meiner Rückkehr stellt sich für mich nun die Frage, die in einigen Schulen Schwedens bereits beantwortet zu sein
5 scheint: „Sollen Schulnoten abgeschafft werden?"
…
Auch wenn über Jahrhunderte Zeugnisse eine Selbstverständlichkeit waren, so ist doch deutlich geworden, dass es einige gewichtige Gründe gibt, die dazu führen, dass man sich eine Schule ohne Zeugnisse durchaus vorstellen kann. Meine eigenen Erfahrungen
10 im Ausland haben gezeigt, dass dadurch nicht das pure Chaos ausbrechen muss.

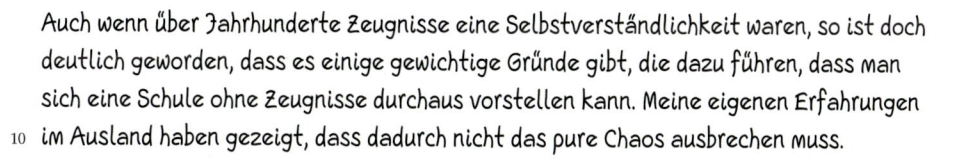

5. Beschreibe, wie Einleitung und Schluss miteinander verbunden worden sind.
6. Wähle aus den folgenden Fragestellungen eine aus und schreibe dazu einen Rahmen (Einleitung und Schluss).

- Sollte das eigene Zimmer elternfreier Raum sein?
- Schulfahrten – ein zu teurer Luxus?
- Mofaführerschein bereits mit 13 Jahren?

Einleitung und Schluss umrahmen die eigentliche Argumentation. Die Einleitung führt zum Thema hin und soll Aufmerksamkeit erwecken. Daneben ist darauf zu achten, dass
- am **Ende der Einleitung** die **Themafrage** steht
- möglicherweise bereits bedacht wird, **zwischen Einleitung und Schluss** einen **inhaltlichen Bogen** zu **spannen**.

Der Schluss rundet das Thema ab. Er kann verschiedene Aufgaben erfüllen, etwa
- die gemachten Aussagen durch eigene Erfahrungen stützen,
- einen Ausblick in die Zukunft geben,
- durch einen Bezug auf die Einleitung einen Bogen spannen.

Man sollte jedoch darauf achten, die Ausführung nicht zu wiederholen oder gar neue Argumente vorzubringen.

ARGUMENTATION – Die 3 Bs

„Ich brauche dringend Geld – nur woher?"

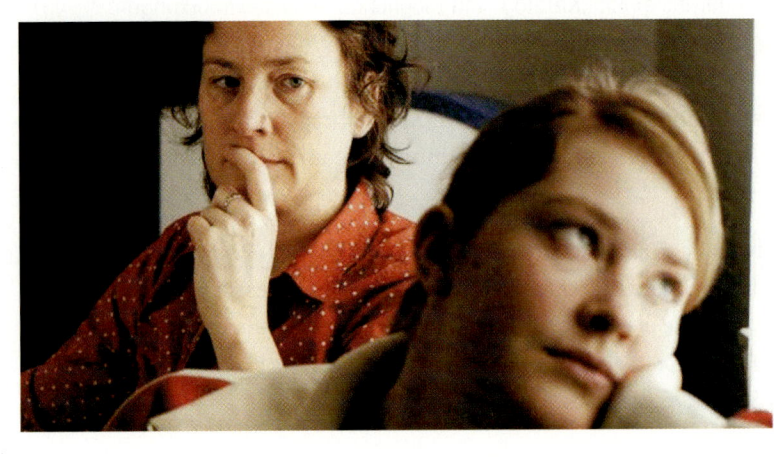

„Ich muss das Trikot haben!"

Ute: Ich habe gestern von Stefan gehört, dass das neue Trikot der Bulls endlich auf dem Markt ist. Und ich brauche das unbedingt!
Vater: Aber du hast doch erst letztes Jahr eines bekommen.
Ute: Ich kann doch nichts dafür, wenn die jedes Jahr ein neues Trikot bringen.
5 *Mutter:* Wir können dir doch nicht jedes Jahr so etwas kaufen.
Ute: Aber ich brauche das neue!
Vater: Es wird doch wohl auch ohne gehen.
Ute: Aber ich brauche es!
Mutter: Du hörst doch, was dein Vater sagt. Es gibt dieses Jahr kein Trikot.
10 *Ute:* Stefan hat das Trikot auch.
Vater: Ich habe auch nicht alles, was Stefan hat. Schluss jetzt, es gibt kein Trikot.

1. Nennt die Gesprächsregeln, die hier nicht eingehalten werden.
2. Sammelt Ideen, wie ihr eure Eltern überzeugen würdet.
3. Schreibe das Gespräch dementsprechend um und spiele mit zwei anderen Mitschülerinnen oder Mitschülern die veränderte Szene.
4. Versuche, folgende Sätze so fortzuführen, dass du andere damit überzeugst.

- Wir sollten unbedingt am Wochenende ins Kino gehen …
- Ich wünsche mir zum Geburtstag einen Computer …
- Ich würde gerne am Dienstag länger wegbleiben …

Du kannst feststellen, dass eine Behauptung allein („Ich brauche aber …") nicht reicht. Um überzeugen zu können, musst du die Behauptung stützen. Letztlich besteht eine gelungene Argumentation aus drei Elementen, den **3 Bs**:

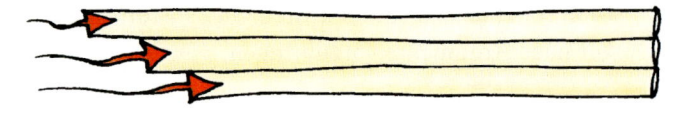

Behauptung
Begründung
Beispiel

Argumentation – Die 3 Bs

5. Versuche bei den folgenden Argumentationen das jeweils fehlende „B" einzusetzen und übertrage die gesamte Argumentation in dein Heft.

Behauptung	Sport ist gesundheitsschädlich,
Begründung	weil …
Beispiel	So beklagen die Krankenkassen, dass immer mehr Ausgaben durch Sportunfälle zu verzeichnen sind.

Behauptung	Das Erlernen einer dritten Fremdsprache ist wichtig,
Begründung	weil …
Beispiel	Für viele Unternehmen ist ein wesentlicher Grund für eine Einstellung, dass der Bewerber/die Bewerberin möglichst viele Fremdsprachen beherrscht.

Behauptung	Ein gutes Taschengeld ist wichtig,
Begründung	denn nur, wenn man eigenes Geld hat, kann man einen verantwortungsvollen Umgang damit lernen.
Beispiel	…

Es zeigt sich, dass es oft besonders schwierig ist, ein gutes Beispiel zu finden. Schließlich hat man nicht immer die neuesten Statistiken oder Meldungen vor sich liegen, mit deren Hilfe man dann besser überzeugen könnte. Es gibt jedoch verschiedene Möglichkeiten, seine Argumentation zu stützen.

6. Ordne den verschiedenen Beispielen die jeweiligen Verfahren zu:

Beispiel		Verfahren
1. So haben in Schweden die Schüler an „notenfreien" Schulen wesentlich weniger Schulangst.	?	a) Hinweis auf Folgen
2. Auch der Präsident vom Bund Naturschutz fordert, dass der Schutz der Umwelt weltweit noch verstärkt werden muss.	?	b) Bekräftigung durch überprüfbare Beweise
3. Wenn die Entwicklung so weitergeht, werden in 20 Jahren mehr als zwei Drittel aller Schülerinnen und Schüler das Gymnasium besuchen.	?	c) Berufung auf logische Schlüssigkeit
4. Bereits seit Jahren steigen die Preise für die Übertragungsrechte großer Sportveranstaltungen unaufhörlich.	?	d) Hinweis auf Autorität/Experten

> **!** Eine **Argumention** bzw. ein Argument besteht meist aus drei Teilen: **Behauptung** (These), **Begründung** (Argument) und **Beispiel** (Beleg, Zitat).

„Wenn ich eine Million gewänne ..."

wüsste ich genau,
was ich zu tun hätte:
Erstens würde ich alles den Armen
geben.
5 Zweitens würde ich mir
ein neues Radio,
ein Mofa,
einen Plattenspieler,
einen Flipper-Automaten,
10 ein Motorboot,
ein Segelflugzeug,
eine Gitarre,
eine Taucherausrüstung,
eine Skiausrüstung
15 und vielleicht auch noch
ein kleines,
schnittiges
Rennauto kaufen.
Und natürlich
20 meine armen, alten Eltern
unterstützen.

Roswitha Fröhlich (geb. 1924)

1. Was würdest du mit einer Million machen? Erstelle einen Cluster.
2. Das Wörtchen *wenn* wird häufig strapaziert: „Wenn der Schiedsrichter gepfiffen hätte ...", „Wenn das Wetter besser wäre ...", „Wenn ich nicht so müde wäre ...". Begründet, warum dieses Wort so häufig verwendet wird.
3. Ihr habt im letzten Jahr über den Modus (Indikativ, Konjunktiv I und Konjunktiv II) gesprochen. Um welchen Modus handelt es sich hier in den obengenannten Halbsätzen?
4. Welche Modi finden sich in den folgenden drei Sätzen?

   - Wenn ich eine Million gewinne, dann kann ich mir ein Schloss kaufen.
   - Wenn ich eine Million gewänne, dann könnte ich mir ein Schloss kaufen.
   - Wenn ich eine Million gewonnen hätte, dann hätte ich mir ein Schloss kaufen können.

5. Bestimme jeweils das Verhältnis des Gesagten zur Wirklichkeit.

6. Ordne die Sätze den drei Fallsituationen zu:

Der **Realis** bezeichnet einen Fall, der tatsächlich eintritt, wenn eine bestimmte Bedingung erfüllt ist.	Der **Potentialis** bezeichnet einen Fall, der eintreten kann und daher möglich, aber wenig wahrscheinlich ist.	Der **Irrealis** bezeichnet einen Fall, der hätte eintreten können, der aber zur Sprechzeit nicht mehr eintreten kann.

Auch bei der Argumentation sind **Konditionalsätze** von Bedeutung, etwa wenn man reale, mögliche bzw. wahrscheinliche oder irreale Folgen eines Ereignisses, das sich entweder bereits ereignet hat oder noch ereignen wird, darstellen will. Konditionalsätze gibt es mit und ohne „wenn":
Wenn ich Ferien hätte, ginge ich heute ins Kino.
Hätte ich Ferien, ginge ich ...

7. Ordne folgende Sätze den drei Möglichkeiten (Realis, Potentialis, Irrealis) zu:

- Wäre der Lärm nicht so laut gewesen, hätte sich niemand beschwert.
- Wenn ich in den Ferien Geld verdiene, kaufe ich mir neue Klamotten.
- Führen nicht so viele Autos, könnte man wesentlich sicherer Rad fahren.
- Wären die Auslandsaufenthalte nicht so teuer, würden wesentlich mehr Eltern ihre Kinder wegschicken.
- Wenn ein Buch mehr als 10 Euro kostet, dann kaufe ich es auf keinen Fall.

8. Übertrage folgende Geschichte in dein Heft und fülle die Lücken mit der richtigen Form des in Klammer stehenden Infinitivs.

Herr Schreihals, ein erfolgreicher Unternehmer, erwachte aus einem schrecklichen Traum. „... (haben) ich doch nicht immer so schreckliche Träume", dachte Herr Schreihals, „dann ... (gehen) ich wesentlich entspannter in die Firma und ... (müssen) nicht immer die Mitarbeiterinnen und Mitarbeiter so anschreien." Mit seinem
5 Problem ging er zu einem berühmten Schlafforscher, der sich seine Geschichte ausgiebig anhörte und ihm danach folgende Antwort gab: „Sie leben in einem Teufelskreis. Immer wenn Sie unausgeschlafen ... (sein), ... (werden) Sie laut. Weil Sie eigentlich gar kein unfreundlicher Mensch sind, macht Ihnen das zu schaffen. Deswegen schlafen Sie schlecht. ... (schlafen) Sie besser, ... (lösen) sich Ihr Problem
10 von selbst." „Aber Herr Doktor", sagte Herr Schreihals, „ich weiß doch selbst, dass ich seit Jahren wesentlich ausgeglichener ... (sein), wenn mich nicht ständig diese Träume ... (plagen)". „Aber wenn Sie das ... (wissen)", antwortete der Doktor wenig einfühlsam, „dann ... (lassen) Sie doch einfach diese Träume!" Herr Schreihals wurde wütend und begann den Arzt anzuschreien: „Wenn ich ... (wissen), dass
15 Sie mir auch nicht mehr sagen können, als ich eh schon wusste, dann ... (können) ich mir das Geld für die Behandlung sparen ..."

> Das **Verb** kann nicht nur verschiedene Zeiten/Tempora zum Ausdruck bringen, sondern durch den **Modus** auch Sichtweisen des Sprechers/Schreibers:
> **Indikativ**: *Er fährt jedes Jahr einmal in Urlaub.*
> (→ Darstellung von Tatsachen.)
> **Konjunktiv II**: *Am liebsten führe er vier Mal im Jahr in Urlaub.*
> (→ hier: Darstellung eines Wunsches.)
> Der Sprecher/Schreiber kann mithilfe des Modus zum Ausdruck bringen, ob ein Geschehen tatsächlich stattfindet oder stattgefunden hat, oder ob etwas nur gewünscht, vermutet, befürchtet oder angenommen etc. ist.

9. Ergänze in den folgenden Sätzen, wenn möglich, *können, wollen, mögen, müssen, sollen, dürfen*. Beschreibe, wie sich der Satzbau und die Satzaussage jeweils verändern.

Am Valentin-Gymnasium in München ist es zu folgendem Vorfall gekommen: Der Kiosk des Hausmeisters wurde mit Farbe besprüht.

> Unter den sprachlichen Mitteln, mit denen man Vermutungen ausdrücken kann, gibt es Verben wie *können, wollen, mögen, müssen, sollen, dürfen*. Diese Verben nennt man **Modalverben**.

10. Vergleiche: *Das **mag** so gewesen sein./Das **muss** so gewesen sein.* Beurteile den unterschiedlichen Gewissheitsgrad, der durch die Modalverben zum Ausdruck kommt.
11. Setze die Modalverben ein und überprüfe, ob sie alle eine Stellungnahme zur Gültigkeit und zum Grad der Gewissheit ausdrücken können.

> Der Schüler, der die Wand besprüht hat, … Karl gewesen sein. Karina … den Vorfall beobachtet haben. Das … dem Schulleiter zu Ohren gekommen sein.

12. Schreibe die Wörter aus dem folgenden Text, die hier das Vermuten ausdrücken, und bestimme ihre Wortart.

   Die Klasse unterhält sich darüber, wieso Karl als Täter genannt wird.
   Sabine: Möglicherweise hat ihn wirklich jemand beobachtet und dann verraten.
   Peter: Vielleicht hat er aber auch ein schlechtes Gewissen bekommen und sich selbst gemeldet.
   5 *Monika:* Eventuell hat er sich aber auch selbst verraten, weil er mit roter Farbe beschmiert war.
   Jens: Man wird ihn vermutlich für entstandene Unkosten aufkommen lassen.

> Andere sprachliche Mittel für die Darstellung von Vermutungen bzw. eingeschränktem Realitätsgrad von Geschehen sind Adverbien wie *vielleicht, wohl, beinahe, sicherlich, fast, kaum, möglicherweise, nicht* …
> Auch Adjektive wie *vermutlich, wahrscheinlich, angeblich* … können adverbial gebraucht werden (unflektiert), um Vermutungen zu äußern.

"Klassengemeinschaft – finden wir wichtig!"

1. Die Klasse 8b soll im nächsten Jahr geteilt werden. Begründet wird dies mit „disziplinarischen Problemen". Doch die Schülerinnen und Schüler wollen zusammenbleiben. Bevor sie sich an den Schulleiter wenden, sammeln sie Argumente dafür, dass die Klasse zusammenbleiben sollte. Es fehlen jedoch Beispiele, mit denen sie ihre Argumente veranschaulichen können. Übertrage das von der Klasse 8b entwickelte Argumentationsschema in dein Heft und vervollständige es.

These: Die Klasse muss im nächsten Jahr zusammenbleiben
1. Argument: Disziplinarische Probleme nicht nur Eigenverschulden
   Beispiel: ?
2. Argument: Disziplin seit Wochen deutlich verbessert
   Beispiel: ?
3. Argument: Leistungen der Klasse ansteigend
   Beispiel: ?
4. Argument: Klassengemeinschaft wichtig
   Beispiel: ?

Die Klassensprecherin Martina hat ein Schreiben an die Schulleiterin verfasst:

Sehr geehrte Frau Schneider,
die Schulleitung hat beschlossen, unsere Klasse im nächsten Jahr zu teilen. Wir würden gerne im nächsten Jahr zusammenbleiben.
Uns werden disziplinarische Probleme vorgeworfen. Die Ursachen liegen nicht nur bei uns. Wir haben in verschiedenen Fächern in diesem Schuljahr bereits die dritte Lehrkraft. In Mathematik haben wir bereits nach zwei Monaten eine neue Lehrerin bekommen, die dann selbst nur drei Monate blieb. Es ist schwierig, sich auf immer neue Lehrkräfte einzustellen. Seit Wochen ist die Disziplin in unserer Klasse besser geworden. Die gesamte Klassengemeinschaft bemüht sich um ein besseres Arbeitsklima. Unser Klassenleiter bestätigt dies. Die Leistungen der Klasse steigen an.

> Durch die größere Disziplin ist die Aufmerksamkeit größer. Hausaufgaben und Schulaufgaben werden genauer bearbeitet. Der Notendurchschnitt der letzten Englischarbeit war fast eine ganze Notenstufe besser als der vorhergehende.
> Uns ist die Klassengemeinschaft wichtig. Viele hätten sicherlich große Schwierig-
> 15 keiten, sich in einer neuen Klasse zurechtzufinden. Wir kennen uns sehr gut und vertrauen uns. Jeden Monat findet ein Klassenfest statt und ab und zu veranstalten sogar die Eltern einen Klassenstammtisch. Die vielen Argumente sollten Ihnen zeigen, dass es schade wäre, wenn wir nächstes Jahr auseinandergerissen würden. Wir würden gerne zusammenbleiben.
> 20 Mit freundlichen Grüßen
>
> Martina Peters

2. Überlegt gemeinsam, mit welchen stilistischen Mitteln der Text flüssiger wirken könnte.

3. Es ist sinnvoll, Überleitungen bzw. Verbindungen zwischen Argumenten einzufügen. Ordne die Überleitungen jeweils einer der beiden folgenden Kategorien zu.

Kategorie A
beide Argumentationsteile erscheinen gleichwertig

Kategorie B
nachfolgende Argumente haben ein stärkeres Gewicht

- ebenfalls … • hinzu kommt … • besonders betont werden muss … • ferner ist zu erwähnen … • zuletzt sei angemerkt … • noch bedeutsamer aber ist … • am deutlichsten … • außerdem … • wichtiger erscheint … • eng damit verknüpft … • ein weiterer Gesichtspunkt … • jedoch am bemerkenswertesten …

4. Überarbeite schriftlich Martinas Brief. Überlege dir dabei vor allem passende Überleitungen innerhalb der einzelnen Argumente (zwischen Begründung und Beispiel) sowie zwischen den Argumenten.

5. Formuliere eine These zu einem der folgenden Themen und finde überzeugende Argumente sowie anschauliche Beispiele. Achte beim Schreiben auf gelungene Überleitungen.

- Körperschmuck – Mode oder Körperverletzung?
- Graffiti – Kunst oder Sachbeschädigung?

> **!** Überleitungen verbinden die einzelnen Argumente miteinander, sodass die Argumentation insgesamt flüssiger und überzeugender wirkt. Um die Überleitungen nicht zu vergessen, solltest du in deiner Gliederung an den jeweiligen Übergängen von einem Argument zum nächsten ein großes „Ü" an den Rand schreiben.

Und zum Schluss …

1. Damit deine Argumentation gelingt, kannst du eine Prüfliste benutzen. Übertrage die Liste in dein Heft und ordne die einzelnen zu beachtenden Punkte zu.

Prüfliste				
Sammeln von Argumenten	Ordnen von Argumenten	Gliederung	Ausführung	Überarbeitung
?	?	?	?	?

- Was ich korrigieren muss …:
- Passen die Argumente zum Thema/zur These?
- Sind die Argumente belegt oder mit Beispielen veranschaulicht?
- Sind die formalen Gesichtspunkte mit Inhalt gefüllt und ist die Gliederung äußerlich korrekt?
- Sind die Argumente nach Gewichtung angeordnet?
- Ist eine Einleitung/die Themafrage/die These vorhanden?
- Sind die Argumente miteinander verknüpft?
- Sind Überleitungen vorhanden und gelungen?
- Ist der Modus richtig?
- Ist ein Schluss vorhanden?
- Weist der Schluss einen Bezug zur Einleitung auf?
- Ist die Argumentation vollständig?

2. a) Ihr wollt eine Theatergruppe an der Schule gründen. Du bist von den anderen damit beauftragt, in einem Brief die Direktorin von der Einrichtung dieser Theatergruppe zu überzeugen. Verfasse mithilfe der Prüfliste einen Brief.
b) Tausche den Brief mit dem deiner Banknachbarin/deines Banknachbarn und überprüfe ihn anhand der Liste.

3. Erstelle mit dem PC eine Gliederung für den Leserbrief unten und notiere am Rand der Gliederung jeweils, ob im Text Beispiele (Bsp.) angeführt und ob Überleitungen (Ü) vorhanden sind.

Verschiedene Gliederungsebenen machst du mit dem PC deutlich, indem du verschiedene Schriftgrößen, Einschübe und/oder **Fettdruck**, *Kursivdruck* und <u>Unterstreichungen</u> nutzt.

4. Schreibe den Brief mit dem PC ab. Verbessere beim Schreiben besonders die äußere Form (das Layout), indem du die einzelnen Argumente mit den dazugehörigen Beispielen deutlich voneinander trennst.

Großartige Erfahrungen

Mit großer Begeisterung habe ich im letzten Schuljahr an einer zehntägigen Klassenfahrt zu unserer irischen Partnerschule teilgenommen. Leider hat sich die Schulleitung unseres Gymnasiums nun gegen weitere Klassenfahrten ins Ausland ausgesprochen. Deshalb habe ich mich mit der Frage auseinandergesetzt: „Sollen
5 Klassenfahrten ins Ausland beibehalten werden?" Meiner Meinung nach sollen die Klassenfahrten nicht abgeschafft werden, denn sie bieten viele Vorteile für die Schüler. Man lernt dabei neue Kulturen, deren Sitten und Bräuche kennen, weil man – wie in unserem Fall – dort bei Familien untergebracht ist und deren Lebensweise hautnah erfahren kann. Zudem fördert die Klassenfahrt die Selbständigkeit,
10 da man ohne Eltern wegfährt und im Ausland alleine zurechtkommen muss. Auch verbessert man dadurch die Fremdsprache, weil man gezwungen ist, immer in der Fremdsprache zu sprechen, da man sonst nicht verstanden wird. Beim Einkaufen oder in der Gastfamilie zum Beispiel konnte ich mich nur mithilfe der heimischen Sprache verständigen. Durch gemeinsame Ausflüge und Feiern wurden zudem neue
15 Freundschaften geschlossen. So hatte ich danach in den Sommerferien Besuch von zwei Irinnen, die ich während der Klassenfahrt kennengelernt habe. Auch unsere Klassengemeinschaft hat von der Fahrt profitiert. Der Zusammenhalt ist größer geworden, ich selbst habe Mitschüler plötzlich in einem ganz neuen Licht kennengelernt und verstehe mich seitdem mit ihnen wesentlich besser. Mithilfe dieser
20 Argumente habe ich versucht zu zeigen, dass Klassenfahrten ins Ausland interessante und lehrreiche Veranstaltungen sind. Deshalb bin ich sehr dafür, dass auch für weitere Jahrgänge solche Fahrten möglich sind.

Petra Schneider, 10d des Goethe-Gymnasiums

5. Vergleicht den folgenden Leserbrief mit dem ersten und sprecht über Unterschiede in Bezug auf Form, Inhalt und Sprache. Begründet, welchen der Briefe ihr als Zeitungsredakteur/Zeitungsredakteurin eher abdrucken würdet.
6. Schreibe den zweiten Brief mit dem PC so ab, wie du ihn hier vorfindest, und beschreibe, was du auf dem Bildschirm feststellst. Korrigiere ihn dann mithilfe des Rechtschreibprogramms oder des Rechtschreibwörterbuchs bzw. mit deinen eigenen Kenntnissen.

Viel Spaß

Meiner Meinung nach sollten Klassenfahrten nicht abgeschafft werden, denn sie bringen ziehmliche Vorteile für die Schüler.
Eine Fahrt bringt Abwechslung in den Altag, man kommt mal aus dem Schulgebäude raus. Wir wahren zum Beispiel in London und mussten uns
5 nicht nach dem Stundenplan richten oder immer nur auf Englischbücher schauen, sondern haben alles in der Wirklichkeit erlebt. Wir wurden richtig selbstständig, mussten mit unserem Geld auskommen (auch wenn es nicht ganz gereicht hat) und haben die Fremdsprache geübt.
Außerdem lernt man echt nette Leute kennen, wir kamen zufällig bei einer
10 geilen Party vorbei. London hat richtig Spaß gemacht und ich fände es wahnsinnig schade, wenn das für die anderen nicht mehr gehen würde.

Christian Beck, 10 d des Goethe-Gymnasiums

---

7. Ein Rechtschreibfehler wird vom Rechtschreibprogramm nicht erkannt. Begründet, warum das so ist, und diskutiert, was das für die Nutzung von Rechtschreibprogrammen bedeutet.

! Die **Überarbeitung** ist von großer Bedeutung. Dabei können nach der Niederschrift nur noch wenige Fehler korrigiert werden. Deswegen ist es wichtig, nach jedem Schritt mögliche Fehlerquellen zu überprüfen.
- **Formal** muss die Gliederung einheitlich sein und mit der Ausführung übereinstimmen.
- **Inhaltlich** sollte die Einleitung zum Thema hinführen, muss die Argumentation vollständig sein, die Belege bzw. Beispiele sollen überzeugen.
- Die Regeln der **Orthographie** müssen eingehalten werden, im sprachlichen Bereich sollte auf eine dem Anlass angemessene Wortwahl geachtet werden.

Informationen vermitteln – das Kurzreferat

„Jetzt haben wir uns schon seit mehreren Stunden mit Borcherts Kurzgeschichte Die Küchenuhr beschäftigt."

„Es wäre doch ganz interessant, einmal zu erfahren, wer eigentlich dieser Autor Wolfgang Borchert war, und was ihn bewegte, diese Geschichte zu schreiben."

Wolfgang Borchert

So wird's gemacht: die Methodenseite

1. Sicher kennt ihr vergleichbare Situationen. Vielleicht habt ihr sogar schon negative Erfahrungen mit Kurzreferaten im Unterricht gemacht. Sprecht darüber in Gruppen.
2. Bildet in der Klasse ein Kugellager und führt mehrere Partnerinterviews zum Thema *Wie kann ein Referat gelingen?* durch. Die folgenden Karikaturen sollen euch als Anregung dienen.

3. Notiert eure Vorstellungen nach einem Plenumsgespräch auf einer Wandzeitung. Ordnet dabei eure Vorschläge nach folgenden Phasen:

1. Einstieg ins Thema:	2. Informationen sichten und auswerten:	3. Informationen aufbereiten:	4. Ein Kurzreferat schreiben:	5. Informationen in einem Kurzreferat präsentieren:
?	?	?	?	?

4. Versucht anhand der Abbildungen zu erschließen, welche Arbeitsschritte bei der Erstellung eines Kurzreferates hier dargestellt werden, und gleicht eure Ergebnisse mit denen auf eurer Wandzeitung ab.

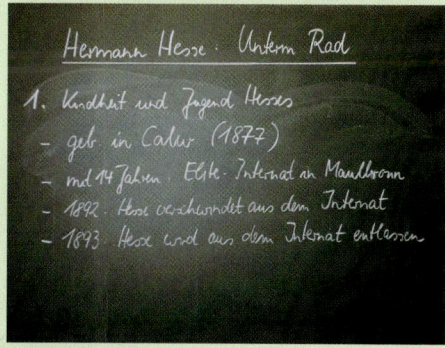

Ein **Kurzreferat** soll sachlich, verständlich und überschaubar über einen begrenzten Sachverhalt informieren. Es sollte etwa zehn Minuten dauern und wird in aller Regel mündlich, im Idealfall in freier Rede, präsentiert. Der mündliche Vortrag kann durch die Ausgabe eines Thesenpapiers oder einer schriftlichen Ausarbeitung ergänzt bzw. erweitert werden. Die Organisation des Referats erfordert Fähigkeiten und Fertigkeiten in folgenden Arbeitsphasen:
- bei der Klärung des Themas,
- bei der Beschaffung und Auswertung von Informationen,
- bei der Präsentation der Informationen.

Mit Sprache und Literatur produktiv umgehen

Feuer – Faszination und Gefahr

Was heißt eigentlich Schildern?

In der Jahrgangsstufe 8 des Humboldtgymnasiums wird an einem fächerübergreifenden Projekt zum Thema *Feuer und andere Gefahren* gearbeitet. Ein Bereich ist das Verfassen von Texten unter dem Gesichtspunkt *Feuer – Faszination und Gefahr*.

1. **a)** Betrachtet die beiden Abbildungen. Erläutert, welche euch gefühlsmäßig stärker anspricht und begründet eure Meinung.
   b) Stellt Vermutungen darüber an, wo diese Bilder abgebildet sein könnten und zu welchem Zweck.

2. **a)** Schaut euch das Foto noch einmal genau an. Überlegt euch, welche Einzelheiten für einen Leser/eine Leserin wichtig sind,
   • wenn ihr als Beobachter/Beobachterin einen Bericht für eine Zeitung schreiben wollt.
   • wenn ihr aus der Sicht eines/r Betroffenen einen Tagebucheintrag verfassen wollt.
   b) Wählt eine der beiden Möglichkeiten aus a) aus und schreibt diesen Text.
   c) Vergleicht eure Texte und sprecht darüber, bei welcher Textproduktion ihr die Situation besser nachempfinden könnt. Sucht Begründungen für eure Eindrücke.

3. Auch die beiden unten angeführten Texte befassen sich mit dem Thema *Feuer*. Vergleicht sie unter folgenden Gesichtspunkten miteinander:
- Welches Tempus ist vorrangig?
- Mithilfe welcher sprachlichen Mittel (Adjektive, Verben, Vergleiche …) werden Eindrücke vermittelt?
- Wie ist der Satzbau gestaltet (vollständige/unvollständige Sätze, Stellung der Satzglieder, Satzverbindungen …) und welche Wirkung wird dadurch erzielt?
- Auf welche Weise wird der Leser/die Leserin in die Situation „hineingezogen"?

Nr. 24; **15. Dezember 1926**; Seite 548

Drewitz. Der Brand in der Lokomotivenfabrik der Firma Orenstein & Koppel hat erheblichen Schaden angerichtet. Das Feuer ist vermutlich durch Kurzschluss in der Modelltischlerei ausgebrochen. Es dehnte sich rasch aus, da es an den Tischlereimaterialien reiche Nahrung fand. Die Fabrikwehr wurde trotz aller Bemühungen nicht
5 Herr des Brandes, und so eilten in kurzen Abständen die Wehren aus Nowawes, Neubabelsberg, Bergholz, Wannsee sowie eine Motorspritze aus Potsdam zur Brandstätte. Mit insgesamt 14 Leitungen wurde von mehreren Seiten angegriffen. Es dauerte aber mehr als zwei Stunden, bis das Feuer niedergekämpft und die Gefahr beseitigt war. Bei den Löscharbeiten, die der Dezernent für das Feuerlöschwesen in Nowawes,
10 Baumeister Kluge, und Brandmeister Witt (Nowawes) leiteten, kam es vor allem darauf an, die angrenzenden Fabrikgebäude zu schützen, was auch gelang. Die Modelltischlerei war jedoch nicht zu retten. Der Fabrikbetrieb erleidet in Folge des Brandes keine Unterbrechung. Polizeipräsident von Zitzewitz (Postdam) weilte an der Brandstelle. Der Brand, der im alten, zusammenhängenden und dadurch sehr unübersicht-
15 lichen Teil der Fabrik wütete, drohte die ganze Anlage zu vernichten. Man zog deshalb neben den kleineren Wehren der umliegenden Ortschaften auch die Potsdamer sowie die Berliner Wehr, welche mit mehreren Löschzügen auf der Brandstelle erschien, hinzu. Nur dem tatkräftigen und umsichtigen Zusammenarbeiten der verschiedenen Wehren ist es zu danken, dass die 500 Mann betragende Belegschaft durch Feuer kei-
20 nen Schaden erleidet und größerer Sachschaden verhindert wurde.

(aus der Chronik der Potsdamer Feuerwehr)

Waldbrand

Schon am Morgen hatte es angefangen, brandig zu riechen, jetzt aber war die Luft grau-schwarz, die Augen schmerzten, atmen konnte man nur noch in kleinen Schlucken: Es tat weh in der Brust.
[…] Und in der Ferne heult und lärmt es schon, als wenn auf einer Unmenge von
5 Lastwagen Eisen gefahren würde!
Der Lärm wird immer lauter, kommt immer näher; der Himmel ist kohlschwarz. Ströme glühender Luft stoßen über uns hin; die Blätter der jungen Birken rollen sich zu kleinen Röhren zusammen. Ich blicke Iwan an: Seine Augen haben sich geweitet und glänzen ein wenig, aber sein Gesicht ist ruhig. Er bekreuzigt sich langsam
10 und inbrünstig.

Das Heulen steigert sich noch mehr. Und plötzlich dringt es von allen Seiten wie Stimmen auf uns ein, kracht und knistert, ein heftiger Sturm hüllt unsere Wiese in Rauch, ein wildes Pfeifen durchschneidet die Luft, und wir sehen: Über den Bäumen braust eine sinnlose Flamme daher. Man kann nicht sagen, aus welcher Richtung – von allen Seiten zugleich. […]

Der Feuersturm heult, führt eine massive Wolke von Funken mit sich. Und jetzt sehe ich: Das Allerschrecklichste nähert sich, die Bodenflamme: Die Erde selbst brennt, brennt glühendheiß und lange, durch dieses Feuer kommst du nicht durch. Ich sehe, wie von oben her Gestrüpp herantreibt, in Flammen gehüllt. Und weiter – das uns entgegenbrausende feurige Ungeheuer schließt uns von allen Seiten ein. Ich kralle mich in den Boden, und das letzte, woran ich mich erinnere, ist – ein fürchterlicher Hieb auf den Kopf, geprellte Finger und mein Mund voller Erde.

4. In Wörterbüchern sind folgende Eintragungen zum Begriff *schildern* zu finden. Begründet, welcher der beiden obenstehenden Texte eine Schilderung ist.

Wahrig: „Lebendig beschreiben, anschaulich erzählen; seine Erlebnisse schildern; eine Landschaft, einen Menschen schildern; bitte schildern Sie mir den Vorgang in allen Einzelheiten; etwas begeistert, in leuchtenden Farben schildern"

schildern; (j-m) etw. s. etwas so erzählen, dass sich der Leser oder Zuhörer die Situation od. die Atmosphäre gut vorstellen kann [etwas anschaulich, lebhaft s.]

Schilderungen beruhen auf genauen Beobachtungen. Folgende Fragen können dir helfen, den Blick für das wesentliche Detail zu schärfen: Was sehe ich? Was höre ich? Was rieche ich? Was empfinde ich? Was denke ich?
Du musst eine Situation mit allen Sinnen wahrnehmen, um möglichst viele anschauliche Einzelheiten wiedergeben zu können.

5. Ihr habt alle schon einmal ein Feuer beobachtet: ein Osterfeuer, ein Kaminfeuer, ein Lagerfeuer … Schildert die Eindrücke und Gefühle, die ihr dabei hattet. Die Wörter im Wortspeicher können euch dabei helfen.

Lohe • Funke • Feuersbrunst • Feuerbrand • Feuersglut • Feuermeer • Feuersturm • Flammenmeer • Flammengezüngel • Funkengarbe • Funkenflug • Löschzug • Löschfahrzeug • Spritze • Brandmeister • lodern • glühen • flackern • zucken • knistern • Funken sprühen • aufflackern • schwelen • rauchen • qualmen • verlodern • verglühen • rauchgeschwärzt • flackernd • brandig

Schreib doch mal!

Wer schreiben will, braucht Einfälle

In Textproduktionen, zum Beispiel in Schulaufsätzen, können eure Fantasien und Ideen in unterschiedlicher Weise Ausdruck finden. Auch in der Auseinandersetzung mit den Texten, die andere Menschen geschrieben haben, benötigt ihr eure Kreativität und Fantasie. Immer ist die Sprache das Bindeglied zwischen Idee, Schreiber und Leser. Mit Sprache muss die Idee ausgedrückt werden. Aus diesem Grund ist es nicht nur wichtig, sprachliche Mittel zu kennen und anwenden zu können, sondern die eigene Arbeit bewusst zu gestalten.

1. Lies den Text und erstelle im Anschluss an die Beschreibung zu einem der Themen einen Cluster: *Winter • Gefahr • Natur • Liebe*

Beginne immer mit einem Kern, den du auf eine leere Seite schreibst und mit einem Kreis umgibst. Dann lasse dich einfach treiben. Versuche nicht, dich zu konzentrieren. Folge dem Strom der Gedankenverbindungen, die in dir auftauchen. Schreibe deine Einfälle rasch auf, jeden in einen eigenen Kreis und lasse die Kreise
5 vom Mittelpunkt ungehindert in alle Richtungen ausstrahlen, wie es sich gerade ergibt. Verbinde jedes neue Wort und jede neue Wendung durch einen Strich oder Pfeil mit einem vorigen Kreis. Wenn dir etwas Neues oder Andersartiges einfällt, verbinde es direkt mit dem Kern und gehe von dort nach außen, bis diese aufeinanderfolgenden Assoziationen erschöpft sind. Dann beginne mit der nächsten
10 Ideenkette wieder beim Kern. […]
Baue deinen Cluster weiter aus, indem du Einfälle, die zusammengehören, durch Striche oder Pfeile verbindest, und überlege nicht lange, welcher Strang wohin strebt. Lasse jede Assoziation ihren eigenen Platz finden. Wenn dir vorübergehend nichts mehr einfällt, dann warte ein wenig – setze neue Pfeile oder ziehe die Kreise
15 dicker. Schließlich wird dir an irgendeinem Punkt schlagartig klar, worüber du schreiben willst. Höre dann einfach mit dem Clustering auf und fange an zu schreiben. So einfach ist das. […]
Suche aus dem Cluster nur die Einzelheiten heraus, die sich in das Ganze einfügen. Du brauchst nicht alle Elemente in deinen Text aufzunehmen. Verwende das,
20 was in den Zusammenhang passt und Sinn ergibt, – den Rest lasse unberücksichtigt.

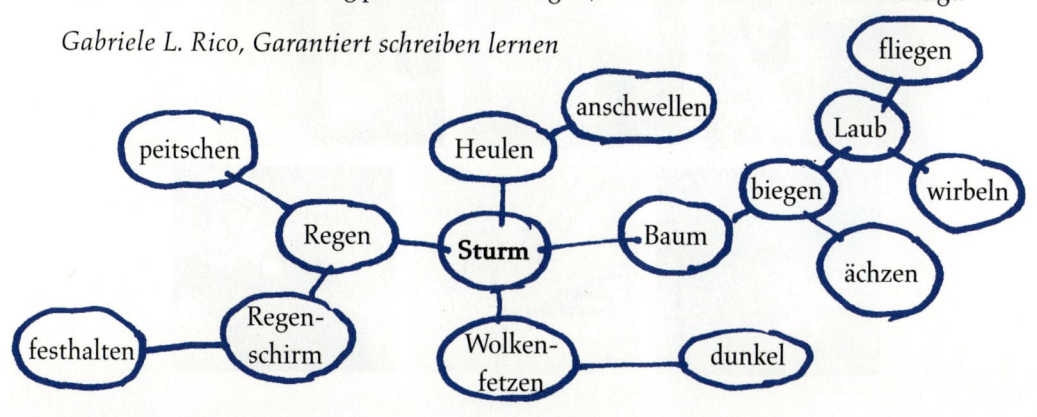

Gabriele L. Rico, Garantiert schreiben lernen

2. Andere Methoden der Ideensammlung sind Brainstorming oder Mind-Mapping.

   S. 47

   a) Informiert euch im Internet mithilfe einer Suchmaschine über die obengenannten Methoden.

   b) Überlegt gemeinsam, welche Methode sich für welche Schreibaufgabe besonders anbietet, und begründet eure Thesen.

3. Betrachtet die folgende Assoziationskette genau. Nennt Unterschiede zu und Gemeinsamkeiten mit dem Cluster.

Gesundung	← Krankenhaus	← Rettung	← **Hilfe!** →	Absturz →	Tod →	Jenseits
↓ Hobby	↓ Pfleger	↓ Technik		↓ Leiden		↓ Gott
↓ Freunde	↓ Liegen	↓ Krankenwagen		↓ Krankheit		↓ Hölle
	↓ Langeweile	↓ Hubschrauber		↓ Behinderung		↓ Paradies
	↓ Entlassung					

4. Schreibe eigene Assoziationsketten zu folgenden Wörtern:

   jung • Traum • Fliegen • Sommer • Eltern

5. Sprecht in der Klasse über die Erfahrungen und Schwierigkeiten, die ihr beim Schreiben der jeweiligen Kette gemacht habt.

! Beim Aufschreiben der Gedanken, die einem beim Betrachten einer Abbildung oder beim Hören eines Wortes einfallen, kann es sehr schnell zu sogenannten **Assoziationsketten** (= Verknüpfungsketten) kommen: Von den gefundenen Wörtern lässt man sich zu neuen Wörtern anregen.

Für das Erstellen von **Assoziationsketten** gelten folgende Regeln:
1. Lasse dich beim Aufstellen der Ketten treiben.
2. Blocke keinen Einfall deiner Fantasie ab. Es gibt keine richtigen, falschen, guten oder schlechten Wörter.
3. Verwende für das Erstellen einer Kette höchstens drei Minuten.

---

6. Betrachte die folgenden Bilder einer Postkarte und notiere alle Wörter und Ausdrücke, die dir zum Thema *Reisen* einfallen. Erstelle aus den Begriffen eine Assoziationskette oder einen Cluster.

Wer schreiben will, muss auswählen und braucht einen Plan

Man kann nicht alle Begriffe gebrauchen, die einem bei der Assoziationskette eingefallen sind. Daher muss man eine Auswahl treffen und all diejenigen Wörter herausnehmen, die im Zusammenhang eine Geschichte ergeben könnten.

1. Aus verschiedenen Assoziationsketten, die hier nicht abgedruckt sind, wurden Wörter ausgewählt und damit die folgenden Texte formuliert.

   Text 1:
   Der Himmel ist klar.
   Es geht ein kräftiger Wind.
   Kinder lassen Drachen steigen.
   Unter den Bäumen liegt das herabgefallene Obst.
   Das Laub auf den Gehwegen verfault.

   Text 2:
   Das Wetter ist gut.
   Die Sonne scheint auf den Rasen.
   Der Kuchen schmeckt gut.
   Alle haben gute Laune.
   Am Himmel sieht man in der Ferne eine große Wolke.

   Text 3:
   Das Herz klopft heftig.
   Die Zeit vergeht wie im Flug.
   Die Jungen springen ins Wasser.
   Auf dem Badelaken kichern die Mädchen.
   An diesem Tag ist der Sonnenuntergang besonders schön.

   a) Schreibe aus den Texten diejenigen Wörter heraus, von denen du annimmst, dass es die ausgewählten Wörter waren. War deine Auswahl immer eindeutig? Begründe.
   b) Suche nun aus dem Speicher das Basiswort heraus, das wahrscheinlich zur jeweiligen Assoziationskette geführt hat.

   > Herbst • Sommer • Urlaub • Garten • Erste Liebe • Schultag • Gefühle • Jahreszeiten • Familienfeier • Sturm • Ernte • Kinderspaß • Freundschaft • Angst • Schwimmen

   c) Vergleicht eure Ergebnisse und diskutiert über die Ursachen möglicher Unterschiede.

2. Wähle eine deiner Assoziationsketten aus Aufgabe 4 von Seite 36 aus. Formuliere mithilfe einzelner Wörter aus dieser Kette kleine Sätze und schreibe diese untereinander.

   Für das Gelingen der weitergehenden Textproduktion, müssen bei der Planung des Schreibens aber noch verschiedene andere Gesichtspunkte berücksichtigt werden.

3. Lege in deinem Heft eine Tabelle mit den Begriffen *Handlungsplanung*, *Inhaltsplanung* und *Schreibplanung* an und ordne die untenstehenden Begriffe jeweils zu.

> Ordnen und Gliedern des Materials • Schreiben als ein auf andere Menschen bezogenes Tun • *kommunikativer Aspekt:* Wem will ich was sagen? Was will ich erreichen? • eigenes Vorgehen beim Schreiben: Womit fange ich an? Wie löse ich Probleme? • Gewichtung von Materialien • passender Schreibort • Stimmigkeit • Klärung von Gedanken, Texten und Sachverhalten • passende Uhrzeit • thematische Struktur

4. Vergleicht und besprecht eure Zuordnungen. Klärt gegebenenfalls Unklarheiten.
5. Schreibe unter Einbeziehung des bisher Erarbeiteten und der Überlegungen im Kasten einen Text rund um die Sätze, die aus deiner Assoziationskette entstanden sind.

> Nachdem aus einzelnen Wörtern einer Assoziationskette Sätze gemacht worden sind, muss man sich überlegen, wie man diese noch unverbundenen Sätze zu einem Text verknüpfen kann. An dieser Stelle muss man sich entscheiden, in welche Richtung die Erzählung/der Text gehen soll. Das Endprodukt sollte einen Leser/eine Leserin unterhalten.
> Folgende Planungen sind hilfreich:
> - Erstelle einen **Schreibplan** (die knappe Beantwortung einiger W-Fragen):
>   1. Wer spielt mit?
>   2. Wo spielt meine Erzählung?
>   3. Wann spielt sie?
>   4. Worum soll sich die Handlung drehen?
>   5. Wie soll die Geschichte enden?
> - Wähle eine **Erzählperspektive** aus, die das Erzählte möglichst naherückt (z. B. Ich-Form zur Identifikation, Er-Form als Beobachter oder Allwissender …).
> - Überlege die **Reihenfolge** gut (Anfangssituation, Spannungsaufbau, Verdichtung auf den Höhepunkt hin …).
> - Variiere **erzählende** und **beschreibende Passagen** (Gedanken und Gefühle, äußere Umstände).
> - Achte bewusst auf den Einsatz der **sprachlichen Mittel** (treffende Verben und Adjektive, sprachliche Bilder, Vergleiche …).
> - Nutze die Wirkung von **Leitmotiven** und **Schlüsselwörtern**, die immer wieder vorkommen.

6. Tauscht eure Textentwürfe zur Überarbeitung in einer Schreibkonferenz aus und überarbeitet sie unter folgenden Gesichtspunkten:
   - Gliederung (Inhalt und Aufbau),
   - Sprache, Grammatik und Rechtschreibung.
7. Schreibe einen Text zum Thema *Begegnung*. Beachte dabei alle Schritte von der Ideensammlung bis zum Textentwurf.

Stadt – Land – Fluss

Stadt

1. Betrachte das Foto und versetze dich in die abgebildete Situation hinein.
   a) Sammle Wörter und Wendungen, die deine Stimmung wiedergeben (Verkehr in der Großstadt: gelbe Taxis, …, Lichtverhältnisse, Bauten: hoch und lichtverdrängend, Werbung: aufdringlich …).
   b) Ergänze deine Eindrücke zu dem Bild durch eigene Erinnerungen an einen Großstadtbesuch und Empfindungen, die du dabei hattest.

Der Broadway in New York City

2. Schreibe folgenden Textanfang weiter.

Bald werden es 5 Jahre, die ich hier zu leben versuche. Fast eine kleine Ewigkeit. Und viel zu lang. Hier: Das ist 90 …

3. Bildet Kleingruppen und tauscht eure Texte im Uhrzeigersinn solange aus, bis jeder alle Texte gelesen hat. Sprecht im Anschluss möglichst ohne eine Bewertung über die unterschiedlichen Ideen.

4. Lest nun den Originaltext.
   a) Beschreibt, welche Empfindungen der Text euch vermittelt.
   b) Nennt Beispiele aus dem Text, die deutlich machen, wie der Autor seine Wohngegend überzeichnet darstellt.

Meine Frau und ich wohnen neben der Fußgängerzone. Dementsprechend wüst gebärdet sich der Fahrzeugverkehr: Rachsüchtig und rücksichtslos werden die beiden Seiten neben dem Mittelstrich in Rallyebahnen verwandelt, pausenlos platzen Geräuschblasen, aus den Auspüffen brodelt blaue Milch. Gegenüber zweigt eine
5   Vergnügungsstraße ab. Diese Kurve nehmen viele. Dort gibt es zu wenig Parkplätze, darum halten die Massen der Neonschwärmer bei mir, bei uns.

…

Wenn ich auf die Straße gehe, komme ich sofort ins Schwimmen. Abgaswolken flattern mir übern Scheitel. Aus den Dachtraufen rieselt Ruß, der meinen Hemdkra-
10 gen schwärzt. Tauben stürzen mitten im Flug ab, und der Wind weht die Federn auf die Bänke, wo Penner dösen. Ich gehe im Gewoge unter. Plastiktüten regen mich auf. Ich halte mich an der Zeitung fest; sie berichtet von Schlimmerem. Ich schau nach, ob mein Spiegelbild in den Schaufenstern einen zertretenen Schatten hat. Ein gerader Schritt ist nicht möglich. Die Passanten bleiben einfach stehen und weichen nicht
15 zur Seite. Wenn ich aber nüchtern bin, brauche ich dringend Platz. Ich rieche Gestank, parfümierte Ausdünstungen, Mief aus kaputten Gedärmen, säuerliche Fahnen, der aufgewirbelte Staub schmeckt nach Radiergummibröseln. Die Menge bildet Blasen, wird zu einem zerstampften Brei, der gärt und sich zäh bewegt. Es ist beschwerlich, sein Durchkommen zu finden, wenn man keinen Ausweg ahnt.

Ludwig Fels

5. Vergleicht eure Texte mit dem Originaltext und stellt Vermutungen dazu an, welchen Einfluss die jeweilige Biografie des Schreibers, das Anschauen der Fotos und das Vorwissen haben.

6. Denke an einen Ort (Straße, in der du wohnst; Zimmer; Wiese …), der dir vertraut ist. Schildere, was dich mit diesem Ort verbindet. Gib deine Wahrnehmungen, Empfindungen und Gedanken so wieder, dass ein Bild des Ortes entsteht, so wie du ihn siehst. Dabei können Abneigung, Zuneigung, Freude, Begeisterung, Langeweile etc. zum Ausdruck kommen.

S. 32 ff.

Land ...

1. Lies den Text leise und überlege, welche Stimmung er dir vermittelt und wie du sie beim Vorlesen zum Ausdruck bringen kannst. Bereite den Text zum Vorlesen vor.

[...] Die Strecke schnitt rechts und links gradlinig in den unabsehbaren grünen Forst hinein; zu ihren beiden Seiten stauten sich die Nadelmassen gleichsam zurück, zwischen sich eine Gasse frei lassend, die der rötlichbraune, kiesbestreute Bahndamm ausfüllte. Die schwarzen, parallellaufenden Geleise darauf glichen in ihrer Gesamtheit einer ungeheuren eisernen Netzmasche, deren schmale Strähne sich im äußersten Süden und Norden in einem Punkte des Horizontes zusammenzogen.

Der Wind hatte sich erhoben und trieb leise Wellen den Waldrand hinunter und in die Ferne hinein. Aus den Telegrafenstangen, die die Strecke begleiteten, tönten summende Akkorde. Auf den Drähten, die sich wie das Gewebe einer Riesenspinne von Stange zu Stange fortrankten, klebten in dichten Reihen Scharen zwitschernder Vögel. Ein Specht flog lachend über Thiels Kopf weg, ohne dass er eines Blickes gewürdigt wurde.

Die Sonne, welche soeben unter dem Rande mächtiger Wolken herabhing, um in das schwarzgrüne Wipfelmeer zu versinken, goss Ströme von Purpur über den Forst. Die Säulenarkaden der Kiefernstämme jenseits des Dammes entzündeten sich gleichsam von innen heraus und glühten wie Eisen. Auch die Geleise begannen zu glühen, feurigen Schlangen gleich, aber sie erloschen zuerst; und nun stieg die Glut langsam vom Erdboden in die Höhe, erst die Schäfte der Kiefern, weiter den größten Teil der Kronen im kalten Verwesungslichte zurücklassend, zuletzt nur noch den äußersten Wipfel mit rötlichem Schimmer streifend. Lautlos und feierlich vollzog sich das erhabene Schauspiel. Der Wärter stand noch immer reglos an der Barriere. Endlich trat er einen Schritt vor. Ein dunkler Punkt am Horizonte, da, wo die Geleise sich trafen, vergrößerte sich. Von Sekunde zu Sekunde wachsend, schien er doch auf einer Stelle zu stehen. Plötzlich bekam er Bewegung und näherte sich. Durch die Geleise ging ein Vibrieren und Summen, ein rhythmisches Geklirr, ein dumpfes Getöse, das, lauter und lauter werdend, zuletzt den Hufschlägen eines heranbrausenden Reitergeschwaders nicht unähnlich war.

Ein Keuchen und Brausen schwoll stoßweise fernher durch die Luft. Dann plötzlich zerriss die Stille. Ein rasendes Tosen und Toben erfüllte den Raum, die Geleise bogen sich, die Erde zitterte – ein starker Luftdruck – eine Wolke von Staub, Dampf und Qualm, und das schwarze, schnaubende Ungetüm war vorüber. So wie sie anwuchsen, starben nach und nach die Geräusche. Der Dunst verzog sich. Zum Punkte eingeschrumpft, schwand der Zug in die Ferne, und das alte heil'ge Schweigen schlug über dem Waldwinkel zusammen.

Gerhart Hauptmann (1862–1946), Bahnwärter Thiel (1888)

2. Besprecht, welche Stimmung beim Vorlesen vorgeherrscht hat. Diskutiert im Anschluss, welche Aufgabe die Adjektive für diesen Text haben und welche Wirkung durch sie erzielt wird.

3. **a)** Nennt weitere sprachliche Mittel, mit denen Hauptmann den Text so anschaulich gestaltet bzw. die Stimmung vermittelt hat.

   b) Übertrage die Tabelle in dein Heft und ergänze passende Textstellen.

technischer Gegenstand/ technisches Phänomen	Metapher, Vergleich
Geleise (Z. 4)	eiserne Netzmasche (Z. 4/5)
Telegrafenstangen mit ihren Drähten (...)	...
...	...

   c) Überprüft in den Zeilen 1–13, ob jeweils das Subjekt am Satzanfang steht. Stellt die Sätze um, wo das nicht der Fall ist. Vergleicht, ob und wie sich die Wirkung des Textes verändert.

   d) Schlage in einem Synonymwörterbuch nach, welche Verben zu den Wortfamilien von *keuchen, tosen, toben* gehören. Ersetze die Verben im Text durch Synonyme und beurteile, inwieweit sich die Stimmung verändert. Ziehe Rückschlüsse auf die Absicht, die Hauptmann durch seine Wortwahl bezweckt haben könnte.

Handlungsstruktur der Novelle „Bahnwärter Thiel"

Bahnwärter Thiel versieht seinen Streckendienst ungefähr eine Stunde entfernt von der nächsten Ortschaft.
Sein Bahnwärterhäuschen steht inmitten eines Waldes und ist Mittelpunkt seines beruflichen und auch privaten Lebens. Nach zehn eintönigen Dienstjahren heiratet
5 er Minna, die zwei Jahre später stirbt. Sie hinterlässt Thiel den geistig zurückgebliebenen Tobias.
Nach dem Trauerjahr heiratet Thiel erneut. Lene führt ein hartes Regiment im Hause, unter dem Thiel und besonders Tobias sehr leiden. Als Lene ein eigenes Kind bekommt, behandelt sie Tobias noch schlechter. Thiel zieht sich von Lene zurück,
10 eine verhängnisvolle Entwicklung. Bei der Arbeit auf einem Acker in der Nähe von Thiels Arbeitsstätte lässt Lene Tobias einen Augenblick unbeobachtet. Er wird von einem Zug überrollt. Thiel, dem Wahnsinn nahe, bleibt auf seinem Posten. Stunden später wird Tobias geborgen und nach Hause gebracht. Dort findet man Lene und ihr Kind erschlagen auf. Thiel ist verschwunden. Am nächsten Morgen hockt er an der
15 Stelle, wo Tobias überfahren wurde, zwischen den Bahngleisen. Er hat den Verstand verloren und wird gewaltsam in die Irrenanstalt gebracht.

4. Stellt, nachdem ihr den Text über die Handlungsstruktur gelesen habt, Vermutungen darüber an, an welcher Stelle der Novelle die Schilderung von S. 41 stehen könnte. Begründet eure Einschätzung anhand der vermittelten Stimmung.

5. **a)** Zeichne zu der Handlungsstruktur der Novelle eine Skizze der Personenkonstellation.

   b) Verfasse einen Dialog zwischen Thiel und Lene, in dem es um Tobias geht, oder schreibe aus Thiels Perspektive einen Tagebucheintrag über seine Ehe mit Lene.

   c) Ändere die Handlungsstruktur ab Zeile 9. Beginne mit *Thiel ...*

6. Betrachte das Liebespaar und schreibe für jede der Figuren eine Rollenbiografie. Gehe dabei ein auf:
   - die Zeit, in der die Personen leben
   - Fragen nach den allgemeinen und besonderen Lebensumständen, nach Beziehungen (Familie, Geschlecht), nach dem Selbstverständnis (Einstellungen zu Beziehungen, zu den Geschlechterrollen)
   …
   - Charaktereigenschaften
7. Schreibe einen Text zum Thema *Abendstimmung im Park*, in dem „deine" Personen eine Rolle spielen.
8. Beschreibe die Empfindungen des Erzählers in folgendem Text und erkläre anhand von Beispielen, wie er zu seinen Gefühlen steht.

Landschaft mit Bergen

Tirol ist sehr schön, aber die schönsten Landschaften können uns nicht entzücken bei trüber Witterung und ähnlicher Gemütsstimmung. Diese ist bei mir immer die Folge von jener, und da es draußen regnete, so war auch in mir schlechtes Wetter. Nur dann und wann durfte ich den Kopf zum Wagen hinausstrecken, und dann schaute ich auf himmelhohe Berge, die mich ernsthaft ansahen und mir mit den ungeheuren Häuptern und langen Wolkenbärten eine glückliche Reise zunickten. Hier und da bemerkte ich auch ein fernblaues Berglein, das sich auf die Fußzehen zu stellen schien und den anderen Bergen recht neugierig über die Schultern blickte, wahrscheinlich, um mich zu sehen. Dabei kreischten überall die Waldbäche, die sich wie toll von Höhen herabstürzten und in den dunklen Talstrudeln versammelten. Die Menschen steckten in ihren niedlichen, netten Häuschen, die über der Halde, an den schroffsten Abhängen und bis auf die Bergspitzen zerstreut liegen; niedliche, nette Häuschen, gewöhnlich mit einer langen, balkonartigen Galerie, und diese wieder mit Wäsche, Heiligenbildchen, Blumentöpfen und Mädchengesichtern ausgeschmückt. Auch hübsch bemalt sind die Häuschen, meistens weiß und grün, als trügen sie ebenfalls die Tiroler Landestracht, grüne Hosenträger über dem weißen Hemde. Wenn ich solch Häuschen im einsamen Regen liegen sah, wollte mein Herz oft aussteigen und zu den Menschen gehen, die gewiss trocken und vergnügt da drinnen saßen. Da drinnen, dacht' ich, muss sich's recht lieb und innig leben lassen, und die alte Großmutter erzählt gewiss die heimlichsten Geschichten. Während der Wagen unerbittlich vorbeifuhr, schaute ich noch oft zurück, um die bläulichen Rauchsäulen aus den kleinen Schornsteinen steigen zu sehen, und es regnete dann immer stärker, außer mir und in mir, dass mir fast die Tropfen aus den Augen herauskamen.

Heinrich Heine (1797–1856), Reisebilder, Dritter Teil (1828)

9. Suche Textstellen, an denen Heine die Natur lebendig erscheinen lässt, und beschreibe das sprachliche Mittel, das er verwendet.
10. Finde Oberbegriffe, die ausdrücken, wie gegensätzlich Heine die Natur und den Bereich der Menschen schildert.
11. Teile den Text von Heine in einzelne Szenen ein, die verfilmt werden könnten, und ordne ihnen die folgenden Begriffe zu:

- *Totale:* gibt einen Überblick über die gesamte Situation
- *Großaufnahme:* ein Detail wird besonders hervorgehoben
- *Normal:* alle Einstellungsgrößen, die zwischen der Totalen und der Großaufnahme liegen

12. Zeichne ein Storyboard (Bilddrehbuch) zu deinen Szenen. Male die einzelnen Bilder jeweils mit Farben aus, die die Stimmung des Textes wiedergeben.
13. Verschafft euch Informationen über Tirol im Internet, im Reisebüro ... Schreibt in Gruppenarbeit den Dialog für ein Interview, das Urlauber verlocken würde, nach Tirol zu reisen. Mögliche Gesprächspartner des Moderators/der Moderatorin können sein: ein Bürgermeister, der Tourismusmanager, eine berühmte Persönlichkeit, ein Dauergast ...
14. Übt zu zweit das Interview ein. Denkt daran, den Personen ihrer Rolle entsprechende charakteristische Sätze in den Mund zu legen.
15. Spielt eure Interviews vor und besprecht sie unter Beachtung der folgenden Kriterien:
    - Sind die Personen glaubwürdig dargestellt (Stellung, Körperhaltung, Sprache)?
    - Ist das Ziel der Werbewirksamkeit erreicht?
    - Passt das Interview zum Thema oder ist es zu allgemein gehalten?

Um sich einen literarischen Text oder ein Bild zu erschließen, kann man neben der Analyse auch **produktive Verfahren** verwenden.

Einige Möglichkeiten sind
- einen Text weiter- oder umschreiben,
- einen Text aus einer anderen Perspektive erzählen,
- eine Szene spielen,
- einen Tagebucheintrag zu einem Textabschnitt verfassen,
- eine Figurenkonstellation grafisch darstellen,
- die Handlungsstruktur verändern,
- einen Text in Szenen oder Bilder umsetzen.

Die Vorteile der produktiven Verfahren liegen unter anderem darin, dass der Sinn des Textes vom Leser individuell mitbestimmt wird, dass die Vorstellungsfähigkeit gefördert wird, dass schwierige Texte leichter zugänglich werden und dass man ein eigenes Verständnis des Textes entwickeln kann.

Fluss …

Plant und führt ein Projekt zum Thema *Fluss* durch:

1. Überlegt zunächst, welche Fächer ihr einbeziehen möchtet, und legt fest, in welchem Zeitraum ihr euch mit diesem Projekt beschäftigen wollt.
2. Wählt aus den Vorschlägen aus:
   - Besorgt euch Texte zu großen deutschen Flüssen wie Rhein, Elbe, Donau aus dem Internet, aus Schulbüchern oder Romanen. Stellt die Texte vor, indem ihr Wichtiges über den jeweiligen Autor zusammenträgt, darstellt, aus welcher Einstellung heraus der Verfasser jeweils über den Fluss schreibt, und angebt, ob es sich um einen Sachtext, eine Reportage … handelt.
   - Fügt Wörter und Wortgruppen aus diesen Texten zu Gedichten zusammen *(der Rhein im Herbst, die winterliche Elbe …)*.
   - Sucht nach Gedichten über Flüsse.
   - Zeichnet und malt Illustrationen zu euren Texten.
   - Besorgt eine CD mit der Musik *Die Moldau* von Smetana. Schreibt während des Zuhörens eine Schilderung eurer Gefühle oder malt Bilder zur Musik.
   - Verfasst nach gründlicher Recherche einen Bericht zum Thema *Der Nil als Lebensspender*.
   - Gestaltet einen Kalender zum Thema *Flusslandschaften*.
3. Sammelt weitere Ideen mithilfe eines Clusters.
4. Überlegt gemeinsam, wem und in welchem Rahmen ihr eure Ergebnisse präsentieren wollt (Ausstellung, Elternabend, Wandzeitung …).

S. 181 ff.

Das Thema erschließen

Wenn du ein sehr allgemein formuliertes Thema bekommen oder gewählt hast, zu dem du ein Referat halten willst, musst du dir zunächst überlegen, worüber du im einzelnen konkret sprechen willst. Sonst würde deine spätere Materialsuche dich in ein Informationswirrwarr führen und dein Referat nie fertig.

1. Notiere dir zunächst spontan, was dir zu dem Thema einfällt. Du wirst sehen, dass es sehr unterschiedliche Möglichkeiten gibt, an das Thema heranzugehen.
   → Versuche es mit dem Thema *Barock*.

2. Danach kannst du mit der Listen-Methode weitermachen. Dazu erstellst du dir zuerst eine Liste der Dinge, die dir zu dem Thema einfallen. Kreise dann den Begriff ein, der dir am interessantesten erscheint. In einer zweiten Liste schreibst du auf, was dir zu deinem eingekreisten Begriff einfällt. Kreise wieder ein, was dich mehr interessiert als anderes. Zu diesem zuletzt eingekreisten Bereich notierst du dir ein oder zwei Fragen, die du wichtig findest. Schreibe alles, was du eingekreist hast, nun untereinander auf. So hast du schon eine erste Gliederung, die dir hilft, gezielt auf Materialsuche zu gehen.
   → Übertrage dir zunächst folgende unvollständige Liste in dein Heft. Kreise nun in der ersten Spalte der Liste zum Thema *Barock* den Begriff ein, der zur zweiten Liste führt. Ergänze sie und schreibe deine Fragen in der dritten Spalte auf.

Literatur	Sonett	1) Welche Lebenseinstellung spiegelt sich?
Geschichte	Vanitas-Motiv	2) ...
Bauwerke		
Herrscher		
Maler		

3. Eine zweite Möglichkeit, das Thema einzugrenzen, ist die Landkarten-Methode. Dazu schreibst du in die Mitte eines leeren DIN A4-Blattes das Grobthema. Alle Dinge, die dir direkt dazu einfallen, schreibst du um diesen Begriff herum. Ziehe jeweils einen Strich vom Oberbegriff zu deinen neuen Wörtern. Wenn du damit fertig bist, ist mit deinen Ideen eine „Landkarte" zu dem Thema entstanden. Am Ende solltest du deine Karte noch einmal anschauen. Was du doppelt hast oder dich nicht so interessiert, kannst du streichen. Jetzt malst du die Karte noch einmal sauber auf. An die einzelnen Striche schreibst du Fragen, die du zu dem Thema beantworten möchtest. Wenn du dein Referat fertig hast, kannst du die Karte ein weiteres Mal überarbeiten. Sie hilft dir, dein Referat zu halten.
   → Übertrage die folgende „Landkarte" sauber in dein Heft. Beachte dabei die Streichungen und ergänze eigene Fragen.

Mindmap zum Thema BAROCK:

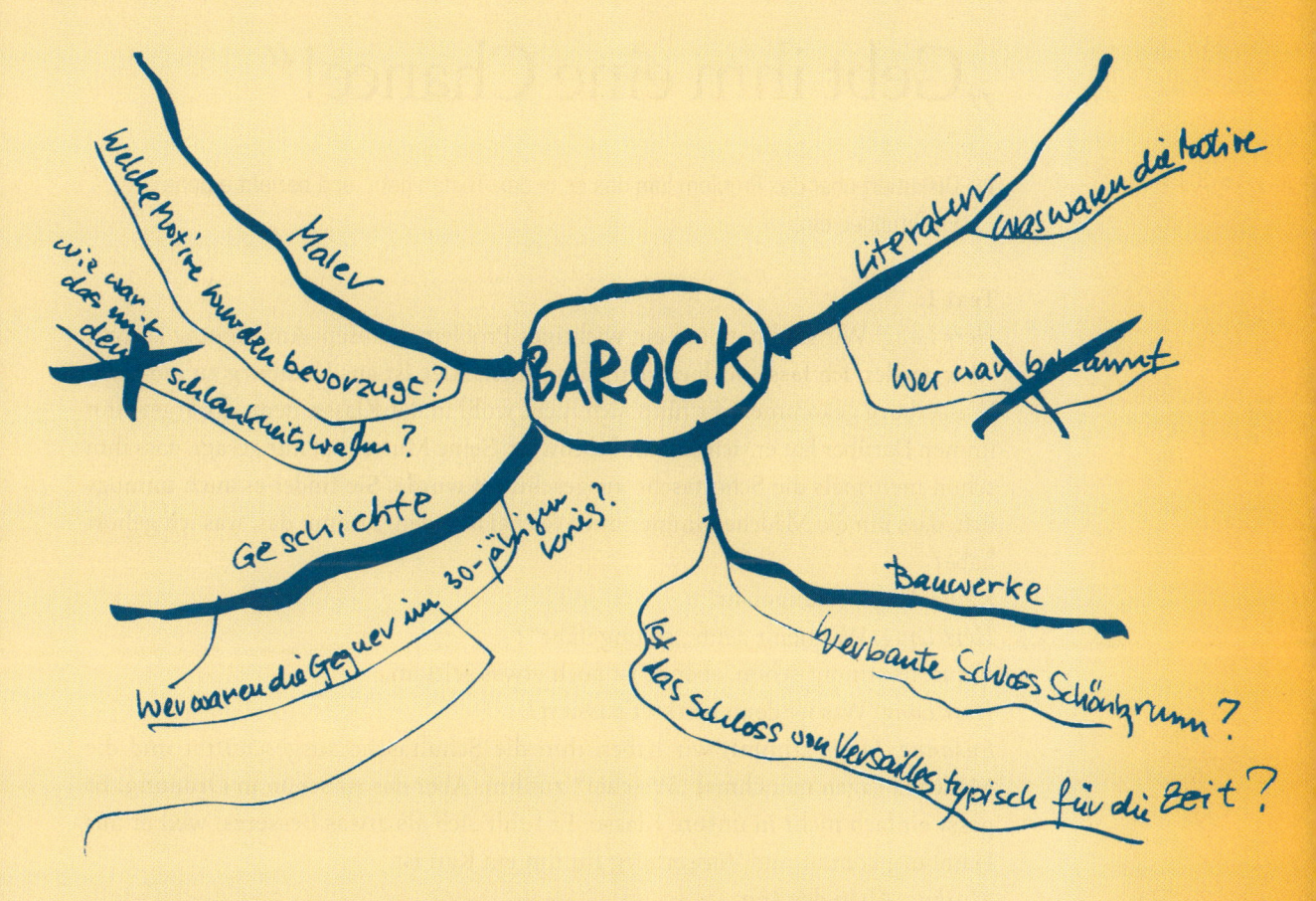

- Maler
  - Welche Motive wurden bevorzugt?
  - Wie war das mit den Schönheitsidealen?
- Literatur
  - Was waren die Motive
  - Wer war bekannt
- Geschichte
  - Wer waren die Gegner im 30-jährigen Krieg?
- Bauwerke
  - Wer baute Schloss Schönbrunn?
  - Ist das Schloss von Versailles typisch für die Zeit?

4. Wähle eines der allgemeinen Themen und grenze es nach einer der beiden Methoden ein:

Wolfgang Borchert • Angstgedichte • Medien • Hobbys

5. Lies den Text zur Themenfindung. Schreibe die fettgedruckten Wörter als Merksätze im Infinitiv auf. Übertrage die Sätze auf eine Karteikarte und hefte sie an deinen Arbeitsplatz.

Wenn du ein sehr allgemeines **Thema** erhältst, musst du es **eingrenzen**, um dir einen Überblick zu verschaffen. Zunächst **notierst** du **spontan** alle **Ideen**, die dir dazu einfallen. **Wähle eine der zwei Methoden**, die dir dabei helfen können: die **Listen-Methode** oder die **Landkarten-Methode**. Bei der Listen-Methode gehst du in drei
5 Schritten vor: **Zuerst schreibst** du eine **Liste mit** mehreren **Begriffen**. Dann **kreist** du den **Begriff ein**, **der** dich **am meisten interessiert**. In einer zweiten Liste **sammelst** du andere **Wörter** zu deinem Wahlbegriff. Auch hier **kreist** du **ein**, was dich **am meisten interessiert**. Anschließend **schreibst** du **Fragen dazu auf**. Bei der Landkarten-Methode musst du zunächst dein **Oberthema in die Mitte eines Blattes**
10 **schreiben**. Um diesen Begriff herum **schreibst** du **alles**, was dir dazu einfällt, und **verbindest** mit Strichen **diese Wörter** mit deinem **Oberbegriff**. Dann **überarbeitest** du deine Landkarte. So grenzt du dein Thema ein. Diese Vorarbeit hilft dir, die weitere Arbeit an dem Referat leichter zu bewältigen.

- Thema eingrenzen
- Ideen spontan notieren
- ...

„Gebt ihm eine Chance!"

1. Diskutiert über das Problem, um das es in den Texten geht, und bezieht eigene Erfahrungen ein.

Text 1:

Herr Lang: Wir sind hier, um ein wichtiges Problem zu lösen. Am Montag kommt Alex wieder. Ich fasse noch einmal zusammen. Alex ist aus Hamburg zu uns nach Wasserburg gekommen. Er fühlt sich nicht wohl in der Klasse, denn ihr ärgert ihn immer. Darüber hat er sich bei mir beschwert. Seine Mutter hat mir gesagt, dass ihm schon mehrmals die Schultasche ausgeschüttet wurde. Sie findet es auch unmöglich, dass ihn die Mädchen immer mit Weichei anreden. Stimmt das, was ich gehört habe?
Klaus: Na ja, so ungefähr.
Herr Lang: Was heißt denn „so ungefähr"?
Klaus: Es stimmt schon, aber er ist auch etwas seltsam.
Herr Lang: Was ist denn konkret passiert?
Susanne: Ja, es stimmt, wir haben ihm die Schultasche ausgeschüttet und die Mädchen sagen manchmal „Weichei" zu ihm. Aber das ist schon in Ordnung. Er passt einfach nicht in unsere Klasse. Er fühlt sich als etwas Besseres, weil er aus Hamburg kommt und Wasserburg für ihn ein Kaff ist.
Markus: Ab in den Inn.
Michael: Ja, stimmt. Nur weil seine Eltern ihm viel Taschengeld geben, kann er sich die teuren Markensachen leisten und schaut auf uns als Provinzler herab.
David: Fußball hält er für einen Prolo-Sport und das sagt er auch noch laut, obwohl die Hälfte von uns im Verein spielt.
Susanne: Stimmt, da hat er sich keine Freunde gemacht. Außerdem schreibt er Gedichte, das ist doch blöd; einen Dichter, den brauchen wir nicht.
Herr Lang: Könnt ihr nicht akzeptieren, dass jemand anders ist als ihr?
Jasmin: Ja, aber das ist doch nicht das Problem. Er lässt es so raushängen, das ist es. Er schaut auf uns herunter und deswegen muss er kleingemacht werden.
Herr Lang: Aber ihr seid mehr und deswegen stärker. Wie soll er sich denn gegen euch alle wehren? Vielleicht benimmt er sich nur deswegen so, weil er nicht weiß, wie er sonst bei euch ankommen soll. Gebt ihm doch eine Chance!
Jasmin: Das geht schon, aber er soll eben weniger hochnäsig sein.
Herr Lang: Ich rede noch einmal mit ihm und sage, dass er sich ein bisschen ändern muss und ihr euch auch ein bisschen ändern werdet. Dann werdet ihr schon miteinander auskommen. Ich möchte aber auf keinen Fall mehr etwas davon hören, dass ihr ihm die Büchertasche ausschüttet oder ihn beschimpft.
Michael: Wir können es ja mal versuchen.

Text 2:

Herr Lang, der Klassenlehrer der 8a, diskutiert mit der Klasse deren Verhalten gegenüber dem neuen Mitschüler Alexander Weißmann, der sich über das Mobbing der Klasse gegen ihn beschwert hat. Die Klasse erklärt ihr Verhalten damit, dass er sich arrogant benehme. Man kommt überein, das Problem so zu lösen, dass
5 Herr Lang mit Alexander Weißmann ein Gespräch über sein Verhalten führt, dass die Klasse aber auch versucht, mehr auf ihn einzugehen, damit das Verhältnis besser wird. Herr Lang untersagt der Klasse, die Büchertasche des Mitschülers auszuschütten oder ihn zu beschimpfen.

Text 3:

Herr Lang fasst zusammen: Alex sei aus einer Hamburger Schule gekommen und fühle sich in der Klasse nicht wohl, unter anderem deswegen, weil ihm von den Mitschülern die Büchertasche ausgeschüttet werde und er von den Mädchen beleidigt werde. Susanne bestätigt das und nennt als Grund für das Verhalten der
5 Klasse, dass Alex nicht in die Klasse passe, weil er sich als etwas Besseres fühle. Andere Schüler bestätigen das und weisen darauf hin, dass er andere Hobbys als der Rest der Klasse habe. Herr Lang wendet ein, dass es möglich sein müsse zu akzeptieren, dass jemand anders sei. Außerdem sei es unfair, wenn sich alle gegen einen stellten. Man solle Alex eine Chance geben. Er werde mit Alex sprechen, um ihn zu
10 bewegen, sein Verhalten zu ändern; die Klasse müsse aber ebenfalls ihr Verhalten ändern. Er verbietet der Klasse, die Büchertasche auszuschütten oder Alex zu beschimpfen.

2. Notiere in Stichpunkten die Unterschiede und Gemeinsamkeiten der drei Texte.
3. Besprecht eure Notizen und klärt, welchen Zweck die Texte 2 und 3 erfüllen.

> Eine Form des Berichtens ist das Protokollieren.
> Bei besonders wichtigen Sitzungen oder Debatten wird der Gesprächsverlauf wortwörtlich mitgeschrieben, daher der Name **Wortprotokoll**.
> Wenn ihr über den genauen Verlauf z.B. einer Veranstaltung berichten wollt, müsst ihr ein **Verlaufsprotokoll** anfertigen. Dabei kommt es darauf an, nicht wortwörtlich, aber in der richtigen Reihenfolge zusammenzufassen.
> Das **Ergebnisprotokoll** ist die kürzeste Form des Protokolls. In ihm werden knapp die wichtigsten Beiträge und die Ergebnisse einer Veranstaltung zusammengefasst. Ein Ergebnisprotokoll könnt ihr sachlogisch strukturieren, das heißt, ihr könnt verschiedene Aussagen zu einem Themenaspekt zusammenfassen, auch wenn sie in der Diskussion zeitlich getrennt waren.
> Eine Mischform aus Verlaufs- und Ergebnisprotokoll ist das **Unterrichtsprotokoll**, bei dem ihr das Unterrichtsergebnis und den Weg, der zu dem Ergebnis geführt hat, wiedergeben müsst.

4. Ordnet Text 2 und 3 einer Form des Protokolls zu.
5. Überlegt euch weitere Situationen, in denen die verschiedenen Protokollarten zur Anwendung kommen könnten.

Ein Anti-Mobbing-Programm

Für viele ist es ein Problem, schnell mitzuschreiben. Es gibt aber einige Tricks, das Mitschreiben zu beschleunigen.

- Notiere nur Stichpunkte. Lasse alle Hilfsverben, Artikel und Konjunktionen weg (Bsp.: *Ich werde mit ihm reden und ihm klar machen, dass er sich ändern muss, dass aber wir uns auch ändern werden → rede mit ihm, er muss sich ändern, wir auch*).
- Verwende Abkürzungen und Symbole, die man schnell schreiben kann. Neben den gebräuchlichen Abkürzungen und Symbolen kannst du für deine Zwecke auch neue erfinden.
- Lege deine Notizen übersichtlich an. Verwende für jeden Gedanken eine neue Zeile.

1. Ergänze um eigene Symbole.

↔ = Gegensatz	→ = daraus folgt	+ = und	~ = ungefähr
! = Achtung wichtig	⚡ = kontrovers	? = Frage	

2. Was bedeuten die folgenden Abkürzungen?

d.h.	i.d.R.	sog.	v.	zus.	Tab.
dt.	betr.	Ggs.	z.T.	vgl.	u.a.
bes.	Bez.	jmd.	z.B.	Tech.	S.

3. Lass dir den folgenden Text laut vorlesen und schreibe mithilfe von Stichpunkten, Symbolen und Abkürzungen mit. Beginne für jeden Gedanken eine neue Zeile. Fasse dann in wenigen Sätzen die wesentlichen Aussagen von Frau Nickel zusammen.

In der Lehrerkonferenz wird der Fall von Alexander besprochen. Frau Nickel, die Beratungslehrerin, hält einen Vortrag.

Vortrag über ein Anti-Mobbing-Programm

Liebe Kolleginnen und Kollegen,
der Fall von Alexander sollte uns zu denken geben. Wir können da nicht tatenlos zusehen, wir müssen etwas tun.
Ich möchte zuerst darauf eingehen, was wissenschaftliche Untersuchungen zu dem Problem sagen. Das Mobbingverhalten scheint am ausgeprägtesten
5 mit 14 Jahren zu sein. In der achten bis neunten Klasse gibt jeder achte Schüler zu, andere zu schikanieren und das mehrmals pro Woche. Auch ist das Mobbingverhalten geschlechtsspezifisch. Jungen werden eher Opfer körperlicher Gewalt. Ein Schüler wird von mehreren Mitschülern in der Pause

verprügelt. Mädchen mobben anders. Sie schließen eine Mitschülerin aus einer Freundesgruppe aus oder machen ein anderes Mädchen schlecht oder beleidigen es. Mädchen mobben häufig mit Worten.

Damit wir das Problem in den Griff bekommen, schlage ich vor, ein System von Konfliktlotsen oder Streitschlichtern bei uns an der Schule einzuführen. Wir müssen ab der Mittelstufe in jeder Klasse mehrere Schüler zu Konfliktlotsen ausbilden. Sie sind Experten, wenn es darum geht, Lösungen zu finden, wenn zwei sich streiten und nicht miteinander auskommen. Sie sollen zwischen den beiden Streitenden vermitteln und sie zu Lösungen führen. Das heißt, wir müssen an der Schule eine neue Kultur des Streitens entwickeln.

Die Schüler müssen erst einmal lernen, überhaupt über Probleme und Schwierigkeiten zu sprechen. Ein aktueller Streit ist oft der äußere Anlass für ein Gespräch. In diesem Gespräch kommen dann meiner Erfahrung nach oft die viel tieferliegenden Ursachen für den Streit ans Licht. Da erfährt man, dass ein Schüler bereits seit längerer Zeit Mobbing und Hänseleien ausgesetzt war. Vorteil eines Gesprächs mit einem Konfliktlotsen ist, dass in einem solchen Gespräch der, der mobbt, auch hautnah mitbekommt, was er bei seinem Mitschüler mit seinem Verhalten anrichtet. Darüber ist sich der „Mobber" oft nicht klar; er findet es einfach lustig und interessant. Er denkt aber nicht daran, was er mit seinem Verhalten bei seinem Opfer auslöst. Beide Kontrahenten sollten sich am Ende des Gesprächs einigen und einen Vertrag über ihr zukünftiges Verhalten aufsetzen, den beide unterschreiben.

Auch die Eltern sind gefordert. In den Familien muss geübt werden, unangenehme Dinge anzusprechen, Schwierigkeiten dürfen nicht einfach mit Schweigen übergangen werden. In der Familie muss geübt werden, Konflikte zu lösen, man darf sich nicht nur seinen Ärger an den Kopf werfen, sondern ein sinnvoller Streit sollte auch zu einer Lösung führen. Ein Kind kann aber nur dann erfolgreich Konflikte bestehen, wenn es ein ungebrochenes Selbstbewusstsein hat. Für dieses Selbstbewusstsein sind die Eltern maßgeblich verantwortlich. Wenn Eltern in die Sprechstunde kommen, müssen wir Lehrer ihnen erklären, dass sie ihren Kindern immer das Gefühl geben müssen, dass sie geliebt und geschätzt werden, damit diese ein stabiles Selbstbewusstsein aufbauen. Die Eltern müssen ihrem Kind zeigen, dass sie in jedem Fall hinter ihrem Kind stehen und ihm helfen.

Ich denke, wenn wir das alles tun, dann werden wir das Mobbing-Problem an unserer Schule erfolgreich lösen.

4. Suche dir im Radio oder im Fernsehen eine Sendung aus, in der möglichst viel gesprochen wird. Am besten eignet sich eine Diskussionsrunde. Versuche einmal 15 Minuten lang, das Wichtigste in Stichpunkten mitzuschreiben. Berichte in der nächsten Deutschstunde knapp über die wesentlichen Inhalte.

Diskussionen im Lehrer- und im Klassenzimmer

Version 1:

An den Vortrag von Frau Nickel schließt sich eine Diskussion an. Frau Hördlein kritisiert, dass dieser Vortrag und die Konferenz zu spät **kämen**, man hätte schon sehr viel früher handeln müssen. Herr Breitling erwidert darauf, dass er die Aufregung von Frau Hördlein nicht verstehen könne. Schüler **hätten** sich schon immer gestritten und Pausenhofrangeleien **habe** es schon zu seiner Zeit als Schüler gegeben. Man dürfe das Problem nicht dramatisieren, sondern müsse es hinnehmen; nur den Auswüchsen gelte es zu begegnen. Frau Nickel entgegnet, dass sich das Problem in jüngster Zeit verschärft habe; besonders das Ausmaß der Gewalttätigkeit habe zugenommen. Sie vermute, dass das Fernsehen dabei eine Rolle spiele. Wenn die Kinder tagtäglich mit Gewalt konfrontiert würden, dann würde für sie Gewalt zu etwas Alltäglichem werden. Gewalttätige Konfliktlösungen seien in vielen Sendungen das Normale und die Kinder übernähmen diese Verhaltensmuster nur zu bereitwillig. Herr Fritsch zweifelt, dass Schüler die Aufgabe des Konfliktlotsen übernehmen könnten. Er halte sie für zu unerfahren. Die Lehrer seien gefordert. Sie müssten bei Konflikten zwischen den Schülern eingreifen. Herr Breitling wendet ein, dass er das für falsch halte. Aufgabe der Lehrer sei es, Stoff zu vermitteln und nicht zu erziehen. Das sei Aufgabe der Eltern. Man dürfe die Lehrer nicht zu Ersatzeltern machen. Er fordert, dass sich die Eltern ihrer Aufgabe zu stellen und ihre Kinder zu einem manierlichen und zivilisierten Auftreten zu erziehen **hätten**.

Version 2:

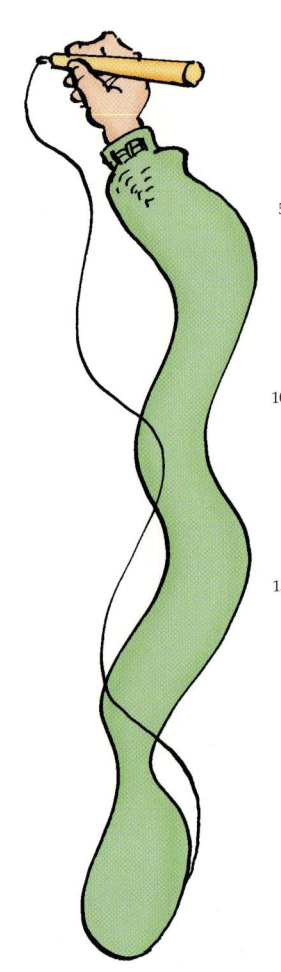

An den Vortrag von Frau Nickel schließt sich eine Diskussion an. Nach Meinung von Frau Hördlein kommen dieser Vortrag und die Konferenz zu spät, denn man hätte schon sehr viel früher handeln müssen. Herr Breitling erwidert darauf, die Aufregung von Frau Hördlein nicht verstehen zu können. Schüler haben sich schon immer gestritten und Pausenhofrangeleien hat es schon zu seiner Zeit als Schüler gegeben. Seiner Auffassung nach darf man das Problem nicht dramatisieren, sondern muss es hinnehmen; nur den Auswüchsen gilt es zu begegnen. Frau Nickel sieht eine Verschärfung des Problems in jüngster Zeit. Das Ausmaß der Gewalttätigkeit hat ihrer Einschätzung nach zugenommen. Sie weist dabei auf die Rolle des Fernsehens hin. Wenn die Kinder tagtäglich mit Gewalt konfrontiert werden, dann wird sie für sie zu etwas Alltäglichem. Sie erklärt, dass gewalttätige Konfliktlösungen in vielen Sendungen das Normale seien und die Kinder diese Verhaltensmuster nur zu bereitwillig übernähmen. Herr Fritsch zweifelt daran, dass die Schüler die Aufgabe des Konfliktlotsen übernehmen können. Seiner Meinung nach sind sie zu unerfahren. Die Lehrer sind gefordert, bei Konflikten zwischen den Schülern einzugreifen. Herr Breitling hält diese Auffassung für falsch. Es ist Aufgabe der Lehrer, Stoff zu vermitteln und nicht zu erziehen. Das ist Aufgabe der Eltern. Man darf Lehrer nicht zu Ersatzeltern machen. Herr Breitling fordert, dass sich Eltern ihrer Aufgabe stellen und ihre Kinder zu einem manierlichen und zivilisierten Auftreten zu erziehen haben.

1. Vergleiche die beiden Versionen und erläutere, um welche Art des Protokolls es sich handelt.
2. Erläutere am Beispiel der fettgedruckten Verben in Version 1, wie die indirekte Rede gebildet wird.
3. In Version 1 heißt es in den Zeilen zwei und drei, *„man hätte schon sehr viel früher handeln müssen."* Um welchen Konjunktiv handelt es sich hier?
4. Unten findest du verschiedene Möglichkeiten der Wiedergabe von Redebeiträgen. Bestimme in der Version 2 die jeweilige Art der Wiedergabe.

Im Protokoll werden Redebeiträge nicht in direkter Rede wiedergegeben. Folgende Möglichkeiten der Redewiedergabe gibt es:

- **indirekte Rede im Konjunktiv**
  Herr Breitling erwidert, er könne die Aufregung von Frau Hördlein nicht verstehen.
- **indirekte Rede in einem dass-Satz**
  Herr Breitling erwidert, dass er die Aufregung von Frau Hördlein nicht verstehen kann/könne.
- **Infinitiv**
  Herr Breitling erwidert(,) die Aufregung von Frau Hördlein nicht verstehen zu können.
- **präpositionale Wendungen**
  Nach Meinung von Herrn Breitling ist die Aufregung von Frau Hördlein nicht verständlich.
- **Redebericht**
  Herr Breitling kann die Aufregung von Frau Hördlein nicht verstehen.

Regeln für die Umformung der direkten Rede in die indirekte Rede:

- Für die indirekte Rede wird in der Regel der Konjunktiv I verwendet:
  Christoph sagt: „Das habe ich nicht getan." →
  Christoph sagt, er habe das nicht getan.

  Christoph sagt: „Alex hat das nicht getan." →
  Christoph sagt, Alex habe das nicht getan.

- Wenn der Konjunktiv I sich nicht vom Indikativ unterscheidet, dann wird der Konjunktiv II verwendet:
  Christoph sagt: „Sie haben das nicht getan." →
  Christoph sagt, sie hätten das nicht getan.

- Fragesätze, die kein Fragewort am Anfang haben, werden in der indirekten Rede mit *ob* eingeleitet:
  Christoph sagt zu Klaus: „Hast du das getan?" →
  Christoph fragt, ob er/Klaus das getan habe.

REDEBEITRÄGE WIEDERGEBEN

Zum Thema *Indirekte Rede* findest du noch Informationen im Kapitel „Inhaltsangabe" auf Seite 76 ff. dieses Buches. Eine Zusammenfassung der Informationen zum Thema *Formen der Redewiedergabe* steht außerdem im Glossar auf Seite 209.

5. a) Redeeinleitungen charakterisieren die Art der Äußerung. Ersetze in den Redeeinleitungen der folgenden Diskussion *sagt* durch treffendere Verben aus dem Speicher.

> widersprechen • meinen • erwidern • antworten • einlenken • zustimmen • entgegnen • kritisieren • erklären • feststellen • zusammenfassen

b) Suche zehn weitere Redeeinleitungen.

6. Forme die Sätze, die in der direkten Rede stehen, um und benutze dabei die im Kasten auf S. 53 angesprochenen Möglichkeiten der Redewiedergabe.

7. Fasse die Diskussion knapp zusammen und überlege, worauf du bei der Wiedergabe der letzten Äußerung von Tobias achten musst.

1. Christiane sagt:
„Wir haben Philipp nicht gestoßen, er ist gestolpert und von alleine hingefallen."

2. Philipp sagt:
„Nein, ich habe deutlich einen Stoß von hinten gespürt."

3. Christiane sagt:
„Das ist nicht möglich. Vielleicht ist jemand aus Versehen mit dem Arm an deinen Rücken gekommen, aber es war sicher keine Absicht."

4. Herr Sommer sagt:
„Das war doch aber nicht der einzige Fall, wo ihr Philipp etwas getan habt. Ihr habt ihm die Büchertasche ausgeleert, ihr habt ihm das Mäppchen in den Papierkorb geworfen und ihr habt eine Reißzwecke auf seinen Stuhl gelegt. Das deutet doch alles darauf hin, dass er in diesem Fall nicht gestolpert ist, sondern dass ihr ihn gestoßen habt."

5. Tobias sagt:
„Wir haben ja schon alles andere zugegeben, aber das haben wir nicht gemacht."

6. Herr Sommer sagt:

„Gut, ich will euch glauben, aber habt ihr schon einmal darüber nachgedacht, wie sich Philipp fühlt, wenn ihr ihn so behandelt, und dass er natürlich immer der Meinung sein muss, dass, wenn ihm etwas Schlimmes passiert, ihr daran Schuld sein müsst?"

7. Tobias sagt:

„Aber Philipp verhält sich auch immer so blöd, er spielt nicht Fußball in der Pause, sondern unterhält sich lieber mit den Mädchen."

8. Alexander sagt:

„Das stimmt und außerdem zieht er sich anders an, als es bei uns üblich ist. Er trägt immer Pullover, die von seiner Mutter selbstgestrickt worden sind. So ein Schrott."

9. Herr Sommer sagt:

„Warum soll nicht jeder das anziehen, was ihm gefällt? Müssen denn alle gleich angezogen sein?"

10. Alexander sagt:

„Stimmt schon, aber wenn er zu uns gehören will, dann muss er sich schon irgendwie anpassen."

11. Herr Sommer sagt:

„Philipp muss aussehen wie ihr, er muss sich so verhalten wie ihr, dann akzeptiert ihr ihn. Das ist doch wie eine Uniform und das ist gefährlich. Irgendwann sagt ihr, dass die Leute, mit denen ihr umgeht, auch so ein weißes Gesicht haben müssen wie ihr und kein braunes oder schwarzes."

12. Tobias sagt:

„Was soll denn dieses Sozialgelabere. Ich kann ihn nicht leiden, das ist es; das soll doch vorkommen. Oder laufen Sie als Menschheitsbeglücker herum und umarmen alle Leute und jubilieren ‚Ich liebe euch'? Sie können doch auch nicht mit allen gleich. Das Gelaber bringt es nicht, die Chemie stimmt halt zwischen uns nicht."

13. Herr Sommer sagt:

„Ja, ich vertrage mich auch nicht mit allen gleich, aber ich werde nicht gewalttätig gegen die, die ich nicht leiden kann, und das ist ein großer Unterschied. Und ich bemühe mich mit denen, die ich nicht leiden kann, gut auszukommen."

8. Diskutiert die Meinung Alexanders, dass man sich, wenn man zur Klassengemeinschaft gehören will, anpassen müsse. Geht dabei folgendermaßen vor: Teilt die Klasse in zwei Hälften; die eine Hälfte diskutiert, die andere protokolliert.

Toleranz gegenüber Fremden

Inhalt und Aufbau des Protokolls

Mithilfe des Overheadprojektors zeigt Herr Geuß zu Beginn der Stunde ein Foto von jungen Roma (Zigeunern) aus Rumänien und fragt die Schüler, mit welchen der Roma sie sich gerne anfreunden würden. Die Klasse antwortet einhellig, dass keiner der gezeigten Roma ihnen als Freund attraktiv erscheine. Auf die Frage nach dem Grund
5 werden verschiedene Antworten gegeben. Die einen meinen, dass ihre Kleidung heruntergekommen wirke, andere sagen, dass sie vermuten, dass die Unterschiede in der Lebensweise zu groß seien, als dass man sich gut verstehen könne, andere wieder sagen, dass man von anderen Leuten „komisch" angeschaut würde, wenn man mit einem Roma durch die Stadt laufen würde. Nachdem Herr Geuß erläutert hat, dass
10 Wolfdietrich Schnurre zu den bekanntesten Nachkriegsautoren gehört, liest er die Erzählung „Jenö war mein Freund" von Schnurre vor, der von 1920 bis 1989 lebte. In Gruppen erarbeitet die Klasse anschließend, welche der eingangs genannten Gründe, sich nicht mit einem Roma zu befreunden, auch in der Erzählung vorkommen. Von den Gruppensprechern werden folgende Parallelen genannt: Auch Jenös Klei-
15 dung ist heruntergekommen, außerdem riecht er nach Rauch und Pferdestall. Jenö benimmt sich „komisch". Der Vater weist seinen Sohn darauf hin, dass die Leute über dessen Freundschaft mit einem Roma negativ reden könnten. Im Unterrichtsgespräch wird nun erarbeitet, was der Junge an Jenö attraktiv findet. Die Ergebnisse werden an der Tafel festgehalten: Dem Jungen imponieren die Fertigkeiten von Jenö:
20 die Meerschweinchendressur, die Igeljagd. Dem Jungen gefällt die Andersartigkeit des Lebens: die Großmutter, die Abende am Lagerfeuer, die in Lehm gebackenen Igel. Dem Jungen gefällt, dass er von Jenö viele Sachen lernen kann, die er in der Schule nicht lernt. Auf die Frage von Herrn Geuß, was diese Gründe gemeinsam hätten, antwortet Anke Fischer, dass gerade das Andersartige und Fremde den Jungen anziehe.
25 Herr Geuß weist auf den Abtransport der Roma am Ende der Erzählung hin und fragt, welche Tatsache dem Jungen damals nicht bekannt gewesen sei. Anke Spiegel erklärt, dass dem Jungen nicht klar war, dass die Roma in ein Konzentrationslager transportiert und dort wahrscheinlich ermordet werden. Anschließend sammelt die Klasse, welche anderen Tatsachen darauf hinweisen, dass die Erzählung zur Zeit des Drit-
30 ten Reichs spielt. Es werden die Begriffe „nationale Erhebung", „Blockwart", „SA" und „SS" genannt. Zum Schluss diskutiert die Klasse, ob es richtig ist, zu tolerieren, dass Jenö, wenn er bei dem Jungen zu Besuch ist, Dinge, die ihm gefallen, stiehlt. Nach Meinung von Ulrike Wagner ist dieses Verhalten richtig, da wegen Jenös Armut Großzügigkeit angebracht sei. Holger Hufnagel widerspricht ihr: Großzügigkeit
35 gegenüber Diebstahl könne es nicht geben, der Vater hätte eingreifen und Jenö darauf aufmerksam machen müssen, dass man nicht einfach nehmen dürfe, was einem gefalle. Anke Fischer fasst zusammen, dass Jenö vielleicht andere Wertmaßstäbe habe, dass er die Werte anderer aber auch akzeptieren müsse. Herr Geuß stellt zum Schluss die Hausaufgabe, diese Frage bis zur nächsten Deutschstunde am 14.4.
40 schriftlich zu beantworten.

1. Das Protokoll ist ohne Absätze geschrieben. Finde heraus, wo im voranstehenden Protokoll neue Tagesordnungspunkte beginnen, und ordne die entsprechenden Zeilen den folgenden ausformulierten Tagesordnungspunkten richtig zu:

   - Der historische Hintergrund der Erzählung
   - Gründe für eine Freundschaft mit Jenö
   - Stellen der Hausaufgabe
   - Gründe gegen eine Freundschaft mit Jenö
   - Einführung in das Thema
   - Diskussion über die Angemessenheit der Toleranz gegenüber Jenös Diebstählen
   - Lesen von Wolfdietrich Schnurres Erzählung *Jenö war mein Freund*

2. Die nächste Deutschstunde, für die die Hausaufgabe aufgegeben wird, findet schon am nächsten Tag statt. Begründe, warum man trotzdem im Protokoll nicht einfach „morgen" schreibt, sondern das genaue Datum nennt.

3. Schreibe die Formulierungen heraus, die angeben, wie man in der Unterrichtsstunde zu den Ergebnissen gekommen ist.

4. Im Text heißt es: *Nachdem Herr Geuß erläutert hat, dass Schnurre zu den bekanntesten Nachkriegsautoren gehört, liest er die Erzählung „Jenö war mein Freund" von Wolfdietrich Schnurre vor.*
   Welches Zeitverhältnis liegt hier vor? Setze den Hauptsatz in das Präteritum. Welches Tempus muss im Nebensatz stehen? Formuliere eine Regel für den Tempusgebrauch in Haupt- bzw. Nebensatz in Satzgefügen, die Vorzeitigkeit ausdrücken.

5. Überprüfe die Korrektheit der folgenden Tagesordnungen in Hinsicht auf Aufbau und Formulierungen und verbessere, wenn nötig, in deinem Heft.

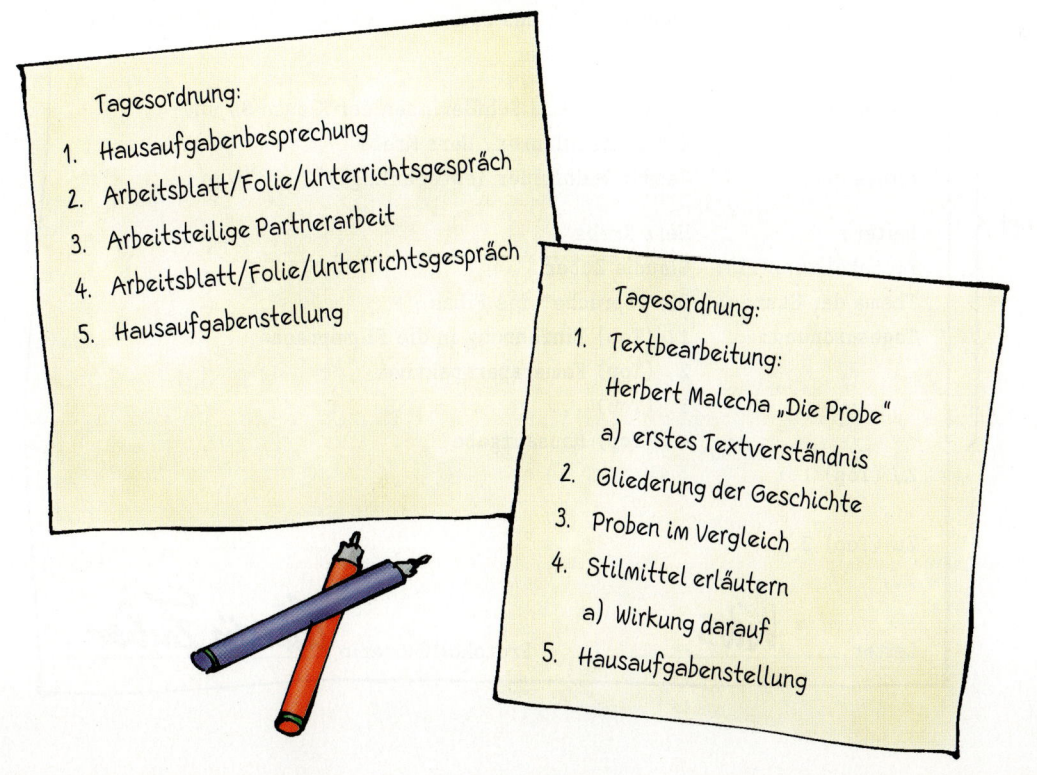

Tagesordnung:
1. Hausaufgabenbesprechung
2. Arbeitsblatt/Folie/Unterrichtsgespräch
3. Arbeitsteilige Partnerarbeit
4. Arbeitsblatt/Folie/Unterrichtsgespräch
5. Hausaufgabenstellung

Tagesordnung:
1. Textbearbeitung: Herbert Malecha „Die Probe"
   a) erstes Textverständnis
2. Gliederung der Geschichte
3. Proben im Vergleich
4. Stilmittel erläutern
   a) Wirkung darauf
5. Hausaufgabenstellung

So gelingt dein Stundenprotokoll:
- Benenne alle Redner, auch dich selbst, beim Namen.
- Fasse die Ergebnisse des Ablaufs zusammen, statt jedes Detail wiederzugeben.
- Gib an, auf welchem Weg die Ergebnisse entstanden sind *(In Partnerarbeit wird erarbeitet ..., Im Unterrichtsgespräch sucht die Klasse ...)*.
- Verzichte auf eigene Bewertung und gib die Redebeiträge sachlich wieder.
- Verwende, wenn möglich, das Vorgangspassiv *(Die Ergebnisse werden an der Tafel zusammengefasst ..., Es werden verschiedene Vorschläge gemacht)*.
- Schreibe es als Ergebnisprotokoll im Präsens. Vorzeitigkeit musst du dann durch das Perfekt ausdrücken.
- Schreibe es als Verlaufsprotokoll im Präteritum. Vorzeitigkeit drückst du durch das Plusquamperfekt aus.

Die äußere Form des Protokolls

Die äußere Form eines Protokolls richtet sich nach vorgegebenen Standards.

```
                Protokoll über die Deutschstunde der Klasse 8b
                                am 9.3.20..

Ort:                    Raum Nr. 201 des Friedrich-Rückert-Gymnasiums, Ebern
Zeit:                   8.00 - 8.45 Uhr

Anwesend:               28 Schüler und Schülerinnen der Klasse 8b und
                        der Deutschlehrer, Herr Krebs
Abwesend:               Jasmin Meinfelder (entschuldigt)

Leiter:                 Herr Krebs
Protokollführerin:      Claudia Zuber
Thema der Stunde:       Die „Sprache" des Films
Tagesordnung:           1. (Top) Einführung in die Filmsprache
                        2. (Top) Kameraperspektive
                        3. (Top) ...
                        4. (Top) Hausaufgabe

Zu (Top) 1.:
...
Zu (Top) 2.:
...

Leiter    Krebs                    Protokollführerin  Claudia Zuber
```

Protokollkopf (umfasst den oberen Abschnitt von Ort bis Tagesordnung)

1. Überlegt gemeinsam, welche Funktion die Rubriken *Anwesend/Abwesend* haben.
2. Nennt die Aufgaben, die die Tagesordnung für den Leser eines Protokolls hat.
3. Der Protokollführer unterschreibt das Protokoll. Sprecht über die Bedeutung dieser Unterschrift.
4. Verfasse mithilfe der Protokollvorlage auf S. 58 und dem äußerst fehlerhaften Stundenprotokoll unten ein korrektes Protokoll. Die folgende Prüfliste hilft dir dabei sowie beim Verfassen eigener Stundenprotokolle. Achte auch auf eine wesentlich bessere sprachliche Form deines Protokolls.

> **Prüfliste für deine Protokolle:**
> - Die äußere Form entspricht den Vorgaben: Protokollkopf, Tagesordnungspunkte (TOPs), Datum und Unterschrift.
> - Im Protokollkopf stehen folgende Angaben: Name der Veranstaltung, Datum, Beginn und Ende der Veranstaltung, Ort, Anwesende/Abwesende (Grund), Vorsitzende/r, Protokollant/in, Thema der Stunde/Anlass der Sitzung, Tagesordnung.
> - Das Ergebnisprotokoll ist im Präsens geschrieben; das Verlaufsprotokoll ist im Präteritum geschrieben.
> - Die Redewiedergabe ist abwechslungsreich gestaltet; indirekte Rede mit Konjunktiv I, Infinitivkonstruktionen ...
> - Der Konjunktiv ist korrekt verwendet.
> - Die Redeeinleitungen sind abwechslungsreich und treffend.
> - Die Formulierungen sind verständlich auch für Unbeteiligte.
> - Alle Punkte sind sachlich richtig wiedergegeben und sachlich formuliert.
> - Gleichartige Äußerungen wurden zusammengefasst.

Protokoll:

Zu 1: Zu Beginn der Stunde besprechen wir die Kurzgeschichte *Zwei Männer* von Günter Weisenborn, die wir aufhatten zu lesen. Mehrere Schüler fassen den Inhalt kurz zusammen und erzählen die Geschichte nach. Sie spielt in Argentinien. Schon tagelang geht ein Wolkenbruch nieder und die gesamten Ländereien des Farmers
5 wurden weggespült, das Haus wurde in der starken Strömung mitgerissen und er und sein Arbeiter Peon, der Frau und Kind verlor, treiben nun stromabwärts auf einem Strohdach, bis sie am nächsten Tag das rettende Ufer erreichen.

Zu 2: Als Nächstes unterteilen wir die Geschichte in vier Abschnitte und schreiben sie auf das Arbeitsblatt, nachdem wir uns im Unterrichtsgespräch geeinigt hat-
10 ten. Der 1. Abschnitt umfasst die Zeile 1, der zweite Abschnitt geht bis zu Zeile 30, der 3. Abschnitt geht bis Zeile 61 und der 4. Abschnitt bis Zeile 71. Frau Müller schrieb die Teilüberschriften auf Folie und projezierte sie mit dem Overheadprojektor an die Wand, damit wir genau wissen, wo wir die Überschriften hinschreiben sollen.
15 Die vier Abschnitte sind zum besseren Verstehen der Handlung da.

Zu 3: Jetzt gibt uns Frau Müller eine Anweisung: Wir sollen uns in zwei Gruppen, Mädchen und Jungen, einteilen und hier mit dem Partner herausfinden und stichpunktartig auf dem Schmierpapier notieren, was die jeweiligen Folgen der einzelnen Ereignisse seien. Dazu haben wir 10 Minuten Zeit, ergänzt unsere Lehrerin.

Zu 4: Nach der gruppenteiligen Partnerarbeit fassen wir nun die Ergebnisse in einem Unterrichtsgespräch zusammen und werten sie aus und erstellen einen Vergleich, indem wir die Folgen des Wolkenbruchs für den Peon und den Farmer gegenüberstellen. Danach erstellen wir einen Vergleich der Folgen, nachdem der Parana gekommen ist und nach dem Teilen der Zigarette, um zu sehen, was der jeweilige gerade denkt und fühlt, und wir bemerken, dass der Peon sich geändert hat, nämlich vom Mordgedanken zur Selbstaufopferung nach dem Teilen der Zigarette.

Zu 5: Zum Schluss der Stunde gibt uns Frau Müller noch zwei Hausaufgaben: Wir sollen bis Freitag, den 15.1., das Arbeitsblatt einkleben und uns einige Sätze zu einer Situation notieren, in der ein Mensch aus Einsicht und Neubesinnung sein Verhalten ändert aufgrund eines extremen Ereignisses.

Auch dieses Protokoll gehört zum Unterricht

In naturwissenschaftlichen Fächern musst du Versuchsbeschreibungen anfertigen. Damit dir klar wird, wie du dabei vorgehen musst, kannst du die folgenden Aufgaben bearbeiten.

Wir erhitzen Glas   Datum:
Eigenschaften von Glas:
Vermutung:
Skizze und Geräte:
Beobachtung:
Ergebnis:
Vorkommen oder Verwendung:

1. Notiere jeweils nur richtige Stichpunkte oder Sätze, die für den Versuch *Wir erhitzen Glas* wichtig sind.

   - Glas schmeckt nach nichts – flüssig – durchsichtig – riecht nicht – zerbricht – fest – sieht aus wie ein Käse – gefällt mir
   - Das Glas wird flüssig. – Es glüht. – Es wird zu Sternen. – Es wird zu Stein.
   - Bunsenbrenner – Holzklemme – feuerfeste Platte – Karin holt die Streichhölzer – Peter schreit – etwas fällt hin
   - Mit wem spreche ich? Wer sagt was? Was sehe ich? Was höre ich? Was rieche ich?
   - Der Versuch war klasse. Ich habe mir die Finger verbrannt. Glas verformt sich leicht beim Erhitzen bei 1200–1500 Grad.
   - Der Lehrer hat geschimpft.
   - Autoscheiben, Vasen, Fensterscheiben, Stühle, Kissen, Ringe, Wasser

2. Ordne die von dir als richtig und wichtig erachteten Stichpunkte der in der Randspalte stehenden Gliederung für ein Versuchsprotokoll richtig zu.
3. Verfasse nun ein Versuchsprotokoll in Textform.

Friedlich miteinander umgehen

Dieses Projekt sollte in Zusammenarbeit mit den Fächern Geschichte, Politik, Gesellschaftslehre oder Sozialkunde durchgeführt werden.

Ein paar Gedanken vorab: Im Umgang miteinander solltet ihr euch einige grundlegende Werte noch einmal bewusst machen: Höflichkeit, Respekt, Akzeptanz, Toleranz, Solidarität …

1. Informiert euch in einem Konversationslexikon über den Begriff *Wert/e*.
2. Nun schreibt jeder/jede von euch verdeckt auf Kärtchen, welchen *Wert* er/sie für besonders wichtig erachtet.
3. Sucht nun gemeinsam für die notierten Werte Beispiele in Form von Situationen, die euch begegnet sind oder täglich begegnen.
4. Ein Grundwert ist Gewaltlosigkeit. Vielleicht stand dieses Wort ja auch auf einem Kärtchen. Lest euch die folgenden Vorschläge zum Thema *Gewalt* durch. Bildet dann Gruppen nach Interessen.
   - Definiert den Begriff *Gewalt* und sucht Beispiele aus verschiedenen Bereichen (Familie, Sport, Schule, Politik, Gesellschaft …). Erstellt dazu eine Wandzeitung.
   - Verfasst mithilfe von Lexika, Geschichtsbüchern oder dem Internet einen geschichtlichen Abriss über die Zeit der nationalsozialistischen Herrschaft zwischen 1933 und 1945 in Deutschland. Beantwortet dabei auch die Frage, welche Auswirkungen des Nationalsozialismus' es in anderen Ländern gab.
   - Sammelt Zeitungsartikel über rechtsradikale Übergriffe in unserer Zeit. Besucht auch ein Zeitungsarchiv und kopiert zu dem Thema Artikel aus der Zeit zwischen 1990 und heute. Erstellt eine Wandzeitung.
   - Erich Kästner und Bertolt Brecht sind bekannte Schriftsteller, die in der Zeit des Nationalsozialismus gelebt und gearbeitet haben. Informiert euch über ihren Lebenslauf und stellt zusammen, wo sie mit den Nationalsozialisten in Berührung kamen.
   - Erklärt mithilfe eines Lexikons den Begriff *Rassismus*. Informiert euch in Geschichtsbüchern, im Internet oder in der Bücherei darüber, wer früher und heute Opfer von Rassismus waren und sind.
   - Entwickelt ein Rollenspiel, in dem ihr einem pöbelnden Jugendlichen begegnet. Überlegt euch Strategien, mit denen ihr euch gegen ihn wehren könnt, ohne Gewalt anzuwenden.
   - Entwerft ein Plakat zum Thema: *Wir sagen nein zu Gewalt und Rassismus*.
   - Ergänzt eigene Ideen, wenn ihr möchtet.
5. Bearbeitet eine der Aufgaben.
6. Bereitet eine Ausstellung in eurer Schule vor. Ladet andere Klassen ein. Spielt euer Rollenspiel vor. Sprecht mit den Gästen darüber. Informiert eure Gäste über die Ergebnisse eures Unterrichts.
7. Führt mit euren Gästen eine Diskussion über die Frage: Was hat Gewalt an unseren Schulen mit uns und der Geschichte zu tun?

Informationen sichten und auswerten

Lehrerin: Wir werden in den nächsten Wochen verstärkt über die Epoche des Barock sprechen. Ich würde mich freuen, wenn einer oder eine von euch in der nächsten Woche über die Person von Hans Jakob Christoffel von Grimmelshausen ein kleines Referat halten würde.

Schweigen im Klassenzimmer

Lehrerin: Simone, Christiane, wie wäre es denn mit euch?

Simone: Ich – ein Referat? Zu wem? Grimmelshausen? Habe ich noch nie gehört!

Lehrerin: Das dürfte kein Problem sein. Grimmelshausen ist ein sehr bekannter deutscher Schriftsteller. Ich denke, ich muss euch dafür kein Material zur Verfügung stellen. Da findet ihr selbst sicherlich ausreichend Informationen!

1. So oder ähnlich könnte es dir ergehen, wenn deine Lehrkraft dir ein Referat zu einem Thema zuteilt, in dem du dich noch kein bisschen auskennst. Doch wie gehst du vor? Überlege, wo du überall Material zu deinem Referat finden könntest.

2. Betrachte das abgebildete Material und bestimme seine Herkunft. Bewerte seine Nutzbarkeit.

Grimmelshausen, Hans Jakob Christoffel von, Schriftsteller, *um 1622 Gelnhausen, † 17.8.1676 Renchen, Baden; als Kriegswaise verschleppt, dann selbst Soldat, seit 1667 Schultheiß in Renchen; trat zum kath. Glauben über. Sein Hauptwerk, der barocke Entwicklungsroman „Der abenteuerliche Simplicissimus" (1669, später erweitert), ist vom span. u. franz. Schelmenroman beeinflusst, trägt zugleich ungewöhnl. realist. u. autobiograph. Züge u. zeichnet im Schicksal seines Helden die Überwindung von Sinnen- und Geisteswelt.

3. Welche der folgenden Informationsquellen erscheinen euch im Blick auf das Thema *Wolfgang Borchert* erfolgversprechend?

Bibliothek

Menschen

Internet

CD-ROMs

So wird's gemacht: die Methodenseite

4. Entwickelt mithilfe der Ergebnisse aus Aufgabe 1 eine Suchstrategie. Wo beginnt man sinnvollerweise mit der Informationssuche, welche Informationsquellen werden erst später befragt?
5. Wertet die beiden folgenden Texte zu Wolfgang Borchert aus. Stellt dabei fest, inwiefern sich die Texte unterscheiden.

Text A:

Allzu alt werde ich bei meiner Gesundheit kaum werden (…). Ja, wenn ich wüsste, dass ich meine Arbeit bis zum 30. Lebensjahr beendet haben müsste, oder ich würde sie nicht erreichen, so würde ich auch das auf mich nehmen. Lieber ganz gestorben und gelebt – als alt geworden und die Welt immer nur tropfenweise
5 genossen.

Wolfgang Borchert (1921–1947)

Text B:

Nach dem Krieg versuchte Borchert in der Theater- und Kabarettszene Fuß zu fassen. Er übernahm die Regieassistenz bei einer Aufführung von Lessings „Nathan der Weise" im Hamburger Schauspielhaus. Außerdem textete er für das Hamburger Kabarett Janmaaten im Hafen und trat mit auf. Doch sein Gesundheitszustand
5 hatte sich so sehr verschlechtert, dass dies unmöglich wurde. Er war zwar Mitbegründer des Hinterhoftheaters „Die Komödie" in Hamburg-Altona, aber meist ans Bett gefesselt. Am 24. Januar schrieb er im Krankenhaus die Erzählung „Die Hundeblume". Ab Ostern war Borchert wieder zu Hause; die Ärzte gaben ihm noch etwa ein Jahr zu leben. Bis zum Ende des Jahres entstanden in rascher Folge etwa 20 Prosastücke.

Unbekannter Verfasser, 2005

6. Beschafft euch mithilfe der Suchstrategie Informationen über Wolfgang Borchert.

> **!** Beim **Sammeln von Informationen** zu einem Thema geht man sinnvollerweise von allgemeinen Nachschlagewerken aus (Lexikon), wendet sich dann speziellen Nachschlagewerken zu (hier: Literaturlexikon/Autorenlexikon) und greift schließlich für noch genauere Informationen zu Spezialliteratur (hier: eine Literaturgeschichte, Monografien über den Autor, Aufsätze in Fachzeitschriften).
> Auch der Blick ins Internet (Suchbegriff hier: der Autorenname) kann sinnvoll sein. Dort müsst ihr allerdings die Relevanz und die Qualität der Informationen vor der Übernahme sorgfältig prüfen. Es ist nicht sinnvoll, ungeprüft etwa fertige Referate o. Ä. zu übernehmen.

Zusammenfassungen und Inhaltsangaben

Texte zusammenfassen und wiedergeben

Darin enthalten sind ...

1. Besprecht und diskutiert Unterschiede und Gemeinsamkeiten der nachfolgenden Texte. Achtet dabei auf
   - auffällige äußere Unterschiede,
   - Anlass für das Erscheinen der jeweiligen Texte,
   - die Art der Darstellung, den Ort des Erscheinens und die Funktion des jeweiligen Textes,
   - das Thema der Zusammenfassung.
2. In einzelnen Zusammenfassungen finden sich deutliche Wertungen. Gebt jeweils an, warum das sinnvoll und notwendig erscheint.

Klappentext zu Margret Steenfatt, HASS IM HERZEN
Kein Platz für Tono in der Wohnung seiner Mutter. In der Schule immer dasselbe ... tödliche Langeweile! Tono hält es nicht mehr aus, er will endlich selbst über sein Leben bestimmen und sucht Spannung und Abenteuer in einer Jugendgang, die Angst und Schrecken verbreitet mit ihren Aktionen gegen Ausländer, gegen alle, die nicht in das Weltbild des Anführers passen. Wer sich weigert, blind zu gehorchen, gilt als Verräter. Gibt es für Tono noch ein Zurück?

---

1 Das Erste — SA ABEND — 20.15

Komödie Sister Act 2
Die Nachtclubsängerin Deloris (Whoopi Goldberg) soll als Nonne Mary in einer verwahrlosten Schule Musikunterricht geben. Dem Showstar gelingt es, die Getto-Teenager für das Fach zu begeistern. Sie bereiten einen Auftritt vor.

20.00 Tagesschau 48-130
Nachrichten aus Hamburg
20.15 Sister Act 2 88-710
In göttlicher Mission (Sister Act 2 Back in the Habit) Komödie, USA '93

Viel Ärger mi[t] Bank-Karte

NÜRNBERG (Eig. Ber./hv) – Rund 1400 Kunden der Postban[k] können ihre nagelneuen Karte[n] mit elektronischem Chip nic[ht] benutzen, weil diese aus einer feh[l]erhaften Produktion stammen.

Betroffen sind Postbank-Karten mi[t] dem Ausgabe-Monat August.

Allerdings ist nicht die gesamt[e] Charge fehlerhaft, sondern nur ei[n] kleiner Teil, betont die Bonner Pressestelle der Postbank auf Nachfrage unserer Zeitung. Daher habe ma[n] nicht die komplette Lieferung vom Markt genommen. Im Großraum gibt es 214 000 Postbank-Karten-Besitzer.

(Bericht Seite 9)

Niederschrift über die Jahreshauptversammlung des Vereins der Freunde am 23.

Die Ausstellung zeigt in anschaulicher und leicht verständlicher Weise die unterschiedlichsten Objekte aus drei Jahrtausenden ...

„Hast du was von dem Fußballspiel gehört? Wie ist es denn gelaufen?"
„Bis zur 1 : 0-Führung in der 59. Minute war es eher langweilig, aber dann gab es viele Chancen auf beiden Seiten bis zum gerechten Ausgleich kurz vor Schluss."

Du warst doch schon in dem Film, der letzte Woche angelaufen ist?
Ja, klar, vorgestern Abend.
Und, wie war er, worum geht's da eigentlich genau?
Außerirdische bedrohen die Erde, zum Schluss wird die Gefahr abgewendet, der übliche SF-Kram halt.

3. **a)** Die folgenden Textsorten haben alle eine gemeinsame Funktion. Benenne sie.
   b) Kläre, welche als Textzusammenfassung bezeichnet werden können. Diskutiert, ob man von einer Inhaltsangabe sprechen kann.

> Bericht • Protokoll • Klappentext • Nacherzählung • Nachrichtenkopf • Programmvorschau • Erzählkern • Buchbesprechung • Zeitungsmeldung

4. Übertragt die Tabelle in eure Hefte und füllt sie mit den richtigen Lösungen.

	Bericht	Protokoll	Inhaltsangabe	Nacherzählung
Was wird wiedergegeben?				
Wie wird wiedergegeben?				
Absicht/Funktion der Textsorte				

5. **a)** Stellt die wesentlichen Unterschiede zwischen Bericht, Protokoll, Inhaltsangabe einerseits und Nacherzählung andererseits heraus.
   b) Klärt, was die Inhaltsangabe von Bericht und Protokoll unterscheidet.

6. Gib deinem Banknachbarn bzw. deiner Banknachbarin den Inhalt des Buches, das du zuletzt gelesen hast, oder die Handlung des Films, den du zuletzt gesehen hast (der Andere sollte den Inhalt nicht kennen) wieder. Dein/-e Nachbar/-in stellt dann das Buch bzw. den Film kurz der Klasse vor.
   oder:
   Führt denselben Arbeitsauftrag durch. Bildet aber vorher zwei Gruppen. Die eine Gruppe soll sich Notizen machen, die andere die wesentlichen Informationen im Kopf speichern.
   Analysiert, ob das Notieren Auswirkungen auf die Wiedergabe hat.

> **!** Eine **Inhaltsangabe** soll die **wesentlichen Informationen von Texten** zusammenfassen. Durch Inhaltsangaben sollen Personen, die die Texte nicht kennen, **knapp**, **sachlich** und **vollständig** über Inhalte und Zusammenhänge informiert werden. Es kommt nicht auf eine persönliche Meinung zum Text an, außer sie wird ausdrücklich gefordert. Die Inhaltsangabe steht im **Präsens**.

7. Erklärt, warum für die Inhaltsangabe das Präsens als verbindliches Tempus sinnvollerweise vorgeschrieben ist.

Schritt für Schritt von der Textvorlage zum eigenen Text

Beim Zusammenfassen von Texten, sprich bei der Inhaltsangabe, muss man in detektivischer Sucharbeit das Wesentliche, den inhaltlichen Kern, aufspüren – und das Geschehen dann in knapper Form sachlich wiedergeben. Dafür werden verschiedene Bausteine benötigt, d. h. es sind unterschiedliche Arbeitsschritte nötig.

Den Text sinnerfassend lesen

1. Lege eine Folie auf den folgenden Text und markiere beim Lesen die wichtigen Stellen so, dass du den Inhalt danach wiedergeben und einer anderen Person alle Begriffe erklären kannst.
2. Klärt in Gruppen zu viert Verständnisfragen. Besprecht eure Vorgehensweisen beim sinnerfassenden Lesen und notiert sie. Tragt alle Gruppenergebnisse zusammen.
3. Versetzt euch in die Lage des Touristen. Berichtet aus seiner Sicht am Abend seiner Frau von der Begegnung mit dem Fischer.

Anekdote zur Senkung der Arbeitsmoral

In einem Hafen an der westlichen Küste Europas liegt ein ärmlich gekleideter Mann in seinem Fischerboot und döst. Ein schick angezogener Tourist legt eben einen neuen Farbfilm in seinen Fotoapparat, um das idyllische Bild zu fotografieren: […] „Sie werden heute einen guten Fang machen." Kopfschütteln des Fischers.
5 „Aber man hat mir gesagt, dass das Wetter günstig ist." Kopfnicken des Fischers. „Sie werden also nicht ausfahren?"
Kopfschütteln des Fischers, steigende Nervosität des Touristen. Gewiss liegt ihm das Wohl des ärmlich gekleideten Menschen am Herzen, nagt an ihm die Trauer über die verpasste Gelegenheit. „Oh, Sie fühlen sich nicht wohl?"
10 Endlich geht der Fischer von der Zeichensprache zum wahrhaft gesprochenen Wort über. „Ich fühle mich großartig", sagt er. „Ich habe mich nie besser gefühlt." Er steht auf, reckt sich, als wollte er demonstrieren, wie athletisch er gebaut ist. „Ich fühle mich fantastisch."
Der Gesichtsausdruck des Touristen wird immer unglücklicher, er kann die Frage
15 nicht mehr unterdrücken, die ihm sozusagen das Herz zu sprengen droht: „Aber warum fahren Sie dann nicht aus?"
Die Antwort kommt prompt und knapp. „Weil ich heute Morgen schon ausgefahren bin."
„War der Fang gut?"
20 „Er war so gut, dass ich nicht noch einmal auszufahren brauche, ich habe vier Hummer in meinen Körben gehabt, fast zwei Dutzend Makrelen gefangen …"
Der Fischer, endlich erwacht, taut jetzt auf und klopft dem Touristen beruhigend auf die Schultern. Dessen besorgter Gesichtsausdruck erscheint ihm als ein Ausdruck zwar unangebrachter, doch rührender Kümmernis.

„Ich habe sogar für morgen und übermorgen genug", sagte er, um des Fremden Seele zu erleichtern. „Rauchen Sie eine von meinen?"
„Ja, danke."
Zigaretten werden in Münder gesteckt, ein fünftes Klick, der Fremde setzt sich kopfschüttelnd auf den Bootsrand, legt die Kamera aus der Hand, denn er braucht jetzt beide Hände, um seiner Rede Nachdruck zu verleihen.
„Ich will mich ja nicht in Ihre persönlichen Angelegenheiten mischen", sagt er, „aber stellen Sie sich mal vor. Sie führen heute ein zweites, ein drittes, vielleicht sogar ein viertes Mal aus und Sie würden drei, vier, fünf, vielleicht gar zehn Dutzend Makrelen fangen ... stellen Sie sich das mal vor."
Der Fischer nickt. „Sie würden", fährt der Tourist fort, „nicht nur heute, sondern morgen, übermorgen, ja, an jedem günstigen Tag zwei-, dreimal, vielleicht viermal ausfahren – wissen Sie, was geschehen würde?" Der Fischer schüttelt den Kopf.
„Sie würden sich in spätestens einem Jahr einen Motor kaufen können, in zwei Jahren ein zweites Boot, in drei oder vier Jahren könnten Sie vielleicht einen kleinen Kutter haben, mit zwei Booten oder dem Kutter würden Sie natürlich viel mehr fangen – eines Tages würden Sie zwei Kutter haben. Sie würden ...", die Begeisterung verschlägt ihm für ein paar Augenblicke die Stimme, „Sie würden ein kleines Kühlhaus bauen, vielleicht eine Räucherei, später eine Marinadenfabrik, mit einem eigenen Hubschrauber rundfliegen, die Fischschwärme ausmachen und Ihren Kuttern per Funk Anweisungen geben. Sie könnten die Lachsrechte erwerben, ein Fischrestaurant eröffnen, den Hummer ohne Zwischenhändler direkt nach Paris exportieren – und dann ...", wieder verschlägt die Begeisterung dem Fremden die Sprache. Kopfschüttelnd, im tiefsten Herzen betrübt, seiner Urlaubsfreude schon fast verlustig, blickt er auf die friedlich hereinrollende Flut, in der die ungefangenen Fische munter springen.
„Und dann", sagt er, aber wieder verschlägt ihm die Erregung die Sprache. Der Fischer klopft ihm auf den Rücken, wie einem Kind, das sich verschluckt hat. „Was dann?", fragt er leise.
„Dann", sagt der Fremde mit stiller Begeisterung, „dann könnten Sie beruhigt hier im Hafen sitzen, in der Sonne dösen – und auf das herrliche Meer blicken."
„Aber das tu' ich ja schon jetzt", sagt der Fischer, „ich sitze beruhigt im Hafen und döse, nur Ihr Klicken hat mich dabei gestört."
Tatsächlich zog der solcherlei belehrte Tourist nachdenklich von dannen, denn früher hatte er auch einmal geglaubt, er arbeite, um eines Tages nicht mehr arbeiten zu müssen, und es blieb keine Spur von Mitleid mit dem ärmlich gekleideten Fischer in ihm zurück, nur ein wenig Neid.

Heinrich Böll

Baustein 1: Den Inhalt erfassen
Damit der Inhalt eines Textes vollständig erfasst werden kann, sollte man
- den Text zunächst *lesen*, dann die unbekannten oder unklaren Begriffe **unterstreichen** oder **am Rand kennzeichnen (?)**.
- Begriffe, die unklar sind, **nachschlagen**.

Verschiedene Wege führen zum Ziel

Damit ihr zu einem Text eine Inhaltsangabe verfassen könnt, solltet ihr euch verschiedener Methoden bedienen.

1. Der folgende Text wurde von zwei verschiedenen Personen markiert. Gebt anhand der Markierungen wieder, um was es in dem Text geht. Welche Markierung ist sinnvoller? Begründet.

Der Bericht	Der Bericht
Ein Bericht soll einen Leser oder eine Leserin genau, in knapper Form und sachlich informieren. Er oder sie soll erfahren, wie sich etwas tatsächlich ereignet hat. Die Zeitform ist die Vergangenheit. Zunächst werden die Rahmendaten genannt: Wann ereignete sich etwas? Was ereignete sich genau? Wer waren die am Geschehen beteiligten Hauptpersonen? Wo ereignete sich etwas? Danach wird der Bericht in der zeitlich richtigen Reihenfolge dargestellt.	Ein Bericht soll einen Leser oder eine Leserin genau, in knapper Form und sachlich informieren. Er oder sie soll erfahren, wie sich etwas tatsächlich ereignet hat. Die Zeitform ist die Vergangenheit. Zunächst werden die Rahmendaten genannt: Wann ereignete sich etwas? Was ereignete sich genau? Wer waren die am Geschehen beteiligten Hauptpersonen? Wo ereignete sich etwas? Danach wird der Bericht in der zeitlich richtigen Reihenfolge dargestellt.

2. Schreibt den folgenden Informationstext in eure Hefte und markiert dann die Schlüsselbegriffe. Es sollten nicht mehr als neun sein.

Die Inhaltsangabe hat die Aufgabe einem Leser/einer Leserin eine rasche Information zu ermöglichen. Sie unterschiedet sich vom Originaltext dadurch, dass sie kurz und knapp formuliert sein muss. In der Einleitung gebt ihr einen kurzen Überblick über den Kern des Originaltextes. Im Hauptteil fasst ihr den Inhalt in seinen wesentlichen Einzelheiten zusammen. Der Schluss enthält Aussagen über die sprachliche Form des Textes oder über die Wirkung auf den Leser/die Leserin.

3. Klärt, welche Bearbeitungen in dem folgenden Textausschnitt jeweils vorgenommen wurden, und notiert, welche Bedeutungen die verschiedenen Farben und Markierungen haben.

(…) „Sie werden heute einen guten Fang machen." Kopfschütteln des Fischers. „Aber man hat mir gesagt, dass das Wetter günstig ist."	HAUPTTEIL Tourist will Gespräch beginnen

BAUSTEINE FÜR DAS VERFASSEN EINER INHALTSANGABE

Kopfnicken des Fischers.	Fischer antwortet nur mit Gesten, will nicht reden
„Sie werden also nicht ausfahren?"	
Kopfschütteln des Fischers, steigende Nervosität des Touristen. Gewiss liegt ihm das Wohl des ärmlich gekleideten Menschen am Herzen, nagt an ihm die Trauer über die verpasste Gelegenheit.	
„Oh, Sie fühlen sich nicht wohl?"	Tourist ist unsicher
Endlich geht der Fischer von der Zeichensprache zum wahrhaft gesprochenen Wort über. „Ich fühle mich großartig", sagt er. „Ich habe mich nie besser gefühlt." (…)	endlich antwortet der Fischer

4. Versucht in maximal zwei Sätzen zu schreiben, worum es geht. Beurteilt den Sinn der Randnotizen.

Ihr solltet immer einen roten Buntstift und einen Textmarker bei euch haben. Dann könnt ihr bei längeren Texten die Schlüsselbegriffe markieren und die Begriffe, die sie erklären, rot unterstreichen.

Mithilfe der **Markierungsmethode** werden wichtige Textstellen (Ort, Zeit, Personen …), die zum Verstehen des Textes wichtig sind, gekennzeichnet (unterstrichen, markiert …). Die Kennzeichnungen bilden die Grundlage für die Formulierungen eigener Sätze. So geht es:
- den Text ein zweites Mal lesen, die wichtigen Begriffe (Schlüsselbegriffe) markieren und Erklärungen unterstreichen
- Text in Abschnitte (Einleitung, Hauptteil, Schluss) gliedern, Abschnitte im Text sichtbar machen (Zäsuren einfügen)
- Stichpunkte an den Rand schreiben, die den Inhalt der Abschnitte wiedergeben, Schlüsselbegriffe anwenden
- Stellen, die auf W-Fragen antworten, im Text mit entsprechenden Fragepronomen kennzeichnen

---

5. Kopiere die *Anekdote zur Senkung der Arbeitsmoral* von Heinrich Böll und wende die Markierungsmethode zur Erschließung des gesamten Textes an.
6. Vergleicht eure Markierungen und besprecht sie.
7. Schreibt die folgenden Fragen ab und macht euch mithilfe der Fragen Notizen zur *Anekdote zur Senkung der Arbeitsmoral*.

Personen: Welche Personen kommen vor? Bestimmt die Wichtigkeit der Personen für die Handlung. Beschreibt die Verhaltensweisen.
Zeit: Wann spielt die Handlung? Gibt es Zeitsprünge? Ist die Zeit wichtig für den Inhalt?

Ort: Wo bzw. an welchem Ort spielt die Handlung? Wechselt der Ort im Verlauf der Handlung? Ist der Ort wichtig für die Handlung?
Handlung: Was passiert wann, wo und warum? Was ist der Handlungskern? Welches sind die einzelnen Handlungsschritte?
Gattung: Um welche Textart handelt es sich? Begründet.
Stil: Erkennt ihr Besonderheiten in der Sprache (Satzbau, Wortwahl, Zeitform, Sprachbilder usw.)?
Verfasser oder Verfasserin: Was wisst ihr über ihn oder sie (Lebenszeitraum/ Lebensumstände)?
Intention des Textes: Welche Absicht verfolgt der Autor oder die Autorin mit dem Text?

8. Erstellt für eure Klasse auf einer Tapete oder Ähnlichem mithilfe eurer Stichwortzettel eine Handlungsstruktur.

> Nach dem Lesen des Textes werden mithilfe von Fragen wesentliche Einzelheiten und das Besondere eines Textes zur Erstellung eines Schreibplans notiert. Bei dieser **Fragemethode** werden anschließend mithilfe der überprüften Stichpunkte mit eigenen Worten Sätze formuliert.

9. a) Lies den folgenden Text sinnerfassend und bearbeite ihn entsprechend. Überlege dabei, warum die vielen geschichtlichen Ereignisse vom Erdbeben in Lissabon (1755) bis zum Jahre 1809 erwähnt werden und welche symbolische Bedeutung die Farben Schwarz und Rot haben.
b) Besprecht eure Arbeitsergebnisse und klärt auch gemeinsam inhaltliche Fragen.

Unverhofftes Wiedersehen

Im Falun[1] in Schweden küsste vor guten fünfzig Jahren und mehr ein junger Bergmann seine junge hübsche Braut und sagte zu ihr: „Auf Sankt Luciä[2] wird unsere Liebe von des Priesters Hand gesegnet. Dann sind wir Mann und Weib und bauen uns ein eigenes Nestlein." – „Und Friede und Liebe soll darin wohnen", sagte die
5 schöne Braut mit holdem Lächeln, „denn du bist mein Einziges und Alles, und ohne dich möchte ich lieber im Grab sein als an einem anderen Ort." Als sie aber vor St. Luciä der Pfarrer zum zweiten Male in der Kirche ausgerufen hatte: „So nun jemand Hindernis wüsste anzuzeigen, warum diese Personen nicht möchten ehelich zusammenkommen", da meldete sich der Tod. Denn als der Jüngling den ande-
10 ren Morgen in seiner schwarzen Bergmannskleidung an ihrem Haus vorbeiging, der Bergmann hat sein Totenkleid immer an, da klopfte er zwar noch einmal an ihrem Fenster und sagte ihr guten Morgen, aber keinen guten Abend mehr. Er kam nimmer aus dem Bergwerk zurück, und sie saumte vergeblich selbigen Morgen ein schwarzes Halstuch mit rotem Rand für ihn zum Hochzeittag, sondern als er nim-
15 mer kam, legte sie es weg und weinte um ihn und vergaß ihn nie. Unterdessen wurde die Stadt Lissabon in Portugal durch ein Erdbeben zerstört, und der siebenjährige Krieg ging vorüber, und Kaiser Franz der Erste starb, und der Jesuitenorden wurde aufgehoben und Polen geteilt, und die Kaiserin Maria Theresia starb, und

---

1 Hauptstadt des schwedischen Koppberg, Mittelpunkt der Bergbaulandschaft Bergslagen.

2 Italienische Heilige, starb Märtyrertod; wird auch „Königin des Lichts" genannt, weil sie einer christlichen Legende nach Christen in den Katakomben versorgt und dabei einen Lichterkranz aus Kerzen auf dem Kopf getragen haben soll.

der Struensee wurde hingerichtet, Amerika wurde frei, und die vereinigte französiche und spanische Macht konnte Gibraltar nicht erobern. Die Türken schlossen den General Stein in der Veteraner Höhle in Ungarn ein, und der Kaiser Joseph starb auch. Der König Gustav von Schweden eroberte russisch Finnland, und die französische Revolution und der lange Krieg fing an, und der Kaiser Leopold der Zweite ging auch ins Grab. Napoleon eroberte Preußen, und die Engländer bombardierten Kopenhagen, und die Ackerleute säten und schnitten. Der Müller mahlte, und die Schmiede hämmerten, und die Bergleute gruben nach den Metalladern in ihrer unterirdischen Werkstatt. Als aber die Bergleute in Falun im Jahr 1809 etwas vor oder nach Johannis[3] zwischen zwei Schachten eine Öffnung durchgraben wollten, gute dreihundert Ellen tief unter dem Boden, gruben sie aus dem Schutt und Vitriolwasser[4] den Leichnam eines Jünglings heraus, der ganz mit Eisenvitriol durchdrungen, sonst aber unverwest und unverändert war, also dass man seine Gesichtszüge und sein Alter noch völlig erkennen konnte, als wenn er erst vor einer Stunde gestorben oder ein wenig eingeschlafen wäre an der Arbeit. Als man ihn aber zu Tag ausgefördert hatte, Vater und Mutter, Gefreundte und Bekannte waren schon lange tot, kein Mensch wollte den schlafenden Jüngling kennen oder etwas von seinem Unglück wissen, bis die ehemalige Verlobte des Bergmanns kam, der eines Tages auf die Schicht gegangen war und nimmer zurückkehrte. Grau und zusammengeschrumpft kam sie an einer Krücke an den Platz und erkannte ihren Bräutigam; und mehr mit freudigem Entzücken als mit Schmerz sank sie auf die geliebte Leiche nieder, und erst als sie sich von einer langen heftigen Bewegung des Gemüts erholt hatte, „es ist mein Verlobter", sagte sie endlich, „um den ich fünfzig Jahre lang getrauert hatte und den mich Gott noch einmal sehen lässt vor meinem Ende. Acht Tage vor der Hochzeit ist er auf die Grube gegangen und nimmer gekommen." Da wurden die Gemüter aller Umstehenden von Wehmut und Tränen ergriffen, als sie sahen die ehemalige Braut jetzt in Gestalt des hingewelkten kraftlosen Alters und den Bräutigam noch in seiner jugendlichen Schöne, und wie in ihrer Brust nach fünfzig Jahren die Flamme der jugendlichen Liebe noch einmal erwachte; aber er öffnete den Mund nimmer zum Lächeln oder die Augen zum Wiedererkennen; und wie sie ihn endlich von den Bergleuten in ihr Stüblein tragen ließ, als die einzige, die ihm angehöre und ein Recht an ihn habe, bis sein Grab gerüstet war auf dem Kirchhof. Den anderen Tag, als das Grab gerüstet war auf dem Kirchhof und ihn die Bergleute holten, schloss sie ein Kästlein auf, legte ihm das schwarzseidene Halstuch mit roten Streifen um und begleitete ihn in ihrem Sonntagsgewand, als wenn es ihr Hochzeittag und nicht der Tag seiner Beerdigung wäre. Denn als man ihn auf dem Kirchhof ins Grab legte, sagte sie: „Schlafe nun wohl, noch einen Tag oder zehn im kühlen Hochzeitbett, und lass dir die Zeit nicht lang werden. Ich habe nur noch wenig zu tun und komme bald, und bald wird's wieder Tag. Was die Erde einmal wiedergegeben hat, wird sie zum zweiten Male auch nicht behalten", sagte sie, als sie fortging und noch einmal umschaute.

Johann Peter Hebel

10. Wende zum Erstellen eines Schreibplans für eine Inhaltsangabe die Fragemethode an.

---

3 Johannis (nach Johannes dem Täufer); Johannistag [ist der] 24. Juni. Am Johannisfest wird dem Wasser und dem Johannestau in manchen Gebieten bis heute eine segenskräftige Wirkung zugeschrieben.

4 veraltete Bezeichnung für alle schwefelsauren Salze zweiwertiger Metalle (Eisenvitriol = Eisensulfat).

11. a) Kopiere den Text und streiche alle ausschmückenden Elemente und unwichtigen Dinge. Schreibe die übriggebliebenen Angaben heraus.
  b) Vergleicht eure Arbeitsergebnisse.

> Die **Wegstreichmethode** hilft dabei, wichtige Informationen von unwichtigen zu trennen. Alle ausschmückenden Elemente und Nebensächlichkeiten werden einfach durchgestrichen. Da dabei meistens der Satzbau zerstört wird, müssen neue Sätze gebildet werden.

12. Diskutiert die Vor- und Nachteile der Frage- und Wegstreichmethode.

> **Baustein 2: Den Text bearbeiten**
> Um eine Inhaltsangabe vorzubereiten, können verschiedene Methoden angewendet werden, zum Beispiel die **Markierungsmethode**, die **Fragemethode** oder die **Wegstreichmethode**.
> Alle Methoden dienen dazu, grundlegende Informationen herauszuarbeiten, eine Handlungsstruktur zu erkennen und den Inhalt zu erfassen und zusammenzufassen.

Den Kern notieren und formale Kriterien einhalten

Auf der Basis eines Schreibplans ist es relativ leicht, eine Inhaltsangabe zu verfassen, wenn man dazu noch die Grundregeln einhält.

1. Bringe die Regelsätze zum Verfassen einer Inhaltsangabe in die richtige Form (die Groß- und Kleinschreibung hilft dir dabei) und schreibe sie untereinander in dein Heft.

• 1. und unterstreiche die wichtigen Dinge Zunächst lese ich den Text. • 2. Danach mache Stichpunkte: Die W-Fragen helfen mir dabei. ich mir • 3. verfasse ich zuerst einen Kernsatz. Beim Schreiben der Inhaltsangabe • 4. Name des Autors oder der Autorin, Titel, Personen (wer?), Im Kernsatz muss stehen: Ort (wo?), Zeit (wann?), Erzählkern (was?/wie?). • 5. Der sollte höchstens Kernsatz 3–4 Sätze haben. • 6. immer Ich schreibe im Präsens (Gegenwart). • 7. direkte Rede forme ich in die indirekte Rede um. In der Inhaltsangabe verwende ich keine wörtliche Rede, die • 8. keine Zitate benutzen, nichts wörtlich übernehmen, sondern eigene Worte benutzen, sachlich Folgende Punkte halte ich stets beim Verfassen einer Inhaltsangabe ein: schreiben, nicht die eigene Meinung darstellen, nie die Ich-Form gebrauchen, sauber und richtig schreiben. • 9. sind besonders wichtig für Inhaltsangaben, von zentraler Bedeutung sind Satzverbindungen, die die Abläufe zeitlich bestimmen oder Grund, Absicht, Folge von Handlungen angeben.

S. 87 f.

BAUSTEINE FÜR DAS VERFASSEN EINER INHALTSANGABE

2. Korrigiere die angestrichenen Formulierungen und Fehler in der begonnenen Inhaltsangabe.

> *Inhaltsangabe*
> Vor fünfzig Jahren küsst ein Bergmann seine Braut und macht ihr einen Heiratsantrag. Da sie ihn ungeheuer liebt, nimmt sie den Antrag gern an, obwohl sie weiß, dass er einen gefährlichen Beruf hat. Der Bergmann geht eines Morgens in seiner schwarzen Bergmannskleidung an ihrem Haus vorbei und klopft an ihr Fenster, um sich zu verabschieden. Abends kam er aber nicht zurück, denn er verunglückte im Stollen. ...

3. Nennt die Konjunktionen und Adverbien, die in dem oben begonnenen Text logische Zusammenhänge angeben.

Für die Einleitung von Inhaltsangaben, den Kernsatz, solltest du dir Formulierungen einprägen wie:
- In dem Text *Unverhofftes Wiedersehen* von Johann Peter Hebel geht es um …
- Die Kalendergeschichte *Unverhofftes Wiedersehen* von Johann Peter Hebel handelt von …

4. Finde weitere Formulierungen für Einleitungssätze.

5. Welche der folgenden Themenbenennungen scheinen dir für die Erzählung oben angemessen? Begründe jeweils dein Urteil.

- … um eine große Liebe
- … um zwei Liebende
- … um zwei Menschen in Schweden, die sich lieben und heiraten wollen, denen aber das Schicksal übel mitspielt
- … um den Tod eines Bergmanns
- … um ein wundersames Ereignis
- … um eine Liebe, die den Tod überdauert
- … um schlecht gesicherte Bergwerkstollen

Aufgabe des Kernsatzes ist es, neben der Nennung von Autor und Titel, grundsätzlich das Thema des vorgegebenen Textes aufzuzeigen. Der wesentliche Inhalt, die zentrale Aussage des Textes muss benannt werden. Der Kernsatz sollte knapp und prägnant sein, muss aber nicht unbedingt nur aus **einem** Satz bestehen. Als Faustregel sollte aber gelten:
Bei der Formulierung des Themas eines Textes ist darauf zu achten, dass dabei keine Einzelperson und kein Handlungsdetail wiedergegeben werden. Der **wesentliche Inhalt**, die **zentrale Tat**, der **Vorgang** oder das im Text **behandelte Problem** muss als **Thema** benannt bzw. allgemein charakterisiert werden.

6. a) Bestimme den Unterschied der folgenden beiden Kernsätze.

- In dem Text geht es um Freundschaft. Dieses Thema wird dargestellt am Beispiel eines Jungen und eines Mädchens, die gemeinsam Abenteuer bestehen.
- In dem Text geht es um einen Jugendlichen und ein 13-jähriges Mädchen, die Aufregendes und Spannendes erleben und dabei Abenteuer bestehen.

b) Erläutere, warum diese Sätze unterschiedlich auf dich wirken.

7. a) Nenne Titel und Thema deines Lieblingsbuches.
   b) Zu welchem Thema liest du besonders gerne Bücher? Nenne dazu Titel.
   c) Was war das Thema des Films, den du zuletzt gesehen hast?

8. Benenne das Thema der vergangenen Unterrichtsstunde.

9. Vervollständige jeweils die angefangenen Basissätze, indem du versuchst, das Thema der vorgegebenen Comicstrips zu benennen. Selbstverständlich kannst du die Sätze auch umformulieren, wenn es dir dann leichter fällt:

- In diesem Hägar-Comic von Dik Browne wird … dargestellt.

- Hier macht sich Snoopy Gedanken über …

- Der Mafalda-Comic zeigt auf, dass …

Bausteine für das Verfassen einer Inhaltsangabe

10. Verfasst mit den folgenden Informationen einen Kernsatz zu Bölls Kurzgeschichte (S. 66 f.)

> durch den pointierten Gesprächsverlauf • Geld und Wohlstand • In der Geschichte *Anekdote zur Senkung der Arbeitsmoral* • und einem Fischer • das dauernde Streben nach • von Heinrich Böll • sinnlos und überflüssig • zwischen einem Touristen

11. Schreibt einen Kernsatz zu der Geschichte *Unverhofftes Wiedersehen* (S. 70 f.).

12. a) Es gibt unterschiedliche Möglichkeiten, eine Inhaltsangabe abzurunden. Ordnet jedem Beispiel eine Schlussidee zu.

- Ⓐ eigene Stellungnahme
- Ⓑ ein Gedanke zur möglichen Intention des Autors
- Ⓒ Überlegungen zur Übertragbarkeit
- Ⓓ Wirkung des Textes

> 1. Böll stellt in der Anekdote zwei Gedanken gegenüber: Man arbeitet, um zu leben, man lebt, um zu arbeiten. Ich persönlich teile eher die Meinung des Fischers, weil ich glaube, dass man für seine Arbeit viel Kraft braucht und diese aus der Zufriedenheit zieht …

> 2. Mit dieser Kalendergeschichte will Johann Peter Hebel zeigen, dass es möglich ist, mit Schicksalsschlägen fertigzuwerden. Er zeigt auf, dass z. B. die Zeit über Trauer und persönlichen Schmerz hinweg hilft …

> 3. Mich hat diese Geschichte trotz der altmodischen Sprache sehr berührt, da es sehr beeindruckend ist, dass eine Liebe über den Tod hinaus dauern kann …

> 4. Meiner Meinung nach hat diese Geschichte heute noch Gültigkeit, weil auch heute der Wettbewerb und die Konkurrenz eine große Rolle spielen …

b) Sammelt weitere Ideen für den Schluss einer Inhaltsangabe.

c) Sammelt verschiedene sprachliche Wendungen, die sich als Formulierung für Schlussabschnitte eignen.

d) Wähle eine der vier Möglichkeiten (A, B, C, D) aus und formuliere sie mit eigenen Worten aus.

Baustein 3: Verfassen einer Inhaltsangabe

Eine Inhaltsangabe besteht aus drei Teilen: dem **Kernsatz** (Einleitung), der **Inhaltsangabe** (Hauptteil), der **abschließenden Äußerung** (Schluss).

- Achte beim Formulieren des Kernsatzes auf: Name des Autors oder der Autorin, Titel, eventuell Entstehungsdatum, Textsorte, Ort, Zeit, Personen, Erzählkern (3–4 Sätze).
- Achte beim Schreiben der Inhaltsangabe darauf, keine Zitate zu benutzen, nichts wörtlich zu übernehmen, sondern eigene Worte zu benutzen, sachlich zu schreiben, nicht die eigene Meinung darzustellen, nie die Ich-Form zu gebrauchen, sauber und richtig zu schreiben, im Präsens zu schreiben, keine wörtliche Rede zu verwenden, direkte Rede in die indirekte Rede umzuformen.
- Für den Schluss kannst du deine eigene Meinung oder eine Wertung formulieren.

Kleingeld und andere Kleinigkeiten

Parkgebühren

Ein Herr mit Aktentasche tritt an seinen Wagen, der an einer Parkuhr abgestellt ist. Eine Politesse kontrolliert die Uhrzeit.

HERR: Was is' denn?

POLITESSE: *(ihren Formular-Block ziehend)* Sie haben die Parkzeit überschritten. Sind Sie mit einer Verwarnung einverstanden? *(sieht nach der Wagennummer und vergleicht die Uhrzeit)*

HERR: Das ist gar nicht möglich, ich habe ja gerade erst ein Zehnpfennigstück eingeworfen! Dann war ich drüben in der Bank und bin sofort wieder zurück …

POLITESSE: Dann hat es wohl ein bißchen länger gedauert … *(schreibt)*

HERR: Neinnein … ich habe nur einen Umschlag abgeholt …

POLITESSE: … Die zulässige Parkzeit ist überschritten, da die rote Kontrollscheibe seit 20 Minuten im Sichtfenster der Parkuhr sichtbar ist …

HERR: Dann ist die Parkuhr kaputt …

POLITESSE *(sieht ruhig auf den Herrn)*

HERR: Aber sie muß kaputt sein …

POLITESSE: Das ist ja festzustellen … *(greift in die Tasche, entnimmt Portemonée und Münze)* Wenn die Uhr nach Einwurf der Münze zurückrastet, ist sie nicht beschädigt. *(wirft die Münze ein, die Uhr springt zurück. Sie überreicht den Verwarnungsschein)* Die Parkuhr ist nicht beschädigt! Sind Sie mit einer Verwarnung einverstanden?

HERR: Ja … ich … *(sieht ratlos auf die Parkuhr, dann in den Wagen)* Halt! … Das ist ja überhaupt nicht mein Wagen … *(sieht nach rechts und links)* Da! … **Das** ist mein Wagen! Ich war im Moment ganz … ist ja auch dasselbe - Modell! *(sieht kurz hinein und zeigt auf die Parkuhr)* … und erst 10 Minuten abgelaufen! *(steigt ein und fährt ab)*

POLITESSE *(sieht verblüfft von einem Wagen zum anderen und steckt die Verwarnung hinter den Scheibenwischer) In diesem Augenblick erscheint ein Ehepaar und geht auf den Wagen zu.*

POLITESSE: Sind Sie der Wagenbesitzer?

Redewiedergabe und Tempusgebrauch in der Inhaltsangabe

GATTE: Jawohl …
POLITESSE: Sie haben die Parkzeit überschritten. Sind Sie mit einer Verwarnung einverstanden?
GATTIN: Wir haben nur ganz schnell ein paar Einkäufe gemacht …
GATTE: Hier in unmittelbarer Umgebung … Es kann gar nicht länger als eine Viertelstunde gedauert haben …
POLITESSE: Wenn die rote Kontrollscheibe im Sichtfenster sichtbar wird, ist die Parkzeit mindestens um 10 Minuten überschritten …
GATTIN: Wo ist eine rote Kontrollscheibe?
POLITESSE: Hier im Sichtfenster …
GATTIN: Da ist keine rote Scheibe …
GATTE: Na, bitte!
POLITESSE: Ja, jetzt natürlich nicht … es ist ja eine Münze eingeworfen …
GATTE: Dann ist doch alles in Ordnung.
POLITESSE: Neinnein … **Sie** haben ja keine Münze eingeworfen …
GATTE: Ha, wer denn sonst?
POLITESSE: Ich …
GATTE: Bitte?
(Zwei Polizisten treten dazu)

Loriots dramatische Werke

1. Lest den Text mit verteilten Rollen.
2. **a)** Versucht, das Thema des Sketches mit einem Satz zu benennen.
   b) In diesem Text sind die Rollen klar verteilt. Nennt „Gewinner" und „Verlierer".
   c) Beschreibt äußere Form und Gestaltung des Textes.
   d) Überlegt, welche Passagen bei einer Inhaltsangabe in der indirekten Rede wiedergegeben werden können und welche nicht. Benennt die Textstücke fachsprachlich.
3. Fertige einen Stichwortzettel mit den einzelnen Handlungsschritten des Textes an, die zu seinem Verständnis notwendig sind.
4. **a)** Wandelt ab Z. 50 den Text in indirekte Rede um: *Die Politesse fragt den Gatten, …*
   b) Besprecht bei der Umwandlung auftauchende Probleme und erörtert, wo mithilfe von Umschreibungen Handlung verdeutlicht werden muss.
   c) Beurteilt, bei welchen Passagen des Textes die Umwandlung in die indirekte Rede sinnvoll oder sachlich notwendig ist und welche Dialogteile sich besser anders (Redebericht) zusammenfassen lassen.
5. Vergleicht die Wirkung des entstandenen Textes auf den Leser mit der Wirkung des ursprünglichen Sketches.
6. Fertige eine vollständige Inhaltsangabe an. Achte dabei auf Satzverknüpfungen.
7. Überprüft eure Inhaltsangaben in einer Schreibkonferenz. Geht folgendermaßen vor:
   - Bildet Gruppen zu viert.
   - Übertragt jeweils die Tabelle mit den folgenden Kriterien auf ein Blatt:

S. 53

Kriterien	Beurteiler 1:	Beurteiler 2 …	…
Vollständigkeit (Kernsatz, Inhaltsangabe, Schlusssatz)			
Formulieren eines korrekten Kernsatzes			
Verwendung der indirekten Rede / Umformung in die indirekte Rede			
Verknüpfung durch Konjunktionen / Präpositionen			
Verwendung des Präsens			

- Reicht eure Texte mit eurer Tabelle im Uhrzeigersinn an den jeweiligen Nachbarn/die jeweilige Nachbarin weiter.
- Nun liest jeder/jede die erhaltene Inhaltsangabe und notiert seinen/ihren Namen auf dem Begleitzettel und an entsprechender Stelle positive und negative Anmerkungen.
- Führt die Schreibkonferenz solange durch, bis jeder alle Texte gelesen und kommentiert hat.
- Zum Abschluss könnt ihr Verständnisfragen an die Gruppenmitglieder stellen und eure Texte bei Bedarf überarbeiten.

8. Überlegt und plant in Kleingruppen, wie sich die Szene nach dem Eintreffen der beiden Polizisten weitergestalten könnte. Entwerft zunächst eine Zusammenfassung des Inhalts und gestaltet diesen dann in Dialogform aus. Spielt eure Szenen.

9. Für die indirekte Rede werden die Formen des Konjunktivs benötigt. Schreibe den Regelkasten in dein Heft und vervollständige dabei die Lücken bzw. finde Beispiele. Wenn du Probleme mit der Lösung hast, kannst du dich auf S. 53 noch einmal informieren.

Der Konjunktiv I wird gebildet aus dem Verbstamm (z. B. *gehen* ohne -en) mit den folgenden Endungen:

ich [?] -e   wir [?]
du [?] -est   ihr [?]
er/sie/es [?] -e   sie [?]

Für die Formen des Konjunktiv I, die sich vom [?] nicht unterscheiden, werden die Formen des Konjunktiv II verwendet, zum Beispiel:

ich [?]
du [?]
…

Die Formen des Konjunktiv II, die sich vom [?] nicht unterscheiden lassen, werden mit *würde* umschrieben.

---

10. Erkläre mithilfe von Beispielen, warum in der Regel bei der Umwandlung von direkter Rede in indirekte Rede meistens Formen der 3. Person (Singular/Plural) benötigt werden.

11. Wandle die folgenden Sätze in die indirekte Rede um.
    Wähle dazu aus dem Wortfeld *sagen* für jeden Satz eine andere Redeeinleitung aus.

S. 53

- Wir suchen einen freien Parkplatz.
- Sie stehen im Halteverbot. (2 Lösungen)
- Ich habe Geld in die Parkuhr geworfen.
- Die Parkuhr zeigte nichts an.
- Ihr Auto hat keinen Blinker. (2 Lösungen)
- Ich werde mich beschweren.
- Kein Mensch hat das gesagt.

Redewiedergabe und Tempusgebrauch in der Inhaltsangabe

12. Formt die wörtliche Rede aus dem folgenden Abschnitt der „Anekdote zur Senkung der Arbeitsmoral" in die indirekte Rede (Konjunktiv I) um. Achtung: Auch die Personalpronomen verändern sich!

„Dann", sagt der Fremde mit stiller Begeisterung, „dann könnten Sie beruhigt hier im Hafen sitzen, in der Sonne dösen – und auf das herrliche Meer blicken."
„Aber das tu' ich ja schon jetzt", sagt der Fischer, „ich sitze beruhigt im Hafen und döse, nur Ihr Klicken hat mich dabei gestört."

13. a) Benennt die unterschiedlichen Fragetypen.

- Zahlst du?
- Sind Sie gefahren?
- Haben Sie bezahlt?
- Werde ich ernstgenommen?
- Warum zahlst du?
- Wohin sind Sie gefahren?
- Was haben Sie bezahlt?
- Wer nimmt mich ernst?

b) Wandle mithilfe einer Redeeinleitung die Fragen in indirekte Fragestellungen um. Leite daraus eine Regel ab.

c) Findet durch Ausprobieren heraus, welches Modalverb zur Umformung von Imperativen aus der direkten in die indirekte Rede verwendet wird.

14. Es gibt zahlreiche Verben des Sagens, die Sprechhandlungen bezeichnen:

anordnen • auffordern • beantragen • befürworten • begrüßen • beklagen • bereuen • bestehen auf • bestimmen • bestreiten • einräumen • erlauben • erwähnen • fragen • gestehen • gewähren • loben • melden • mitteilen • mutmaßen • verordnen • verwünschen • voraussetzen • ...

a) Entwirf in deinem Heft eine Tabelle mit drei Spalten. Ordne die Verben danach, ob sie eher dem Bereich *Sagen*, *Fragen* oder *Befehlen* angehören.

b) Versuche, die inhaltlichen Unterschiede der Verben zu beschreiben.

15. Wandle die folgenden Sätze aus der wörtlichen Rede in andere Formen der Redewiedergabe um. Verwende dabei alle sprachlichen Varianten, soweit sie jeweils möglich sind.

Politesse: „Die Parkuhr ist nicht beschädigt."
Herr: „Seit wann ist die Parkuhr denn abgelaufen?"
Politesse: „Ich stelle fest, dass Sie die Gebühr nicht bezahlt haben."
Herr: „Das war doch gar nicht meine Frage."
Politesse: „Haben Sie etwas gefragt? Ich habe nichts gehört."

S. 53

16. Im Deutschen gibt es sechs Tempora. Zeichne diesen Zeitstrahl in dein Heft, ergänze die entsprechenden Tempora darauf und ordne ihnen die Zeitstufen *Vergangenheit*, *Gegenwart* und *Zukunft* zu.

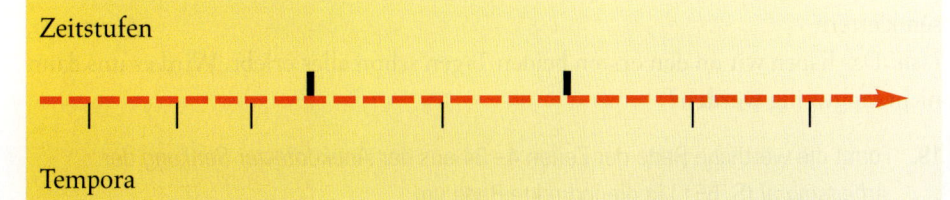

Zeitstufen

Tempora

> Die einzelnen **Tempora** können in der **indirekten Rede** nur noch als **drei Zeitstufen** wiedergegeben werden. Um den Konjunktiv der einzelnen Tempora bzw. Zeitstufen zu bilden, werden die entsprechenden Hilfsverben *haben* und *sein* für die Vergangenheit und *werden* für die Zukunft in den Konjunktiv gesetzt.
>
> **Bildung:**
>
> | Gegenwart | Vergangenheit | Zukunft |
> |---|---|---|
> | Wortstamm des Verbs + Konjunktivendung | Konjunktiv I von *sein/haben* + Partizip Perfekt | Konjunktiv I von *werden* + Infinitiv |
> | er geht → er gehe | er ging → er sei gegangen | er wird gehen → er werde gehen |
> | sie isst → sie esse | er ist gegangen → er sei gegangen | sie wird essen → sie werde essen |
> | | sie hat gegessen → sie habe gegessen | |
> | | sie hatte gegessen → sie habe gegessen | |
>
> Oft ist bei der Verwandlung der direkten Rede in die indirekte Rede eine **Pronomenverschiebung** nötig.
> - **Direkte Rede:**
>   *Marc sagt: „**Ich** weiß, dass ein Elefant jeden Tag bis zu 150 kg Futter zu sich nimmt."*
> - **Indirekte Rede:**
>   *Marc behauptet, **er** wisse, dass ein Elefant jeden Tag bis zu 150 kg Futter zu sich nehme.*

17. Übertragt die folgende Tabelle und füllt die Leerstellen bei den Verben *schlafen*, *trinken* und *liegen* in allen Personen, im Singular und Plural, im Indikativ, im Konjunktiv I und im Konjunktiv II.

	Indikativ		Konjunktiv I		Konjunktiv II	
Singular	ich schlafe	...	...	...	ich tränke	...
	...	...	...	du liegst	...	
	...	er liegt	...	...	...	
Plural	wir trinken		wir schlafen	...	...	...
	...		...	ihr trinket	ihr schlieft	...
	...		...	...	...	sie lägen

18. Gebt die folgenden Aussagen in indirekter Rede wieder.

Lisa: Gestern gingen wir an den Strand um zu schwimmen, nachdem wir die neue Luftmatratze gekauft hatten.
Tom: Ja, das haben wir gestern gemacht. Aber heute möchte ich mit dir auf den Felsen klettern.
Lisa: Das haben wir an den ersten beiden Tagen schon alles erlebt. Wird es uns dann nicht langweilig werden?

19. Formt die wörtliche Rede der Zeilen 4 – 34 aus der *Anekdote zur Senkung der Arbeitsmoral* (S. 66 f.) in die indirekte Rede um.

Redewiedergabe und Tempusgebrauch in der Inhaltsangabe

Das Präsens kann grundsätzlich unterschiedliche Funktionen erfüllen. Es wird verwendet für die Darstellung von:
- gegenwärtigen Ereignissen: *Sabine hört gerade Radio.*
- zukünftigen Geschehen: *Morgen reist Peter in die Staaten.*
- historischen Ereignissen: *Am 30. Januar 33 wird Hitler Reichskanzler.*
- immer gültigen Wahrheiten: *Wasser siedet bei 100°.*

20. Schreibt für jede dieser Funktionen jeweils kurze Geschichten. Begründet, warum das Präsens verwendet wird und welcher Eindruck dadurch entsteht.

Die Vergangenheitstempora Perfekt und Präteritum (Imperfekt) werden meist bedeutungsgleich, aber regional unterschiedlich verwendet. Im Süddeutschen gilt das Perfekt als mündliches, das Präteritum als schriftliches Erzähltempus, in Norddeutschland wird auch mündlich oft im Präteritum erzählt.

21. Einer aus der Klasse erzählt, was er am Nachmittag zuvor unternommen hat (dabei kann der Inhalt durchaus relativ frei erfunden sein), zunächst im Perfekt, dann im Präteritum. Versucht zu beschreiben, wie die beiden Fassungen stilistisch auf euch wirken.

22. Findet Erklärungen dafür, warum Erzählung und Bericht im Präteritum, Inhaltsangabe und Beschreibung im Präsens abgefasst werden müssen.

23. Formt die folgenden Sätze ins Präsens um und schreibt sie in eure Hefte. Achtet auf die richtige Umformung der Plusquamperfektformen.

Das Gespräch hatte den Sinn, Informationen über die Arbeitsstelle herauszufinden. Es wurde sorgfältig vorbereitet. Der Mann wollte sich nicht den Vorwurf machen, dass er es nicht genau genug geplant hatte. Mithilfe seiner Frau übte er das Gespräch, dessen Inhalt er zuvor Wort für Wort aufgeschrieben hatte. Dennoch war ihm die
5 Begegnung mit dem Fischer ständig vor Augen geblieben und er dachte über den Sinn seines Arbeitsplatzwechsels nach. Er fragte sich, ob er alles richtig mache und ob er nicht noch weniger Zeit haben würde, mit seiner Familie das Wochenende zu genießen. Aber trotzdem musste er seine Chance wahrnehmen.

24. Formuliere jeweils die beiden folgenden Hauptsätze (Satzreihen, Parataxen) in
S. 85   Satzgefüge (Hypotaxen) um und verwende dabei das Plusquamperfekt und das Präteritum, um die zeitliche (oder logische) Abfolge zu kennzeichnen.

- Ich habe das Auto geparkt. Dann habe ich Geld in die Parkuhr geworfen.
- Ich habe Geld eingeworfen. Dennoch hat die Parkuhr nichts angezeigt.
- Die Politesse hat das bemerkt und mich aufgeschrieben.
- Ich sprach mit ihr. Trotzdem hat sie danach mein Versehen geahndet.
- Nach ihrer Meinung habe ich mich ins Parkverbot gestellt. Das ist ein Vergehen.

25. Schreibe je fünf Sätze, die in der direkten Rede in einer Vergangenheit und im Futur I oder II stehen, in dein Heft. Tauscht die Hefte aus. Der/die nächste Schüler/in soll die Sätze in die indirekte Rede verwandeln, wieder ein/e Nächste/r die Beispiele korrigieren. Besprecht Unsicherheiten mit der Lehrkraft und bezieht bei der Diskussion die ganze Klasse mit ein.

Konservierte Geschichten

Dieser Artikel, der in einer wissenschaftlichen Zeitschrift veröffentlicht wurde und der vielen Schriftstellern und Dichtern als Stoff für eigene Bearbeitungen diente, erschien 1808. Damals galten noch nicht die heutigen Rechtschreib- und Grammatikregeln, dies erklärt die an manchen Stellen ungewöhnlichen Wortformen wie *Glasschranke* (Z. 3).

Ansichten von der Nachtseite der Naturwissenschaft

(…) Auf gleiche Weise zerfiel auch ein merkwürdiger Leichnam in eine Art von Asche, nachdem man ihn, dem Anscheine nach in festen Stein verwandelt, unter einem Glasschranke vergeblich vor dem Zutritte der Luft gesichert hatte. Man fand diesen ehemaligen Bergmann in der schwedischen Eisengrube zu Falun, als zwischen zween Schachten ein Durchschlag versucht wurde. Der Leichnam, ganz mit Eisenvitriol durchdrungen, war anfangs weich, wurde aber, so bald man ihn an die Luft brachte, so hart als Stein. Fünfzig Jahre hatte derselbe in einer Tiefe von 300 Ellen in jenem Vitriolwasser gelegen, und niemand hätte die noch unveränderten Gesichtszüge des verunglückten Jünglings erkannt, niemand die Zeit, seit welcher er in dem Schachte gelegen, gewusst, hätte nicht das Andenken der ehemals geliebten Züge eine alte treue Liebe bewahrt. Denn als um den kaum hervorgezogenen Leichnam das Volk, die unbekannten jugendlichen Gesichtszüge betrachtend, steht, da kömmt an Krücken und mit grauem Haar ein altes Mütterchen, mit Tränen über den geliebten Toten, der ihr verlobter Bräutigam gewesen … .

1. Stelle einen Zusammenhang zwischen dem obigen Text und dem Hebeltext (S. 70 f.) her. Nenne Gemeinsamkeiten und Unterschiede und finde mögliche Begründungen dafür.

Chemie macht müde Krieger munter

Terrakotta-Armee

Sie gilt als bisher größter archäologischer Fund: die chinesische Terrakotta-Armee aus dem Grabmal des 210 v. Chr. verstorbenen ersten chinesischen Kaisers Quin Shihuangdi. Bei Brunnenbauarbeiten in Lintong, 30 km östlich von der Provinzhauptstadt Xi'an, wurden 1974 Terrakottafragmente entdeckt – die ersten Teile der chinesischen Terrakotta-Armee. Allein in den jetzigen Ausgrabungsstätten werden 7 000 bis 8 000 Einzelfiguren vermutet, weitere Ende 2002 entdeckte Fundstätten sollen die bekannten sogar übertreffen. Inzwischen sind mehr als 1 500 der lebensgroßen Krieger ausgegraben. Auch Tiere und komplette Streitwagen mit Pferden sind unter den Funden. Nach 2 200 Jahren im feuchten Erdreich verlieren die ursprünglich bunten, lebensecht bemalten Figuren jedoch bald nach der Ausgrabung im Kontakt mit Luft ihre Farben. Die Festigung der Farbmassen erwies sich als ungewöhnlich schwierig, etablierte Methoden scheiterten. Chemiker mussten ein neues, maßgeschneidertes Verfahren entwickeln.

Schnell war klar, dass das besondere Schicksal der Tonkrieger mit Schuld an dem Dilemma hatte: Bald nach dem Tod von Quin Shihuangdi waren bei Aufständen nicht nur die Waffen der Tonkrieger geraubt worden, sondern auch die holzverstrebte unterirdische Anlage in Brand gesteckt worden. Die Decke stürzte ein und begrub die Figuren unter der darüber aufgeschütteten Löss-Lehm-Schicht. Die Vorschädigung durch die Hitze während des Brandes und die mehr als 2 000 Jahre in einem wassergesättigten Lössboden hinterließen natürlich ihre Spuren.

Kein Wunder, dass die Lackgrundierung Schaden litt. Hauptbestandteil der Grundierung ist der sogenannte Qui-Lack, der aus dem Saft des Lackbaumes gewonnen wird und wahrscheinlich Zusätze wie Reiskleister enthielt, wie Analysen ergaben. Beim Aushärten an der Luft vernetzen die Bestandteile unter Einwirkung eines Enzyms zu einer glatten braunschwarzen Lackschicht. Pech für die Restauratoren: Qui-Lack ist weder in Wasser noch in einem organischen Lösungsmittel löslich. Dazu kommt die besonders feine Porenstruktur des wassergesättigten Lacks. Die sonst zur Stabilisierung von Farbfassungen üblichen Polymere können nicht eindringen.

Dem Chemiker Heinz Langhals, der 2002 während eines Forschungsaufenthalts am Bingmayong-Museum in China mit der Problematik konfrontiert wurde, war schnell klar: Ein völlig neues Verfahren musste her. Die Methode, die er mit seinem Team an der Universität München entwickelte, basiert auf Hydroxyethylmethacrylat (HEMA), einem gängigen Monomer (Baustein) bei der Kunststoff-Herstellung. Es ist wasserlöslich, sodass es direkt auf die ausgegrabenen, noch feuchten Terrakotta-Fragmente aufgetragen werden kann. Anschließend muss es ausgehärtet werden. Die Monomere vernetzen zu einem Polymer. Es stabilisiert den Lack.

Der Härtungsprozess erwies sich als problematisch. Als Ausweg blieb nur die Härtung durch Bestrahlung mit Elektronenstrahlen (â-Strahlen) aus einem Elektronenbeschleuniger. Sie gehen glatt durch die Lackschicht hindurch und werden an der Terrakotta gestoppt. So soll es auch sein, denn auf diese Weise setzt die Vernetzung an der für das Haftvermögen wichtigen Terrakotta-Lack-Grenzschicht verstärkt ein und schreitet in Richtung Oberfläche fort. An der Grenze zur umgebenden Luft wird die Reaktion dann durch Sauerstoff gestoppt. Dadurch wird die Oberfläche nicht glänzend – was den naturgetreuen Eindruck der Tonkrieger sehr stören würde.

Das maßgeschneiderte Verfahren verspricht, die Methode der Wahl für eine dauerhafte Konservierung der Farbfassungen der Terrakotta-Armee zu werden. Fragment für Fragment können die Scherben gefestigt und dann wie ein 3-D-Puzzle zusammengesetzt werden. Eine mühsame, aber lohnende Arbeit.

2. Lies diesen Text zunächst einmal aufmerksam durch. Schlage unbekannte Wörter in einem Lexikon nach. Versuche dann, das Thema des Textes zu benennen.

3. Findet inhaltliche und sprachliche Gründe, die diesen Text als Sachtext kennzeichnen.

4. a) Der Text ist in einzelne Abschnitte unterteilt. Fasse das Thema jedes einzelnen Abschnittes wie in einer Überschrift zusammen.
b) Notiere zu jeder Überschrift weitere Informationen, die für das Verständnis des Textes wichtig sind.

5. Fasse den Text zusammen und lasse dabei zwischen den einzelnen Zeilen jeweils zwei Zeilen zur späteren Bearbeitung frei.

6. Der Text „Chemie macht müde Krieger munter" besteht fast nur aus Hauptsätzen, die meist ohne sprachlich benannte logische Verbindung nebeneinanderstehen. Versucht Gründe zu finden, warum das so sein könnte.

7. Vergleicht die folgenden Sätze.

Der Härtungsprozess erwies sich als problematisch. Als Ausweg blieb nur die Härtung durch Bestrahlung mit Elektronenstrahlen (â-Strahlen) aus einem Elektronenbeschleuniger. Sie gehen glatt durch die Lackschicht hindurch und werden an der Terrakotta gestoppt. So soll es auch sein, denn auf diese Weise setzt die Vernetzung
5 an der für das Haftvermögen wichtigen Terrakotta-Lack-Grenzschicht verstärkt ein und schreitet in Richtung Oberfläche fort. An der Grenze zur umgebenden Luft wird die Reaktion dann durch Sauerstoff gestoppt. Dadurch wird die Oberfläche nicht glänzend – was den naturgetreuen Eindruck der Tonkrieger sehr stören würde.

Der Härtungsprozess erwies sich als problematisch, sodass als Ausweg nur die Härtung durch Bestrahlung aus einem Elektronenbeschleuniger blieb, die glatt durch die Lackschicht hindurch geht und an der Terrakotta gestoppt wird. Dadurch setzt die Vernetzung an der für das Haftvermögen wichtigen Terrakotta-Lack-Grenzschicht
5 verstärkt ein und schreitet in Richtung Oberfläche fort. Weil an der Grenze zur umgebenden Luft die Reaktion dann durch Sauerstoff gestoppt wird, bleibt die Oberfläche matt, sodass der naturgetreue Eindruck der Tonkrieger erhalten bleibt.

a) Beschreibt die Veränderung des Ausgangstextes und die Wirkung beider Texte.
b) Diskutiert, für welchen Verwendungszweck welche Art der Darstellung nützlich ist.

8. Schreibt aus dem ersten Abschnitt die Stellen heraus, in denen Sätze oder Sachverhalte sprachlich und logisch verknüpft werden. Ordnet ihnen die entsprechenden Fachbegriffe zu.

9. Überarbeitet eure Textzusammenfassung – ihr hattet ja dafür extra Leerzeilen eingefügt – aus Aufgabe 5, indem ihr an passenden Stellen Verknüpfungen einfügt.

- Die Decke stürzte ein und begrub die Figuren unter der darüber aufgeschütteten Löss-Lehm-Schicht.
- Weil es zu einer Vorschädigung durch die Hitze während des Brandes kam, hinterließen die mehr als 2 000 Jahre in einem wassergesättigten Lössboden natürlich noch größere Spuren.

10. Schaut euch die Satzstruktur der beiden Sätze aus dem Text von S. 82 f. genau an und stellt fest, welche Art von (Teil-)Sätzen in den zwei Sätzen jeweils vorkommt.

> Das **Aufeinanderfolgen von Hauptsätzen**, die durch beiordnende Konjunktionen (zum Beispiel *und, oder*, …) verbunden werden, nennt man **Parataxe** (Satzreihe). **Sätze mit Nebensätzen**, also mit untergeordneten Sätzen, werden als **Hypotaxe** (Satzgefüge) bezeichnet. Nebensätze erkennt man daran, dass der finite Teil des Verbs am Ende steht, bei Hauptsätzen findet er sich an zweiter Stelle. Folgt der Hauptsatz auf den Nebensatz, steht das Prädikat im Hauptsatz an erster Stelle.

11. a) Teilt die Klasse in zwei Gruppen. Jeder verfasst nun einen kurzen Text, in dem die Wörter *Fund • Schäden • Grundierung • Verfahren* vorkommen. Die eine Gruppe verwendet nur Parataxen, die andere nur Hypotaxen.
b) Lest euch anschließend Beispiele für die beiden verschiedenen Textarten vor und sprecht über die Wirkung der unterschiedlichen syntaktischen Struktur.

> Über die Unterscheidung von **Hauptsätzen** und **Nebensätzen** hinaus unterscheidet man bei den Hauptsätzen im Deutschen wiederum drei **Satzarten**:
> 1. **Aussagesätze** teilen einen Sachverhalt mit. In selbstständigen Aussagesätzen steht das finite Verb an zweiter Stelle. Bsp.: *Eine Linse ist nichts anderes als ein gewölbtes Glas.*
> 2. **Aufforderungssätze** (oder Befehlssätze) richten sich an jemanden mit der Absicht, ihn zu einer Handlung oder Reaktion zu bewegen. Das Verb steht häufig im Imperativ. Bsp.: *Schaue dir das Mikroskop genau an.*
> 3. **Fragesätze** treten auf als
>   **a)** Wortfragen (oder auch Ergänzungsfragen), die durch ein Fragewort eingeleitet werden. Bsp.: *Was ist ein Elektronenmikroskop?*
>   **b)** Satzfragen (oder auch Entscheidungsfragen), bei denen das finite Verb am Satzanfang steht. Bsp.: *Kennst du den Erfinder des Elektronenmikroskops?*

12. Schreibe einen kurzen Dialog, in dem alle diese Satzarten mindestens dreimal vorkommen.

13. Bildet drei Gruppen. Jede Gruppe schreibt einen Text, der jeweils nur aus einer der Satzarten (nur Aussagen, nur Fragen, nur Aufforderungen) besteht, zum Thema

Die Wiederherstellung der chinesischen Terracotta-Armee. Einer aus der Gruppe trägt das Ergebnis vor der Klasse vor. Wie wirkt die Verwendung der jeweiligen Satzarten auf euch als Zuhörer? In welchen Bereichen macht man sich solche Wirkungen besonders zunutze?

Die folgenden Arten von Adverbialsätzen sollten dir aus den vergangenen Jahren bekannt sein:

Adverbialsätze

temporal   kausal   modal

konzessiv   final

lokal   konsekutiv   konditional   adversativ

14. Gib für jede Art dieser Nebensätze nach folgendem Muster an, welche logische Verbindung sie jeweils zum Hauptsatz ausdrücken:

- Temporalsätze machen eine allgemeine Zeitangabe, nennen einen Zeitpunkt oder einen Zeitraum, zum Beispiel: *Nachdem ich gestern Fußball gespielt hatte,…; während ich einen Aufsatz schrieb,…*
- Kausalsätze …

15. Welche anderen Möglichkeiten gibt es noch, logische Verbindungen zwischen Sätzen herzustellen? Beschreibe, vergleiche und benenne dazu die grammatische Bauweise der folgenden Beispiele:

- Die Festigung der Farbmassen erwies sich als ungewöhnlich schwierig, etablierte Methoden scheiterten. Chemiker mussten ein neues, maßgeschneidertes Verfahren entwickeln.
- Weil etablierte Methoden scheiterten, erwies sich die Festigung der Farbmassen als ungewöhnlich schwierig. Deswegen mussten Chemiker ein neues, maßgeschneidertes Verfahren entwickeln.
- Chemiker entwickeln ein neues, maßgeschneidertes Verfahren und so kann man die Farbmassen festigen, auch wenn etablierte Methoden gescheitert sind.

16. Verbinde jeweils die folgenden zwei Hauptsätze logisch miteinander und benenne dabei die Art und Sinnrichtung der von dir gewählten Satzverbindung. Vergleicht und diskutiert danach eure Ergebnisse.

- Es regnet. Die Wiese ist nass.
- Eine Eidechse kann ihren Schwanz abwerfen. Sie kann ihn nachbilden.
- Man kann einen Plattwurm in zwei Stücke teilen. Beide können wieder zu einem neuen Wurm heranwachsen.
- Bauern pflanzen gerne Lupinen. Sie dienen als Düngung für den Acker.
- Pflanzen reagieren auf Licht. Sie wachsen dem Licht entgegen.

17. Im folgenden Text finden sich kaum adverbiale Bestimmungen.
a) Versuche zu beschreiben, wie dieser Text stilistisch auf dich wirkt. Inwiefern hängt diese Wirkung mit dem Fehlen adverbialer Bestimmungen zusammen?

Was ist ein Molekül?

Atome können sich zu größeren Teilchen, den sogenannten Molekülen, verbinden. Zwei Sauerstoffatome bilden z.B. ein Sauerstoffmolekül, zwei Wasserstoffatome ein Wasserstoffmolekül. Es kommt nun in der Natur sehr häufig vor, dass sich verschiedenartige Atome zu Molekülen vereinigen. Eines
5 der bekanntesten ist das Wassermolekül, das aus einem Sauerstoffatom und zwei Wasserstoffatomen besteht. Ein Ammoniakmolekül enthält ein Stickstoffatom und drei Atome des Wasserstoffs. Wasser und Ammoniak sind im Gegensatz zum Sauerstoff oder Kohlenstoff keine chemischen Elemente, sondern Verbindungen aus verschiedenen Elementen. Das kleinste Teilchen einer solchen
10 Verbindung ist das Molekül.

Erich Überlacker, Was ist was?

b) Warum wäre es bei diesem Text schwierig, kausale, konsekutive oder finale Beziehungen auszudrücken bzw. entsprechende Formulierungen einzubauen?

Die Fortsetzung des Textes lautet:

Zerstören wir ein Wasserstoffmolekül, so geht die Wassereigenschaft verloren, es bleiben nur die Bestandteile Sauerstoff und Wasserstoff erhalten, die sich ganz anders verhalten als Wasser. Moleküle sind, ähnlich wie die Atome, unvorstellbar klein. In einem normalen Trinkbecher sind rund
15 6 000 000 000 000 000 000 000 000 oder 6 mal 10^{24} Moleküle Wasser. Würde man den Inhalt dieses Bechers gleichmäßig über alle Weltmeere verteilen, wären in jedem Liter Meerwasser noch mehrere tausend Moleküle aus unserem Wasserglas.

c) Benenne die Passagen, in denen logische Beziehungen ausgedrückt werden, und gib jeweils die Art der Verknüpfung an.
d) Warum ist es in dieser zweiten Passage inhaltlich viel leichter, die logischen Beziehungen anzugeben?
e) Verfasse eine Inhaltsangabe zu diesem Text. Beschreibe auch die Probleme, vor die du dich bei diesem Versuch gestellt siehst.

> Wichtig für die Inhaltsangabe sind vor allem **Satzverbindungen**, die die Abläufe zeitlich (temporal) bestimmen bzw. Grund, Folge oder Absicht von Handlungen (kausal, konsekutiv oder final) angeben. Dies kann durch die entsprechenden Nebensätze geschehen, aber auch durch präpositionale Wendungen bzw. Adverbien.

Das Grauen

1. Übertrage die folgende Checkliste auf ein Blatt und kontrolliere mit ihrer Hilfe deine Inhaltsangaben.

Grundregeln	ja	nein	Stellen, die überarbeitet werden müssen
Tempus ist Präsens / Vorzeitigkeit wird durch Perfekt ausgedrückt			
Sachlichkeit / keine Wertungen / Vermeidung von Nomen und Adjektiven, die zum Geschehen oder zu Personen Stellung nehmen			
Verwendung der indirekten Rede mit Konjunktiv			
genaue Information			
Knappheit: Kürzung des Textes auf das Wesentliche			
Verknüpfung der Sätze mit Konjunktionen			
Darstellung der Grund-Folge-Beziehung			
Verwendung eigener Worte			

2. Verfasse unter Berücksichtigung der Grundregeln und deiner Notizen je eine Inhaltsangabe der *Anekdote zur Senkung der Arbeitsmoral* (S. 66 f.) und der Kalendergeschichte *Unverhofftes Wiedersehen* (S. 70 f.).

Das folgende Gedicht von Goethe aus dem Jahre 1782 ist eine der berühmtesten deutschen Balladen. Auch zu Balladen kann man Inhaltsangaben schreiben.

3. Erschließt euch zunächst mithilfe folgender Aspekte den Inhalt:
   - Beschreibt die äußere Form (Strophenzahl, Reim, Metrum).
   - Nennt inhaltliche und formale Besonderheiten der ersten und letzten Strophe sowie Auffälligkeiten in der Art der Darstellung in den übrigen Strophen.
   - Vergleicht die äußere Form mit dem Inhalt des Gedichtes (Anzahl der Sprecher, Sprecherwechsel, Satzzeichen).
4. Für die Inhaltsangabe einer Ballade muss aus den Strophen ein durchlaufender Text gemacht werden. Nenne Formulierungen und Wendungen, die besonders stark durch die Form hervorgerufen sind und deshalb besonders deutlich sprachlich verändert werden müssen.

> Um Inhaltsangaben von Balladen zu verfassen, eignet sich die **Bildermethode** besonders gut. Dazu wird die Ballade zunächst in Bilder (Handlungsabschnitte) gegliedert. Anschließend formuliert man zu jedem Bild eine passende Überschrift und ergänzt darunter stichpunktartig, was auf den einzelnen Bildern passiert. Anschließend werden die Notizen zu einer Inhaltsangabe ergänzt.

5. Verfasse mithilfe der Bildermethode eine Inhaltsangabe der Ballade *Der Erlkönig*.

INHALTSANGABE FÜR PROFIS

6. Bereite einen eindrucksvollen Vortrag des Gedichts vor.
   a) Wie sehen die Sprechenden die Welt und ihre eigene Umgebung?
   b) Fasse die zum Ausdruck gebrachten Zielsetzungen der Sprechenden in jeweils einem Satz zusammen.
   c) Was für ein Charakter kommt bei den Sprechenden durch den Inhalt zum Ausdruck? Wie könnten Gefühlslage und Charakter durch eine bestimmte Vortragsweise der Ballade (Tonfall, Stimmführung, …) jeweils zum Ausdruck gebracht werden?

Erlkönig

Wer reitet so spät durch Nacht und Wind?
Es ist der Vater mit seinem Kind;
Er hat den Knaben wohl in dem Arm,
Er fasst ihn sicher, er hält ihn warm. –

5 Mein Sohn, was birgst du so bang dein Gesicht?
Siehst, Vater, du den Erlkönig nicht?
Den Erlenkönig mit Kron' und Schweif? –
Mein Sohn, es ist ein Nebelstreif. –

„Du liebes Kind, komm, geh mit mir!
10 Gar schöne Spiele spiel' ich mit dir;
Manch' bunte Blumen sind an dem Strand;
Meine Mutter hat manch' gülden Gewand."

Mein Vater, mein Vater, und hörest du nicht,
Was Erlenkönig mir leise verspricht? –
15 Sei ruhig, bleibe ruhig, mein Kind!
In dürren Blättern säuselt der Wind. –

„Willst, feiner Knabe, du mit mir gehn?
Meine Töchter sollen dich warten schön;
Meine Töchter führen den nächtlichen Reihn
20 Und wiegen und tanzen und singen dich ein."

Mein Vater, mein Vater, und siehst du nicht dort
Erlkönigs Töchter am düstern Ort? –
Mein Sohn, mein Sohn, ich seh' es genau;
Es scheinen die alten Weiden so grau. –

25 „Ich liebe dich, mich reizt deine schöne Gestalt;
Und bist du nicht willig, so brauch' ich Gewalt."
Mein Vater, mein Vater, jetzt fasst er mich an!
Erlkönig hat mir ein Leids getan! –

Dem Vater grauset's, er reitet geschwind,
30 Er hält in Armen das ächzende Kind,
Erreicht den Hof mit Mühe und Not;
In seinen Armen das Kind war tot.

Johann Wolfgang Goethe (1749–1832)

So wird's gemacht: die Methodenseite

1. Oftmals sind die Informationen, die du findest, recht umfangreich und du musst abwägen, welche Elemente wirklich wichtig sind. Lies dafür den Text genau durch.

Grimmelshausen, Johann (Hans) Jakob Christoffel von (um 1622 bis 1676), Schriftsteller. Mit seinem Schelmenroman *Der Abentheurliche Simplicissimus Teutsch* (1669) schuf er eines der herausragendsten deutschen Prosawerke des 17. Jahrhunderts (siehe Simplicissimus). Grimmelshausen wurde 1621 oder 1622 in Gelnhausen geboren. Über sein Leben ist nur wenig bekannt; einiges zur Biographie lässt sich jedoch über Anspielungen im literarischen Werk sowie durch behördliche Dokumente eruieren. Fest steht indes, dass Grimmelshausen keineswegs zum Kreis der gelehrten Dichter seiner Zeit zu rechnen ist. Grimmelshausen kämpfte im Dreißigjährigen Krieg, war kaiserlicher Dragoner, nach 1644 Regimentsschreiber und schließlich Regimentssekretär. Seine umfassende Bildung erwarb er offenbar autodidaktisch in den Bibliotheken seiner jeweiligen Brotherrn. Auch lassen sich einige Stationen seines Lebens mit Daten markieren. So wurde Grimmelshausen 1635 zunächst von kroatischen Truppen gefangengenommen, bevor er in die Hand hessischer Soldaten fiel, die ihn nach Kassel brachten. Vermutlich noch vor 1650 konvertierte er vom Protestantismus zum Katholizismus, um Catharina Henninger zu heiraten. Zwischen 1649 und 1660 war er als „Schaffner" für die Finanzgeschäfte seines ehemaligen militärischen Vorgesetzten Hans Reinhard und dessen Vetter Carl Bernhard von Schauenburg in Gaisbach bei Oberkirch verantwortlich. Nach 1657 betrieb er zwei Jahre lang das Gaisbacher Gasthaus *Zum Silbernen Stern*, bevor er – nach einer Anstellung als Verwalter in Ullenburg (1662–1665) – wiederum eine Wirtschaft gleichen Namens im Ort eröffnete. 1667 gewährte das Amt des Schultheißen im badischen Renchen der zwölfköpfigen Familie endgültig den sicheren Unterhalt. Einem neuerlichen Kriegseinsatz als Freiwilliger kam der Tod zuvor: Grimmelshausen starb am 17. August 1676 in Renchen. Grimmelshausens literarische Schaffensperiode währte lediglich über ein Jahrzehnt. Sein Hauptwerk ist zweifellos der fünfbändige Roman *Der Abentheurliche Simplicissimus Teutsch*. Dieses Werk, das die Abenteuer eines einfältigen Jünglings, des „tumben Toren", zum Inhalt hat, der zum Soldaten, Narren, Bauern, Räuber, Sklaven, Pilger und Einsiedler wird, zeichnet ein realistisches Bild der sozialen und wirtschaftlichen Verhältnisse, die durch den Dreißigjährigen Krieg entstanden waren. Dem Gattungsmuster des Schelmenromans gemäß erfolgt die Schilderung aus der Froschperspektive eines seiner Stellung nach unterprivilegierten Helden. Über dieses Verfahren eines naiv-unschuldigen Protagonisten, der als Ich-Erzähler „jedem die Wahrheit so ungescheut sagt", gelang Grimmelshausen ein satirischer Hieb gegen die feudalen Gesellschaftsstrukturen seiner Zeit.

2. Die folgenden Tipps A bis G stehen in einem logischen Zusammenhang. Ordne sie in die richtige Reihenfolge. Verbinde sie dann mit Wörtern aus dem Kasten so, dass der Zusammenhang deutlicher wird. Bilde Sätze und schreibe sie auf.

Tipps zum genauen Lesen

A einen ruhigen Platz suchen
B Wörter, die unklar sind, nachschlagen
C den Inhalt des gelesenen Textes zusammenfassen
D genügend Zeit nehmen
E den Text abschnittsweise lesen
F den Inhalt aus dem Gesamttext erschließen
G Textstellen, die nicht verstanden wurden, noch einmal lesen

Zuerst
Wenn ..., dann
Bevor
Nachdem
Deshalb
Außerdem
Um ..., muss
Darüber hinaus
Auf diese Weise

3. Kopiere den Text über Grimmelshausen und bearbeite ihn nach folgendem Schema, d. h. markiere das Wesentliche in der unten gezeigten Weise und/oder schreibe (exzerpiere) es auf einem Arbeitsblatt heraus.

Was ist Barock?

Lebenslauf

Werke/Theorie

Alexandriner?

Gegensatz

Gryphius, Andreas, eigentlich Andreas Greif, (1616-1664), Schriftsteller. Er war der bedeutendste deutsche Dichter und Dramatiker des Barock.

Gryphius wurde am 2. Oktober 1616 in Glogau (heute Glogow, Polen) geboren. Trotz ärmlicher Herkunft eignete er sich eine umfassende Bildung an und war schon in früher Jugend als Privatlehrer tätig. Während seiner Lehrtätigkeit an der Universität Leiden machte sich Gryphius mit den Theorien des Dramas vertraut, die er später in seinen Stücken anwandte und auch weiterentwickelte. Mit einer Kombination aus antiken, niederländischen und französischen Dramenmodellen schuf er einen neuen Typ des Trauerspiels. Von seinem Debüt *Leo Armenius* (1650) bis hin zu *Catharina von Georgien* (1651) behandeln seine Stücke durchweg historische Sujets und sind in Alexandrinern abgefasst. Motivisch vorherrschend sind das stoische Ideal der „Constantia" (Beständigkeit), das bei Gryphius in christlich-religiöser Färbung erscheint, und das zeittypische Vanitas-Motiv der Vergänglichkeit irdischen Glückes. Diese Denkweise stand in engem Zusammenhang mit dem Zeithintergrund des Dreißigjährigen Krieges und begegnet wieder in vielen seiner Gedichte, so der Sammlung *Kirchhofsgedanken* (1656). Im Gegensatz zu seinem innovativen Wirken als Dramatiker, wo er über seine Vorbilder Seneca, Joost van den Vondel und Pierre Corneille weit hinausgelangte und mit grellen Effekten arbeitete, blieb Gryphius in den Oden (1643) und Sonetten (1637-1650) dem seinerzeit gültigen Formenkanon verbunden. 1662 wurde der Dichter Mitglied der Fruchtbringenden Gesellschaft, einer Gruppe von Schriftstellern, die sich um eine Erneuerung der deutschen Sprache bemühte (*siehe* Sprachgesellschaften). 1657 brachte Gryphius mit *Cardenio und Celinde* erstmals ein deutsches Trauerspiel mit bürgerlichen Protagonisten auf die Bühne und schrieb verschiedene häufig gespielte Theaterstücke für Wandertruppen, darunter *Herr Peter Squentz* (1657/58), eine absurde Variante der Pyramus-und-Thisbe-Episode aus William Shakespeares *Sommernachtstraum*. Bekannt wurde außer *Die geliebte Dornrose* (1660), einem Bauernstück in schlesischer Mundart, das satirische Schauspiel *Horribiliscribifax* (1663), das seine komische Wirkung ebenfalls aus den Eigenarten des Dialekts und skurrilen sprachlichen Neuschöpfungen bezog. Gryphius starb am 16. Juli 1664 in Glogau.

Porträt, Stich aus dem 19. Jh.

gehört zusammen

4. Du findest in deinem Schulbuch zahlreiche Texte von verschiedenen Autorinnen und Autoren. Wähle dir eine/einen aus und bearbeite auf diese Weise über ihn oder über sie gefundene Informationen aus Lexikonartikeln, Internet, Biographien o. ä.

Suche! Finde! Schreibe! Erkläre!

Getrennt- und Zusammenschreibung

Weigerung

Ohnezickenundfederlesenihrbrandsatzwerferundasylantenverfolger:
Ichweigeremichdemunverstandeuresdrohgebrüllsverständnisentgegenzubringen
eureunbegreiflichenparolenbegreifenzuwollen.
Eurehatzistmirfremderalsesdiefremdestenfremdenjeseinkönnten.

Hans Manz (geb. 1931)

1. Beschreibe, was an diesem Text ungewöhnlich ist. Begründe, warum der Autor den Text so gestaltet hat.
2. Formuliere die Aussage des Textes in einem Satz. Versuche einen Zusammenhang zwischen der Aussage und der Form herzustellen.
3. a) Schreibe den Text so ab, dass er deiner Meinung nach als Gedicht zu erkennen ist, trenne die Wörter und setze sinnvolle Zeilengrenzen.
   b) Unterstreiche im Text die Wörter, die du nicht getrennt hast. Begründe, warum und nenne ihre Bestandteile.
4. Suche zu jedem unterstrichenen Wort weitere Beispiele und formuliere eine Regel zur Zusammenschreibung.
5. Diskutiert die folgenden Aussagen zum Thema *Migration*.

   - Mit einer fremden Herkunft ist man häufig von vornherein <u>gebrandmarkt</u>.
   - Häufiger als andere wird so jemand <u>gemaßregelt</u>.
   - Unberechtigt wird <u>geschlussfolgert</u>, dass solche Menschen um „unsere" Arbeitsplätze <u>wetteifern</u>.
   - Dabei haben sie viele Probleme, weil sie manches gar nicht <u>übersetzen</u> und <u>verstehen</u> können.

6. a) Lege eine Tabelle nach dem Muster an und trage die entsprechenden Formen der unterstrichenen Verben ein.

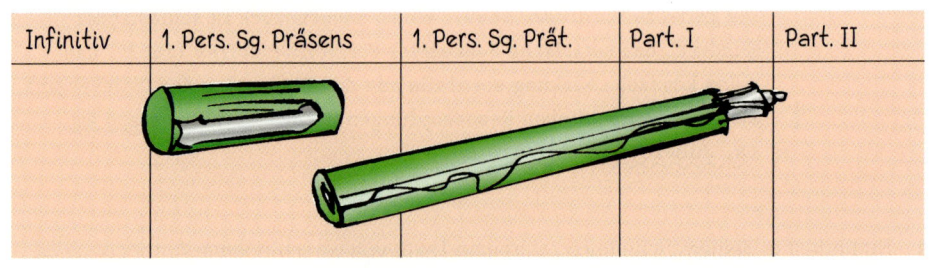

Infinitiv	1. Pers. Sg. Präsens	1. Pers. Sg. Prät.	Part. I	Part. II

   b) Welche Besonderheiten fallen auf? Erkläre mit eigenen Worten die entsprechende Regel zur Schreibung der Verben.

Übungen zu Rechtschreibung und Zeichensetzung

7. a) Suche mithilfe eines Rechtschreibwörterbuchs Verbindungen mit Verben heraus, die zusammengeschrieben werden.
b) Ordne die gefundenen Wörter in einer Tabelle nach Zusammensetzungen mit Partikeln, mit Adjektiven sowie mit Nomen (Substantiven). Finde für Verbindungen mit Partikeln und Adjektiven mindestens jeweils 10 Beispiele; für Zusammensetzungen mit Nomen fünf weitere Beispiele.

Zusammensetzung mit		
Partikel	Adjektiv	Nomen
Bsp.: wiederholen	Bsp.: großschreiben	Bsp.: kopfstehen

8. Finde zu den angegebenen Begriffen jeweils ein Synonym, das ein mit *sein* verbundenes Verb ist. Schreibe die Lösungen in dein Heft.

Gefühl,
- wenn man etwas geleistet hat   • _ _ _ _ ? _ _ _ _   SEIN
- wenn man kein Geld mehr hat   • _ _ _ ? _ _ _   SEIN
- wenn man sich wieder am Ausgangsort befindet • _ _ _ ? _ _ _   SEIN
- wenn etwas da ist   • _ _ _ _ ? _ _ _ _   SEIN
- wenn man etwas dringend braucht   • _ _ _ _ ? _ _ _ _   SEIN
- wenn etwas vergangen ist   • _ _ _ ? _ _ _   SEIN
- wenn man etwas erledigt hat   • _ _ _ ? _ _ _   SEIN

9. Manche Wörter kann man zusammen oder getrennt schreiben:

Bsp: *umfahren*   *Er fährt das Fahrrad um.*
     Er umfährt den Stau.

- übersetzen
- unterstellen
- umbrechen

Erkläre den Bedeutungsunterschied, indem du die beiden Verben jeweils in einem Beispielsatz verwendest.

10. Erläutert die inhaltlichen Gemeinsamkeiten zwischen dem folgenden Gedicht und dem von Hans Manz (S. 92).

Platz machen

Aufstehen bitte
und aufrücken
es wird wohl noch einer hineinpassen
gerade stehen
und einstehen
für sich
und andere

11. Nenne mithilfe des Regelkastens jeweils die Regel zur Getrennt- oder Zusammenschreibung der Wörter im Gedicht.

> **! Getrennt- und Zusammenschreibung**
>
> - Wenn Wörter nebeneinander stehen und eine gemeinsame neue **(idiomatisierte) Sinneinheit** bilden, schreibt man sie in der Regel **zusammen**:
>   *Sie wollten ihn politisch káltstellen.*
>   *Herrn Müller sollte noch viel Gutes zutéilwerden.*
> - Nicht immer sind solche Verbindungen aus **Adjektiven, Partikeln, Nomen + Verben** so fest miteinander verbunden. Beide Bestandteile tragen dann jeweils einen eigenen Wortakzent. Man schreibt sie **auseinander**:
>   *In der Gruppe konnte er nicht fréi spréchen.*
>   *Nebeneinánder sítzen konnten sie nicht, also standen sie lieber.*
> - Verbindungen aus **Nomen + Verb** schreibt man dann **zusammen**, wenn das Nomen als solches seine Merkmale verloren hat:
>   *eislaufen, leidtun, nottun, wundernehmen …*
> - **Getrennt** scheibt man Verbindungen aus **Nomen + Verb**, wenn das Nomen als solches noch seine volle Bedeutung hat:
>   *Rad fahren, Not leiden, Angst haben …*
> - Alle Verbindungen mit *sein* schreibt man **getrennt**:
>   *krank sein, fertig sein, zufrieden sein …*
>
> In einigen Fällen ist **sowohl Getrennt- als auch Zusammenschreibung** möglich:
> - Verbindungen aus **Adjektiv + Verb**, wenn mit dem Adjektiv das Ergebnis des verbalen Vorgangs bezeichnet ist:
>   *Mutter muss das Essen fertigkochen/fertig kochen.*
>   *Klaus hat Sabine wachgerüttelt/wach gerüttelt.*
> - Verbindungen aus **Nomen, Adjektiv, Adverb + Partizip**
>   *Das Land ist dichbevölkert/dicht bevölkert.*
>   *Er wandte sich ratsuchend/Rat suchend an mich.*
> - Bestimmte Verbindungen wie:
>   *Brust schwimmen/brustschwimmen*
>   *Staub saugen/staubsaugen*

Groß- und Kleinschreibung

grenzenlos und unverschämt
ein gedicht gegen die deutsche sch-einheit[1]

   ich werde trotzdem
   afrikanisch
   sein
   auch wenn ihr
5 mich gerne
   deutsch
   haben wollt
   und werde trotzdem
   deutsch sein
10 auch wenn euch
   meine schwärze
   nicht passt
   ich werde
   noch einen schritt weitergehen
15 bis an den äußersten rand
   wo meine schwestern sind – wo meine brüder stehen
   wo
   unsere
   FREIHEIT
20 beginnt
   ich werde
   noch einen schritt weitergehen und noch einen schritt
   weiter
   und wiederkehren
25 wann
   ich will
   wenn
   ich will
   grenzenlos und unverschämt
30 bleiben.

May Ayim (1960 – 1996)

1. Versuche aus dem Inhalt des Gedichtes heraus zu erklären, warum das Gedicht den Untertitel *ein gedicht gegen die deutsche sch-einheit* trägt.
2. **a)** Nenne die Wörter, die in diesem Text normalerweise großgeschrieben würden.
   b) Beschreibe die Wirkung, die die Klein- bzw. Großschreibung gegen die Norm hat.

---

[1] Originalbegriff

3. Im folgenden Text finden sich einige Fehler in Bezug auf die Groß- und Kleinschreibung. Schreibe die verbesserte Fassung in dein Heft und erkläre jeweils, nach welcher Regel welche Schreibung richtig ist.

> Sehr geehrte Frau Müller,
> Wie aus ihrem Schriftstück zu entnehmen ist, haben sie in Berlin eine Wohnung gemietet. warum auch nicht? Doch hoffentlich haben Sie den Folgenden hinweis beachtet: morgens bis 9 Uhr ist Ruhezeit. Sollten Sie jetzt jedoch
> 5 Einwenden: „Aber ich muss doch um diese zeit Arbeiten." dann kann ich ihnen nur entgegnen: da haben sie Mich aber gründlich missverstanden. Der Satz bedeutet lediglich: lärm Machen bis 9 Uhr Verboten.

4. In den folgenden Sätzen sind zahlreiche Wörter, die eigentlich keine Nomen sind, als solche verwendet. Das nennt man Nominalisierung.

   a) Nenne alle Nominalisierungen und finde dann heraus, durch welche Signalwörter (welche Wortarten) sie erkennbar sind.

> • *Die Ängstliche hatte nach langem Hin und Her Folgendes herausgefunden: Das Beste, was am Ersten kommen kann, ist die monatliche Überweisung.* • *Doch das Lesen fällt ihr dieses Mal schwer.* • *Sie steht mit Zittern auf. Daran hätte sie nicht im Entferntesten gedacht.* • *Der Zeitungsbericht*
> 5 *hatte also ins Schwarze getroffen ...*

   b) Schreibe selbst drei eigene Sätze mit mindestens fünf Nominalisierungen.

5. Lies den folgenden Text laut vor. Welche Schwierigkeiten ergeben sich beim Lesen?

> SYSTEMATISCH FALSCHE INFORMATION. ÜBERALL TAUCHEN DIE GLEICHEN BILDER, AUSSAGEN, WITZE ÜBER DAS OBJEKT DER VORURTEILE AUF. WENN SYSTEMATISCH VON ALLEN SEITEN IMMER WIEDER DIESELBE BOTSCHAFT VERKÜNDET WIRD, KANN SICH NIEMAND IHREM EINFLUSS ENTZIEHEN. SIE WIRD DANN – WENN AUCH VIEL-
> 5 LEICHT WIDERSTREBEND UND ZÖGERND – ANGENOMMEN, WIE ZUM BEISPIEL DIE „ARMEN HUNGERNDEN KINDER IN AFRIKA". SO IST ES NICHT VERWUNDERLICH, WENN EIN GRUNDSCHULKIND BEREITS „WEISS", WIE DIE AFRIKANER SIND. BEI NACHFRAGEN KÖNNEN KINDER VON FERNSEHFILMEN ÜBER SELTSAME ZAUBERRITEN UND DÜRREKATASTROPHEN BERICHTEN. DIFFERENZIERTE FILME ÜBER DEN KINDERALLTAG
> 10 KÖNNEN GEGEN DIE MASSE DER ANDEREN BILDER NICHTS AUSRICHTEN.

   b) Schreibe den Text in „normaler" Schreibweise in dein Heft ab.

6. a) Gestalte ein Übungsblatt für deine Banknachbarin/deinen Banknachbarn, auf dem Beispiele zu jeder Regel vorkommen. Du kannst zum Beispiel einen Lückentext, ein Rätsel, einen Fehlertext … entwerfen.
b) Tauscht eure Blätter aus und kontrolliert nach dem Arbeiten die Ergebnisse.

Großschreibung

- Das erste Wort einer Überschrift, eines Titels etc. schreibt man groß.

- Das erste Wort eines ganzen Satzes schreibt man groß. Dies gilt auch nach einem Doppelpunkt, in der wörtlichen Rede sowie nach Gliederungsangaben wie Paragraphenzeichen, Ziffern, Buchstaben usw.

- Nomen werden großgeschrieben. Das betrifft auch Zusammensetzungen, die insgesamt ein Nomen ergeben, z. B.: *Trimm-dich-Pfad*, nominale Teile von Zusammensetzungen, z. B.: *ph-Wert-neutral* oder aus anderen Sprachen übernommene Nomen, z. B.: *das Crescendo*

- Wörter aller anderen Wortarten werden großgeschrieben, wenn sie als Nomen gebraucht werden (Nominalisierung).

- Eigennamen schreibt man groß. Bei mehrteiligen Eigennamen mit nichtnominalen Bestandteilen schreibt man das erste Wort und alle weiteren Wörter außer Artikeln, Präpositionen und Konjunktionen groß, z. B.: *das Kap der Guten Hoffnung* oder *Börsenverein des Deutschen Buchhandels, der Schiefe Turm von Pisa.*

- Das Anredepronomen *Sie* und das dazugehörige Possessivpronomen *Ihr* wird (mit allen flektierten Formen) großgeschrieben.

Kleinschreibung

- Alle Wörter und Wortarten, die nicht aufgrund der obengenannten Regeln großgeschrieben werden, schreibt man klein.

- Nomen werden kleingeschrieben, wenn sie ihre Merkmale als Nomen eingebüßt haben und die Funktion von Adjektiven, Adverbien, Konjunktionen, Präpositionen übernehmen, z. B.: *angst, leid, abends, donnerstags, namens* usw. sowie die unbestimmten Zahlwörter *ein bisschen, ein paar*

- Nominalisierte Adjektive, Partizipien oder Pronomen werden kleingeschrieben, wenn sie sich auf ein Nomen beziehen, z. B.: *Sie war die beste meiner Schülerinnen* oder *Kurze Filme sehe ich unter der Woche, lange am Wochenende.*

- Die Anredepronomen *du* und *ihr* und die dazugehörigen Possessivpronomen (mit allen Formen) werden kleingeschrieben. Im Brief können sie auch großgeschrieben werden.

Verwendung von Satzzeichen

1. a) Der folgende Text hat zu viele Kommas. Überarbeite ihn mithilfe der Regeln im Kasten rechts, indem du unter Angabe der Zeile jeweils die Regel, die zutrifft oder gegen die verstoßen wird, notierst.

b) Vergleicht eure Ergebnisse und besprecht, welche Kommas gesetzt werden müssen und welche nicht erforderlich sind, aber aufgrund des Textverständnisses gesetzt werden sollten.

Da, wo ich wohne

Da, wo ich wohne, im zürcherischen Stadtteil Oerlikon, wurden, vor ein paar Tagen, zwei erwachsene Männer, als sie kurz nach Mitternacht den Marktplatz überquerten, von drei Jugendlichen, mit Baseballschlägern, niedergeknüppelt und ausgeraubt. Das habe ich in der Zeitung gelesen, wie eine Nachricht aus einer fremden Stadt. Erst beim zweiten Blick, habe ich gesehen, dass das da war, wo ich wohne. Ich gehe oft über diesen Platz, auch nach Mitternacht noch, und ich bin nie auf den Gedanken gekommen, mich zu fürchten.

An einer Ecke des Platzes befindet sich eine Apotheke, und diese Apotheke wurde vor ein paar Wochen von einem jungen Mann überfallen. Mit vorgehaltener Pistole befahl er den anwesenden Kunden, auf den Boden zu knien, und ließ sich vom Apotheker das Geld aus der Kasse aushändigen, möglicherweise auch noch die vorrätigen Betäubungsmittel. Ich weiß es nicht mehr genau, ich selbst kaufe in einer anderen Apotheke ein, und habe diese Nachricht in der Zeitung gelesen. Der Räuber, stand weiter, sei zu Fuß zum Warenhaus Jelmoli geflüchtet und dort unauffindbar verschwunden.

Kurz darauf erzählte mir ein Freund, dass da, wo ich wohne, in der Parallelstraße, ein Passant, von vier Männern, zusammengeschlagen worden sei. Mein Freund, der in dieser Parallelstraße zu Hause ist, hatte dies in der Zeitung gelesen und fragte mich, ob ich wüsste, wo genau es passiert sei, aber ich wusste es nicht. Niemand hatte mir davon erzählt.

Letzthin, als ich da, wo ich wohne, in die S-Bahn stieg, fiel mir ein junger Mann auf, der aus meinem Zug, auf der falschen Seite ausstieg, und über das Geleise auf das nächste Perron rannte. Gleich danach wollte eine verzweifelte ältere Frau hinter ihm herrennen, wurde aber, von andern Passagieren, zurückgehalten. Sie schrie laut, weil der Dieb, mit ihrer Handtasche, quer über alle Geleise und Perrons auf die hintere Seite des Bahnhofes spurtete, und zwei Burschen, die sich aufgemacht hatten, ihn zu verfolgen, ließen wieder davon ab, weil sie hoffnungslos zu spät waren. Und so sind wir alle überrascht, und reagieren ein bisschen zu spät und auch ich kann mich noch nicht daran gewöhnen, dass es so rasch New York und São Paulo wird, da, wo ich wohne.

Franz Hohler (geb. 1943)

2. Diskutiert über Inhalt und Aussage des Textes.

ÜBUNGEN ZU RECHTSCHREIBUNG UND ZEICHENSETZUNG

! Kommaregeln

Durch Komma werden nebengeordnete Teilsätze, Wortgruppen oder Wörter voneinander getrennt, z. B.: *Wir essen Vorspeise, Hauptgang und Nachtisch.*

- Wenn nebengeordnete Teilsätze, Wortgruppen oder Wörter durch *und*, *oder* oder ähnliche Konjunktionen verbunden werden, so findet sich kein Komma, z. B.:
  Ich öffne das Buch und dann beginne ich sofort zu lesen.

- Hauptsatz und Nebensätze werden durch Komma voneinander getrennt. Ist der Nebensatz eingeschoben, wird er durch zwei Kommas abgetrennt (paariges Komma). Bei formelhaften Wendungen, etwa Partizipialausdrücken, z. B. *wie bereits gesagt* kann man das Komma weglassen.

- Wenn Infinitive mit *um*, *ohne*, *statt*, *anstatt* und *als* eingeleitet sind (a), wenn sie von einem Nomen abhängen (b) und wenn im übergeordneten Satz ein Verweiswort auf den Infinitiv verweist (c) muss der Infinitiv mit Kommas abgetrennt werden:
  a) *Er tanzte, ohne je müde zu werden.*
  b) *Der Versuch, ihm zu helfen, scheiterte.*
  c) *Sie freute sich darauf, ihn zu sehen.*

- Manchmal sollte aber auch hier ein Komma gesetzt werden, wenn dadurch die Gliederung des Satzes und seine logische Abfolge deutlicher wird, z. B.:
  Ich unterhielt mich mit meiner Freundin, und deren Schwester war auch dabei.

- Kommas müssen immer gesetzt werden, um Missverständnisse auszuschließen, eine Bedeutung eindeutig zu machen oder Leseschwierigkeiten zu vermeiden, z. B.:
  Ich freue mich, heute nach Hause zu kommen oder: *Ich freue mich heute, (irgendwann einmal) nach Hause zu kommen.*

3. Schreibe die folgenden Sätze ab und setze dabei, wenn nötig, Kommas.

- In den letzten großen Ferien haben wir spanische englische und französische Kinder kennengelernt.
- Die Zeitung berichtete über sehr interessante medizinische Experimente.
- Die kritische wirtschaftliche Lage des Landes erfordert eine klare sachliche Stellungnahme der Regierung.
- Wir verwenden in unserem Betrieb nur neue umweltfreundliche Verfahren.

4. Ist bei den folgenden Sätzen ein Komma vorgeschrieben? Begründe deine Meinung.

- Sie traf sich mit meinem Bruder und dessen Freundin war auch mitgekommen.
- Ich hoffe jeden Tag in die Stadt gehen zu können.

5. Erkläre die unterschiedliche Kommasetzung in den folgenden Beispielen. Die Regel sollte dir aus früheren Jahrgängen bereits bekannt sein. Solltest du Hilfe benötigen, hole sie dir in einem Rechtschreibwörterbuch.

Trinkt guten, preiswerten Tee!   **Trinkt guten englischen Tee!**

Wie sich das Deutsche entwickelt hat

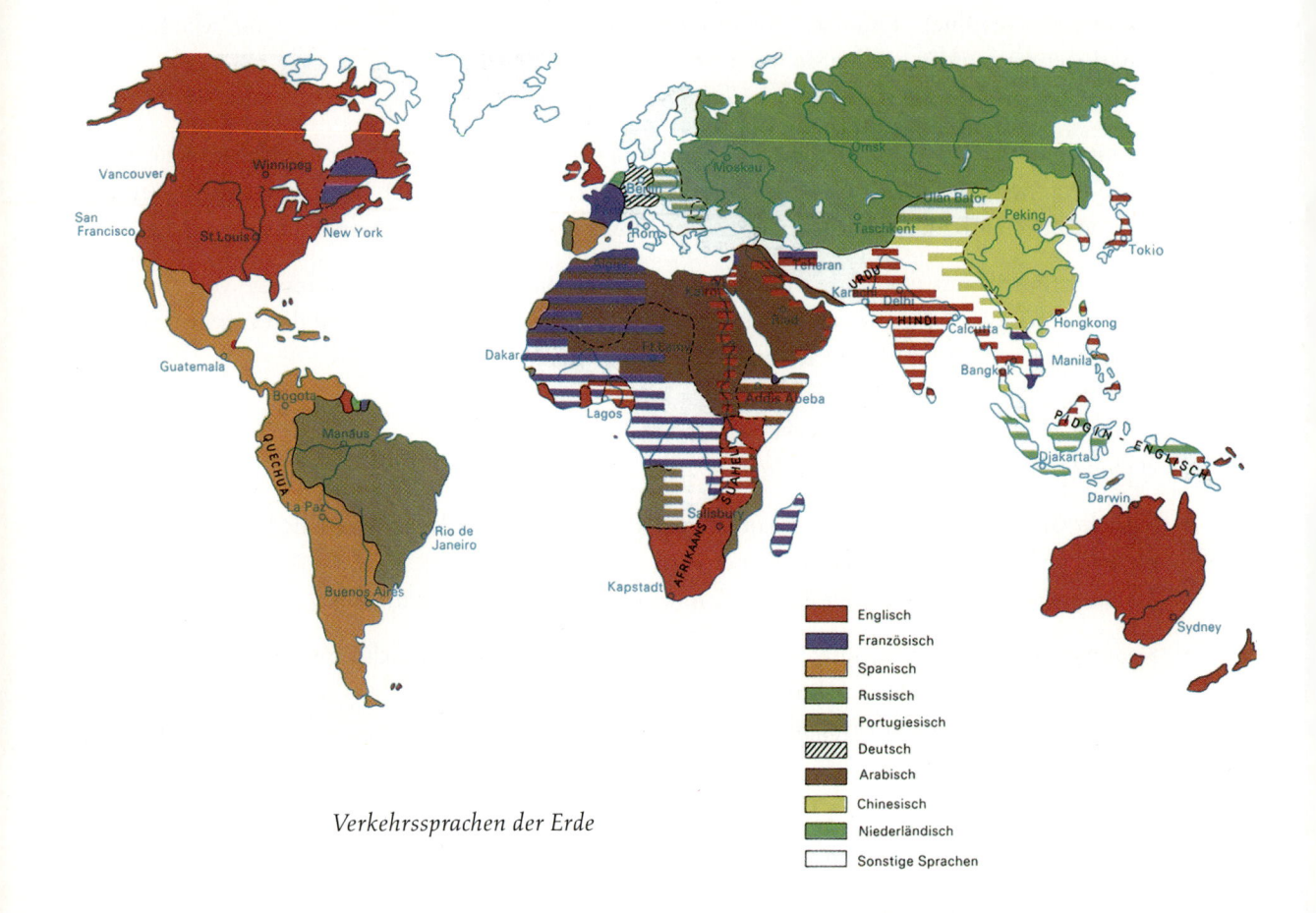

Verkehrssprachen der Erde

Legende:
- Englisch
- Französisch
- Spanisch
- Russisch
- Portugiesisch
- Deutsch
- Arabisch
- Chinesisch
- Niederländisch
- Sonstige Sprachen

1. Betrachte die Weltsprachkarte und ihre Legende. Beschreibe die Abbildung und ziehe Rückschlüsse im Hinblick auf die Aussage der Karte.
2. Auf der Erde werden ca. 10 000 Einzelsprachen gesprochen.
   a) Begründe, warum hier nur wenige Sprachen verzeichnet sind.
   b) Finde mögliche Ursachen dafür, warum europäische Sprachen wie Englisch, Französisch oder Spanisch auch in anderen Erdteilen so weit verbreitet sind.
3. Die deutsche Sprache wird weltweit von ca. 110 Millionen Menschen gesprochen. Beurteile ihren Stellenwert.
4. Englisch, zurzeit von ca. 1,5 Milliarden Menschen gesprochen, wird nach Meinung von Sprachwissenschaftlern die wichtigste Sprache des 21. Jahrhunderts sein. Nenne Gründe für die Bedeutung der englischen Sprache.

Sprachgeschichte und Lautveränderungen

Sprachen, die durch Herkunft und Geschichte miteinander verwandt sind, werden in Sprachfamilien zusammengefasst. Heute gibt es auf der Erde einige hundert Sprachfamilien, denen alle bekannten Sprachen zugeordnet werden können.
Das Deutsche gehört zur indoeuropäischen Sprachfamilie, die von Indien bis Europa reicht und mehr als zwei Milliarden Sprecher umfasst.

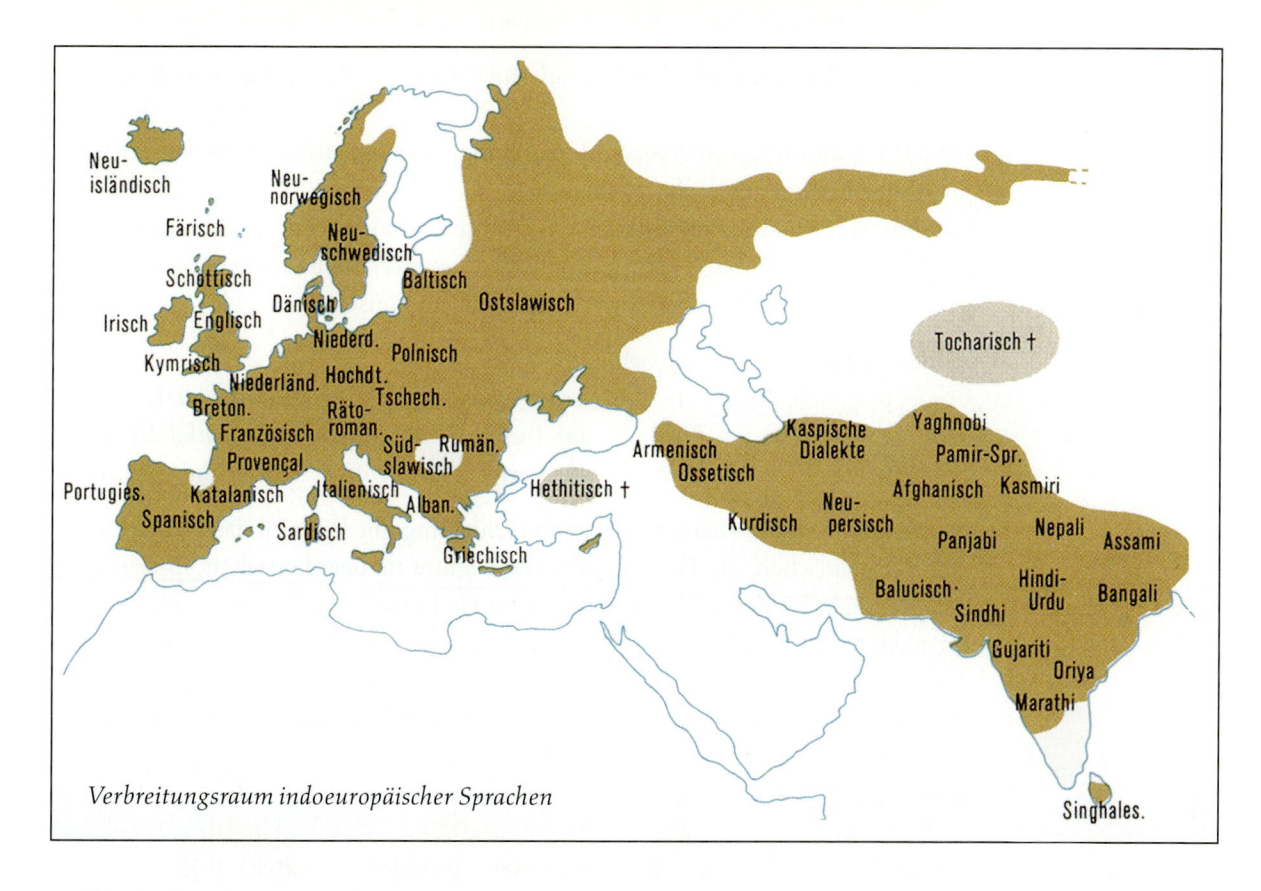

Verbreitungsraum indoeuropäischer Sprachen

5. Beschreibe, was auf der Karte zu sehen ist.
6. a) Lege eine Folie auf die Karte und zeichne die Umrisse ab.
   b) Ergänze mithilfe einer politischen Karte die jeweiligen Staatsgrenzen und die Namen der Staaten.
7. Formuliere Aussagen zu folgenden Punkten:
   - Gebiete, in denen indoeuropäische Sprachen gesprochen werden
   - Länder, in denen keine indoeuropäische Sprache gesprochen wird
   - Verbreitung der indoeuropäischen Sprachen auf der Erde.
8. Lege eine Tabelle mit den verschiedenen Sprachzweigen der indoeuropäischen Sprachfamilie (germanisch, indisch, slawisch, romanisch) an und ordne mithilfe der Karte die Sprachen den einzelnen Gruppen zu.

Das folgende Schaubild zeigt, wie sich die deutsche Sprache entwickelt hat.

Neuhochdeutsch ca. 18. Jahrhundert bis heute	
Frühneuhochdeutsch ca. 15. – 17. Jahrhundert	
Mittelhochdeutsch ca. 11. – 14. Jahrhundert	
Althochdeutsch ca. 7. – 10. Jahrhundert	
Germanisch ca. 1. – 6. Jahrhundert	2. Lautverschiebung
Indoeuropäisch ca. 3. Jahrtausend v. Chr.	1. Lautverschiebung

Bei der Entwicklung von einer Stufe zur anderen lassen sich verschiedene charakteristische Erscheinungen feststellen.

Eine wichtige Veränderung findet beim Übergang vom Indoeuropäischen zum Germanischen statt. Diese 1. oder germanische Lautverschiebung zeigt sich in allen germanischen Sprachen und betrifft besonders die Konsonanten.

indoeuropäisch		**germanisch**			
p	→	f	*griech.* poly	→	*gotisch* filu (*nhd.* viel)
t	→	Þ [th]	*lat.* frater	→	*gotisch* broÞar (*nhd.* Bruder)
k	→	h/ch	*lat.* cornu	→	*gotisch* haurn (*nhd.* Horn)

Durch die 2. oder hochdeutsche Lautverschiebung gliedert sich das Deutsche aus dem Germanischen aus. Die Veränderung beginnt im oberdeutschen Sprachraum, dem heutigen Süddeutschland, und bedingt die Entstehung des Althochdeutschen. Im niederdeutschen Sprachgebiet, dem heutigen Norddeutschland, das von der 2. Lautverschiebung nicht betroffen ist, entwickelt sich das Altniederdeutsche.
Die Veränderungen der 2. Lautverschiebung betreffen u. a. die Konsonanten.

germanisch: **p**   **t**   **k**

althochdeutsch: pf   ff   (t)z   ʒ(ʒ)/s(s)   k(ch)   (h)h

germanisch	opan	*ahd.*	offan	(*nhd.* offen)
germanisch	appla	*ahd.*	apful	(*nhd.* Apfel)
altsächsisch	holt	*ahd.*	holz	(*nhd.* Holz)
altsächsisch	etan	*ahd.*	eʒʒan	(*nhd.* essen)
altsächsisch	drinkan	*ahd.*	trinchan	(*nhd.* trinken)
altsächsisch	ik	*ahd.*	ih	(*nhd.* ich)

9. Zu den germanischen Sprachen, die die 2. Lautverschiebung nicht durchgeführt haben, gehört das Englische.
   a) Erläutere dies, indem du den folgenden englischen Wörtern ihre deutsche Übersetzung gegenüberstellst: *make, apple, pound, water, time, eat, open, two, foot, milk.*
   b) Suche weitere Beispielwörter, die zeigen, dass im Englischen die 2. Lautverschiebung nicht durchgeführt ist.

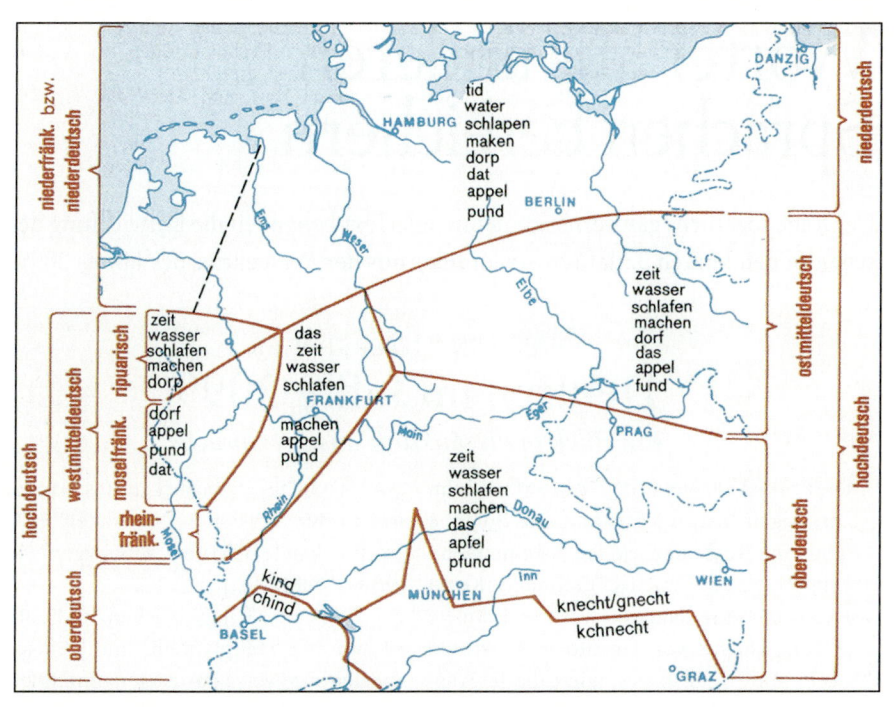

Gliederung der deutschen Dialekte nach den Grenzen der 2. Lautverschiebung

10. Erkläre, inwiefern bei den Wörtern der Karte die Regel der 2. Lautverschiebung wirksam geworden ist.
11. Warum werden die Sprachlinien im Rheingebiet als „rheinischer Fächer" bezeichnet?
12. a) Suche aus dem folgenden niederdeutschen Text alle Wörter mit p, t und k heraus, bei denen offensichtlich die 2. Lautverschiebung nicht durchgeführt wurde.
    b) Übertrage den Text ins Hochdeutsche.

Mine Heimat

Wo de Ostseewellen
Trecken an den Strand,
Wo de gele Ginster
Bleuht in'n Dünensand,
Wo de Möwen schriegen
Grell in't Stormgebrus,-
Da is mine Heimat,
Da bün ick tau Hus.

Well- un Wogenruschen
Wier min Weigenlied,
Un de bogen Dünen
Seg'n min Kinnertied,
Seg'n uck mine Sehnsucht
Un min heit Begehr,
In de Welt tau fleigen
Öwer Land un Meer.

Woll bet mi dat Leben
Dit Verlangen stillt,
Het mi allens geben.
Wat min Herz erfüllt,
Allens is verswunden,
Wat mi quält un drew,
Hev nu Freden funden,-
Doch de Sehnsucht blew.

Sehnsucht na det lütte,
Stille Inselland,
Wo de Wellen trecken
An den witten Strand,
Wo de Möwen schriegen
Grell in't Stormgebrus,-
Denn da is min Heimat,
Da bün ick tau Hus.

Martha Müller-Gräblert

Wörter aus anderen Sprachen bereichern

Der folgende, nicht ganz ernst zu nehmende Text behandelt die Entwicklung des Deutschen in den letzten 32 Jahren – allerdings aus der Perspektive des Jahres 2099.

HERMANN UNTERSTÖGER
Deutsch im Jahre 2099
Ein Blick in die Zukunft unserer Sprache

Die Frühjahrstagung 2067 des in Mannheim ansässigen Instituts für deutsche Sprache fand eine Resonanz wie lange keine mehr. Damals legte der Erlanger Germanist Kevin Ringseis seine lange erwartete Enquête „Deutsch heute" vor, der zufolge die Anzahl der Fremdwörter, insbesondere die der Anglizismen, erstmals die 50-Prozent-Grenze überschritten hatte. „It siems mi nur noch eine Kwestschn of Taim", sagte er, „bis wir endgültig sörrenden" – was die *Bild* anderntags mit der Schlagzeile „The winner is – English!" wiedergab.

[…] Bundespräsident Özcan aber riet im Fernsehen zur Besonnenheit: Ein Glas, halbvoll mit Fremdwörtern, sei doch immerhin auch zur Hälfte voll mit deutschen Söslern; man müsse das positiv sehen.

Das türkische „söz" für „Wort" begann sich damals gerade zum Lehnwort hochzuarbeiten. Ihm und vergleichbaren Vokabeln fiel das umso leichter, als ja, wie die Älteren unter uns vielleicht noch wissen, die Rechtschreibreform nach wie vor unerledigt beziehungsweise halbherzig realisiert durch die Gremien ging. […] Ein Beispiel zur Verdeutlichung: Das seinerzeit hochmodische, weil vom Russischen abstammende Wort „saftraken" für „frühstücken" („sáwtrakat") war in den Versionen „sawtraken" (*FAZ*), „safftracken" (*Welt*) und „sabtraggen" (*Spiegel*) verbreitet. […]

Zu Zeiten der Ringseis'schen Studie stand es um die Hauptanteile am Deutschen (beziehungsweise am „sogenannten Deutschen", wie konservative Blätter voll Ironie zu schreiben pflegten) folgendermaßen: 50 Prozent der Wörter waren deutsch, eingeschlossen jenes längst als deutsch anerkannte Wortgut, das mit „Flyer", „Browser" oder „Just-in-time-Management" zu umreißen ist. An Anglizismen neueren Datums zählte man 34 Prozent; […] sodann gab es zwölf Prozent sogenannte Turkizismen, zum Beispiel „gützlig" für „hübsch" oder „jemecken" für „essen". Die restlichen vier Prozent stammten aus diversen Sprachen, wobei wie erwähnt das Russische für besonders schick angesehen wurde. […]

Seitdem sind 32 Jahre vergangen, das Jahrhundert neigt sich dem Ende zu. Wir alle wissen, welche Wandlungen das Deutsche, von den Fremdwörtern einmal abgesehen, seit 2000 durchgemacht hat.

(Süddeutsche Zeitung, 24./25.7.1999, S. 1)

1. Beschreibe, wie sich nach Ansicht des Verfassers das Deutsche in der Zukunft entwickelt.
2. Diskutiert die Wirkung des Textes auf euch und bestimmt die Textsorte.
3. Schreibe alle unbekannten Wörter aus dem Text heraus und kläre ihre Bedeutung.
4. Stelle mithilfe der Beispiele aus dem Text dar, wie sich ein Wort aus einer anderen Sprache im Deutschen zum Lehnwort entwickelt.
5. Nenne den Unterschied zwischen Lehnwort und Fremdwort.
6. Unterscheide die echten und erfundenen Fremd- und Lehnwörter im Text.

Fremd- und Lehnwörter

> Der Wortschatz des Deutschen hat sich im Laufe der Zeit immer wieder verändert bzw. erweitert. Die meisten Wörter sind allerdings **Erbwörter**, die seit jeher der deutschen Sprache angehören, z.B. *Frau, Bruder, Vater, Wagen*.
>
> Die **Lehnwörter** wurden aus einer anderen Sprache übernommen, haben sich aber in Aussprache, Schreibung und Grammatik dem Deutschen angepasst. Besonders aus dem Lateinischen sind zahlreiche Wörter eingedeutscht worden, z.B. *fenestra (Fenster), tabula (Tafel), moneta (Münze)*. **Fremdwörter** sind Wörter aus einer anderen Sprache, die sich dem Deutschen nicht angepasst haben, z.B.: *Omelette, Party, Gangway*.

7. Besonders die Klosterkultur des Mittelalters hat dem Deutschen zahlreiche Lehnwörter aus dem Lateinischen gebracht: *Schule (schola), Tinte (tincta), Tafel (tabula), Meister (magister), Brief (breve), Griffel (graphium)*.
   Stellt Vermutungen darüber an, warum gerade in den Bereichen Bildung und Schrift so viele Wörter aus dem Lateinischen übernommen worden sind?
8. Welche deutschen Lehnwörter sind aus den folgenden lateinischen Wörtern entstanden: *plantare, caesar, pila, capella, abbas, templum, cella, fructus, tegula, regula*?
9. Bei welchen dieser Wörter wurde die 2. Lautverschiebung durchgeführt?

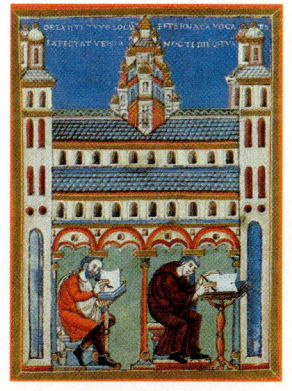

In der Zeit des deutschen Absolutismus (16./17. Jahrhundert) galt Französisch als die Sprache der gebildeten und adeligen Kreise. Man orientierte sich am Frankreich Ludwigs XIV. Auch wer der französischen Sprache nicht mächtig war, versuchte möglichst viele Fremdwörter zu verwenden, um gebildet zu erscheinen:

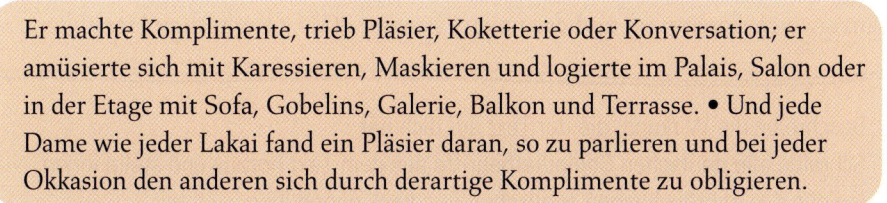

Mittelalterliche Miniatur

> Er machte Komplimente, trieb Pläsier, Koketterie oder Konversation; er amüsierte sich mit Karessieren, Maskieren und logierte im Palais, Salon oder in der Etage mit Sofa, Gobelins, Galerie, Balkon und Terrasse. • Und jede Dame wie jeder Lakai fand ein Pläsier daran, so zu parlieren und bei jeder Okkasion den anderen sich durch derartige Komplimente zu obligieren.

10. Suche im Wortspeicher die aus dem Französischen stammenden Fremdwörter.
11. Unterscheide, für welche dieser Wörter du einen deutschen Ausdruck finden kannst und welche Wörter sich nur umschreiben lassen?
12. Suche weitere Fremdwörter aus dem Französischen, die Eingang in die deutsche Sprache gefunden haben.
13. Neben dem Englischen, Französischen und Lateinischen hat das Deutsche auch Wörter aus etlichen anderen Sprachen übernommen. Ermittle mithilfe eines Wörterbuches zur Wortgeschichte (etymologisches Wörterbuch) die Herkunft folgender Wörter:

> Orange • Karat • Salat • Algebra • Alkali • Kutte • Alkohol • Kanone • Pistole • Schimpanse • Sauna • Gulasch • Moschee • baggern • Hai • Lotterie • Roboter • Vampir • Konto • Marzipan • Sofa • Paradies • Kiosk • Puma • Judo • Shampoo • Dschungel • Halunke • Espresso • dalli

Das kommt mir aber spanisch vor!

Schätzer für Anfänger

Den meisten von uns ist klar, dass das englische Wort „Computer" vom Verb „compute" (rechnen, schätzen) kommt, dass ein Computer also ein Rechner oder Schätzer ist. Aber noch immer gibt es viele Zeitgenossen, die vielleicht gerade erst anfangen, sich mit diesem komplexen Thema etwas näher zu befassen.

Beginnen wir vielleicht mit den einfachen Dingen, die wir sehen, anfassen und damit auch noch begreifen können! Alle Bausteine eines Schätzers werden als Hartware bezeichnet. Es ist sehr wichtig, dass man bei der Auswahl der Hartware sorgsam ist, denn nur auf guter Hartware kann die Weichware richtig schnell laufen. Bei der Hartware ist das Mutterbrett von besonderer Bedeutung. Damit auch anspruchsvolle Weichware gut läuft, müssen mindestens 256 Riesenbiss Erinnerung eingebaut sein. Natürlich gehört neben dem 3 $^1/_2$-Zoll-Schlappscheibentreiber auch eine Dichtscheiben-Lese-nur-Erinnerung zur Grundausrüstung.

Eine Hartscheibe mit 40 Gigantischbiss dürfte für die nächsten zwei bis drei Jahre ausreichend Platz für Weichware und Daten bieten. Wenn wir unseren persönlichen Schätzer auch zum Spielen benutzen wollen, sollten wir uns neben der Maus auch noch einen Freudenstock und ein gutes Schallbrett anschaffen.

Damit die Weichware auf unserer Hartware überhaupt laufen kann, braucht es ein Betriebssystem. Es empfiehlt sich heute, ein solches mit einem graphischen Benutzer-Zwischengesicht zu installieren. Besonders weitverbreitet sind die Systeme Winzigweich-Fenster 98 und das neuere Fenster 2000 des gleichen Herstellers.

1. Beschreibe die Wirkung, die der Text auf dich hat.
2. Schreibe alle deutschen Computerbegriffe aus dem Text heraus und stelle ihnen jeweils den gebräuchlichen englischen Ausdruck gegenüber.
3. Begründe, warum sich das Englische als Computersprache durchgesetzt hat.
4. Suche weitere englische Begriffe, die mit Computer und Internet in Verbindung stehen, und kläre ihre Bedeutung. Überlege, wo du nachschlagen kannst, wenn dir keine weiteren Begriffe einfallen.
5. Diskutiert die Aussage: Fachsprache gleich Fremdsprache.
6. Sucht in Gruppenarbeit Fachwörter aus den folgenden Bereichen und klärt die Bedeutung: Mode • Popmusik • Trendsportarten

> **!** Die **Fachsprache** ist Ausdruck der Spezialisierung in verschiedenen Bereichen unserer Gesellschaft und dient der präzisen Verständigung von Fachleuten in einem bestimmten Tätigkeitsfeld, z.B. im Beruf, bei Hobbies, in Wissenschaft und Politik.

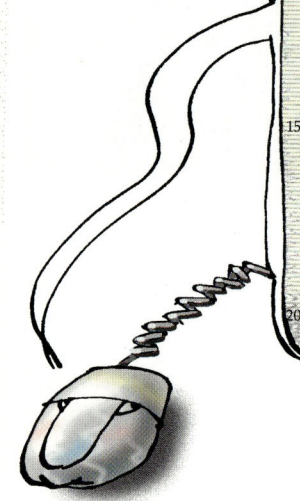

Fach- und Gruppensprachen

Hey Freaks, moved euch weg, ich geb' gerade abartig Stoff.

Krasse Vibrations, die ich mir durch die Schoten pfeife.

Kotzmäßig! Ich bin mega abgepinkelt vom Bladen.

7. Übertrage die Inhalte der Sprechblasen in die Standardsprache und sprecht über mögliche Schwierigkeiten, die ihr hattet oder die Erwachsene haben könnten.
8. Beurteile die Aktualität dieser jugendsprachlichen Ausdrücke und erkläre, warum sich der Wortschatz der Jugendsprache sehr schnell verändert.
9. Begründe die Beliebtheit von Superlativen wie *mega*, *ultra* und *super* in der Sprache der Jugendlichen.
10. a) Schreibe einen Text, in dem du von deiner Lieblingsbeschäftigung schwärmst (Computer, aktuelle Musik, Basketball …).
    b) Präsentiert eure Texte und sammelt auf einem Plakat alle Ausdrücke, die entweder einer Fachsprache oder der Jugendsprache zuzuordnen sind.
    c) Diskutiert, ob die Zuordnung immer eindeutig gelingt.
11. Sammelt Synonyme aus der Jugendsprache für: Eltern, Schule, Lernen, Geld. Untersucht jeweils, ob die Wörter unterschiedliche Wertungen enthalten.

Sondersprachen dienen dazu, die Zusammengehörigkeit einer bestimmten Gruppe der Gesellschaft zu demonstrieren und diese damit zugleich gewollt oder ungewollt abzugrenzen. Dazu gehören **Berufs- oder Fachsprachen**, Geheimsprachen sowie **Gruppensprachen**.
Eine Gruppensprache wie die Jugendsprache ist an aktuellen Trends orientiert, weswegen ihr Wortschatz schnell veraltet.

Vielfalt ist Reichtum

Bezeichnungen für Junge und Mädchen im deutschen Sprachgebiet

1. Suche die drei am weitesten verbreiteten mundartlichen Bezeichnungen für Junge und Mädchen aus den Karten heraus.
2. Ermittle aus den Sprachkarten, welche mundartlichen Ausdrücke in den Hauptstädten der einzelnen Bundesländer gesprochen werden. Nimm dabei den Atlas zu Hilfe.
3. Welche mundartlichen Ausdrücke für Junge und Mädchen kennst du? Vergleiche deine Dialektwörter mit den Sprachkarten.
4. Übertrage folgende Wörter in deine Mundart: *Bonbon, Mund, hinten, nichts, Brötchen, erzählen, arbeiten.*
   Welche weiteren mundartlichen Ausdrücke für diese Wörter kennst du?
5. Sammelt mundartliche Begrüßungsformeln und ordnet sie den einzelnen deutschen Bundesländern bzw. Dialekten zu.

Dass auch mundartliche Texte nicht nur oberflächlich und beschaulich sein müssen, sondern durchaus ernste Anliegen zum Ausdruck bringen können, beweist das Gedicht des mittelfränkischen Autors Harald Weigand auf der nächsten Seite.

leber unner Sproch (1998)

Es wern immer wenger,
die wu unner Sproch verstenna.
Noma, Ausdrick, Socher[1] und Sprich sterm middi Breich,
vill senn scho wia lebendia Leich,
5 grod nu vo a bor Alta benitzt,
korz vor ihrm End, net denkmolgschitzt.

Mer kannsi sammln, erfoschn, kadalogisiern,
an ercherdwelche Wänd hieschmiern.
Mer kannsi ah in Gedichte steckn,
10 obber nie mehr richti zum Lehm erweckn.
Und werns dann villeicht sogor gedruckt,
haddsi ball der Biecherschrank verschluckt.

Harald Weigand

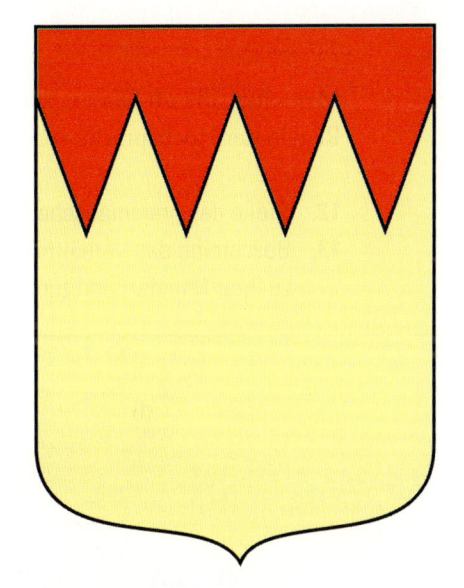

---

6. Übertrage den Text in die deutsche Hochsprache und schreibe ihn in dein Heft. Beurteile die Wirkung der hochdeutschen Fassung.
7. Welche auffälligen sprachlichen Unterschiede zwischen der fränkischen Mundart und dem Hochdeutschen lassen sich feststellen?
8. Beurteile die Auffassung des Autors über die Zukunft der Mundarten.
9. Nenne Situationen, in denen besonders häufig Dialekt gesprochen wird.
10. Welche Vorteile hat die Mundart in bestimmten Situationen gegenüber der Hochsprache? Begründe deine Meinung.
11. a) Begründe, warum in den folgenden Bereichen des täglichen Lebens die Hochsprache verwendet werden muss.

- Briefverkehr mit Versicherungen und Behörden
- öffentliche Vorträge und Ansprachen
- schriftliches Arbeiten in der Schule
- Anweisung zum Zusammenbau eines Schrankes
- Artikel in der Tageszeitung
- wissenschaftliches Buch

b) Nenne weitere Lebensbereiche, in denen die Hochsprache gesprochen wird.

---

[1] Aussagen

Mia un mich fäwexel ich nich,
dat kompt bei mich nich foa.
Ich hapm klein'n Mann im Oa,
däa sacht mich allet foa.

(Ruhrgebiet)

Ick liebe dir, ick liebe dich –
wie's richtig heißt – det weeß ick nich,
und is mich auch Pomade.
Ick lieb nich uff den ersten Fall,
5 ick lieb nich uff den zweiten Fall –
Ick liebe dir uff jeden Fall.

(Berlin)

Menschen, die oft Dialekt sprechen, haben manchmal Probleme, wenn sie nach den Regeln der Hochsprache sprechen oder schreiben sollen.

12. Stelle das grammatische Problem dar, das in beiden Versen deutlich wird.
13. Beschreibe das Verhältnis der Menschen, das in diesen Texten vermittelt wird, zu ihrer Mundart und zur überregionalen Hochsprache und ihren Regeln.

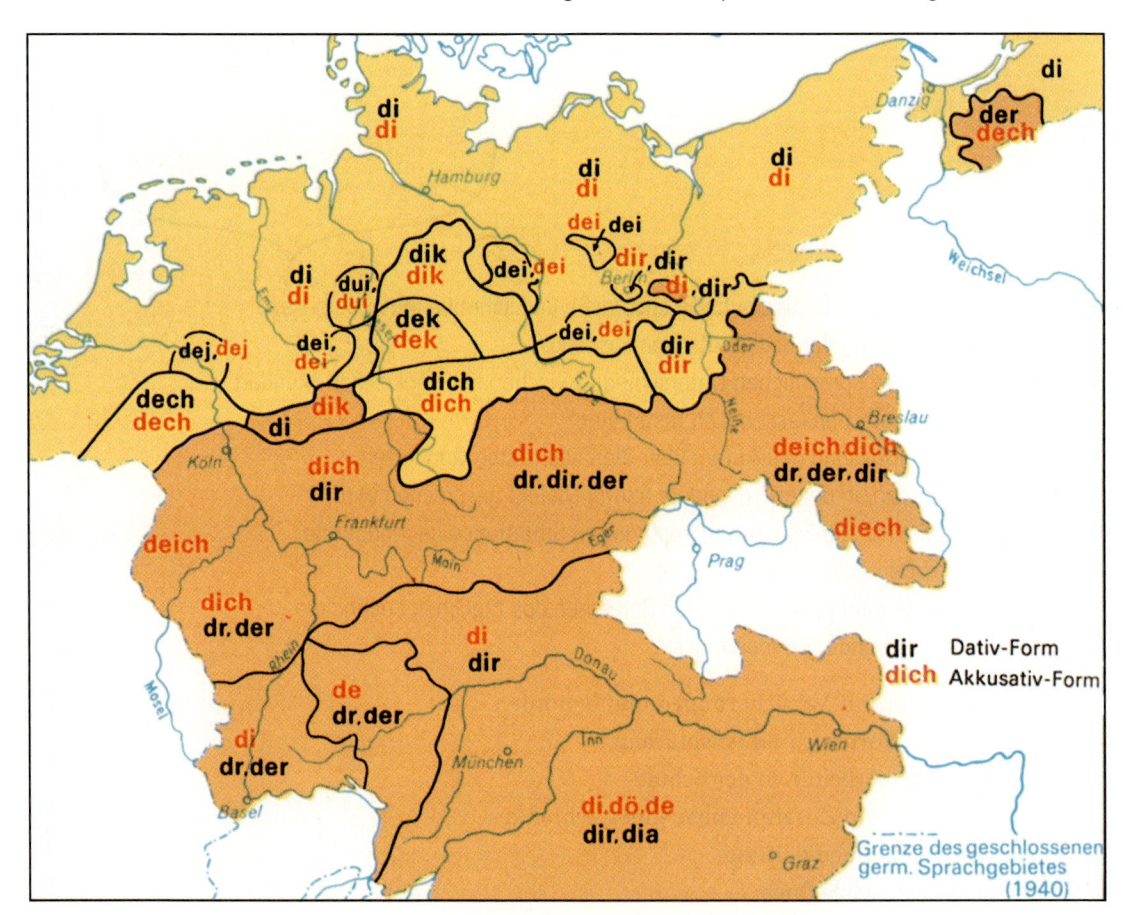

14. Diese Karte zeigt die unterschiedliche Verwendung von Dativ und Akkusativ beim Personalpronomen der zweiten Person. Erkläre den Einsatz unterschiedlicher Farben und was die Karte insgesamt verdeutlicht.
15. Erläutere mithilfe der Karte, welches Problem der Berliner Sprecher hat.
16. Vergleicht die Form des Pronomens in der zweiten Person in eurer Gegend mit den Angaben der Karte. Diskutiert darüber in der Klasse. Beurteilt die Genauigkeit der Karte.

Reden, wie einem der Schnabel gewachsen ist

Ihr könnt euch in weiteren Untersuchungen mit dem Thema *Mundart* bzw. *Dialekt* auseinandersetzen. Diskutiert zusammen die folgenden Vorschläge und bildet Projektgruppen, die sich jeweils mit einem Bereich beschäftigen. Tragt die Ergebnisse zusammen und präsentiert sie (anlässlich eines Projekttages) euren Mitschülern.

1. Gestaltet kurze Spielszenen in Mundart zu folgenden Situationen:
   - Gespräch im Fußballstadion zwischen Fans gegnerischer Vereine,
   - Unterhaltung im Pausenhof über eine unerwartete Stegreifaufgabe,
   - Beschwerde einer älteren Frau über Aussehen und Verhalten eines jungen Mädchens.
2. Übt einen Sketch oder ein kurzes Theaterstück in Mundart ein.
3. Sucht Songs und Lieder, die in Mundart vorgetragen werden.
4. Schreibt eine Erzählung eigener Wahl in eure Mundart um.
5. Studiert die Programme der regionalen deutschen Fernsehsender und zeichnet Dialektbeiträge auf.
6. Befragt die Deutschlehrkräfte an eurer Schule über ihre Erfahrungen mit Schülerinnen und Schülern, die Dialekt sprechen.
7. Führt in eurem Wohnort eine Umfrage über die Einstellung der Menschen zum Dialekt durch.
8. Bestimmt gibt es in eurer Nähe eine Mundartautorin bzw. einen Mundartautor. Interviewt sie/ihn oder organisiert eine Dichterlesung an eurer Schule.

Ein Brett vor dem Kopf ...

Aus allen Wolken gefallen ...

Jasmin ging im Auftrag ihrer Mutter zum Einkaufen. Die Gedanken des Mädchens kreisten noch um die Mathe-Klassenarbeit, bei der es die Lösungen locker aus dem Ärmel hatte schütteln können. Leider hatte ihre Freundin Judith ein Brett vor dem Kopf und kam mit den Aufgaben nicht klar.
5 Nachdem Jasmin ihren Einkaufswagen gefüllt hatte, stellte sie sich an der Kasse an. Allerdings fiel das junge Mädchen aus allen Wolken, als beim Zahlen Mutters Geldbörse unauffindbar war. Die Kassiererin beruhigte Jasmin und meinte, sie solle nur nicht den Kopf verlieren. Diese aber nahm sich die Sache sehr zu Herzen und fürchtete, ihre Mutter würde deswegen noch ein
10 Hühnchen mit ihr rupfen.

1. Schreibe alle Redewendungen des Textes heraus und erkläre ihre Bedeutung.
2. Erkläre den häufigen Gebrauch von Redewendungen.
3. Bestimme die Unterschiede zwischen Sprichwörtern und Redewendungen. Nenne Beispiele.
4. **a)** Formuliere zu jedem Bild die passende Redewendung.
   b) Erkläre mithilfe der Bilder, aus welchen Bereichen des Lebens oder der Geschichte die folgenden Redewendungen kommen.
   c) Welche übertragene Bedeutung haben die gezeichneten Redewendungen im heutigen Sprachgebrauch?

5. Was bedeuten die folgenden Redewendungen und aus welchen Bereichen stammen sie?

- jemandem auf den Zahn fühlen
- jemandem reinen Wein einschenken
- jemandem auf die Beine helfen
- alle Trümpfe in der Hand haben
- alles auf eine Karte setzen
- sich kein X für ein U vormachen lassen
- von einer Sache nicht viel Aufhebens machen

6. Besonders häufig erscheinen einzelne Körperteile in Redewendungen. Suche Beispiele mit *Auge, Kopf, Herz, Ohr, Bein, Schulter, Finger* und *Haar*.
7. In einigen Redewendungen haben sich Wörter aus der Vergangenheit erhalten, die in der Standardsprache ausgestorben sind.
    a) Suche Redewendungen, in denen folgende Wörter vorkommen: *Harnisch, Federlesens, Denkzettel, Oberwasser, Standpauke, Laufpass, Maulaffe, Kerbholz*.
    b) Kläre jeweils die übertragene Bedeutung jeder Wendung.
    c) Informiere dich mithilfe eines Wörterbuches zur Wortgeschichte über die Herkunft und die ursprüngliche Bedeutung dieser Wörter.
8. In unsere Sprache werden ständig neue Redewendungen aufgenommen. Besonders gilt dies für Ausdrücke aus dem Bereich des Sports.

- ein Eigentor schießen
- der Schrittmacher sein
- Tiefschläge einstecken müssen
- um Längen geschlagen werden

Stelle jeweils die wörtliche und übertragene Bedeutung einander gegenüber und suche weitere Beispiele.

Redewendungen arbeiten mit **sprachlichen Bildern** und **übertragenen Wortbedeutungen**. Dadurch lassen sich bestimmte Verhaltensweisen oder Sachverhalte sehr lebendig und anschaulich darstellen.
Die Herkunft vieler Redewendungen liegt in den Lebensbereichen der Vergangenheit (Rittertum, Handel, Handwerk). In manchen Redewendungen haben sich noch Wörter erhalten, die in der Hochsprache (auch: Standardsprache) bereits ausgestorben sind.
Die deutsche Sprache übernimmt ständig neue Redewendungen, z. B. aus dem Bereich des Sports.

Das Referat gliedern und schreiben

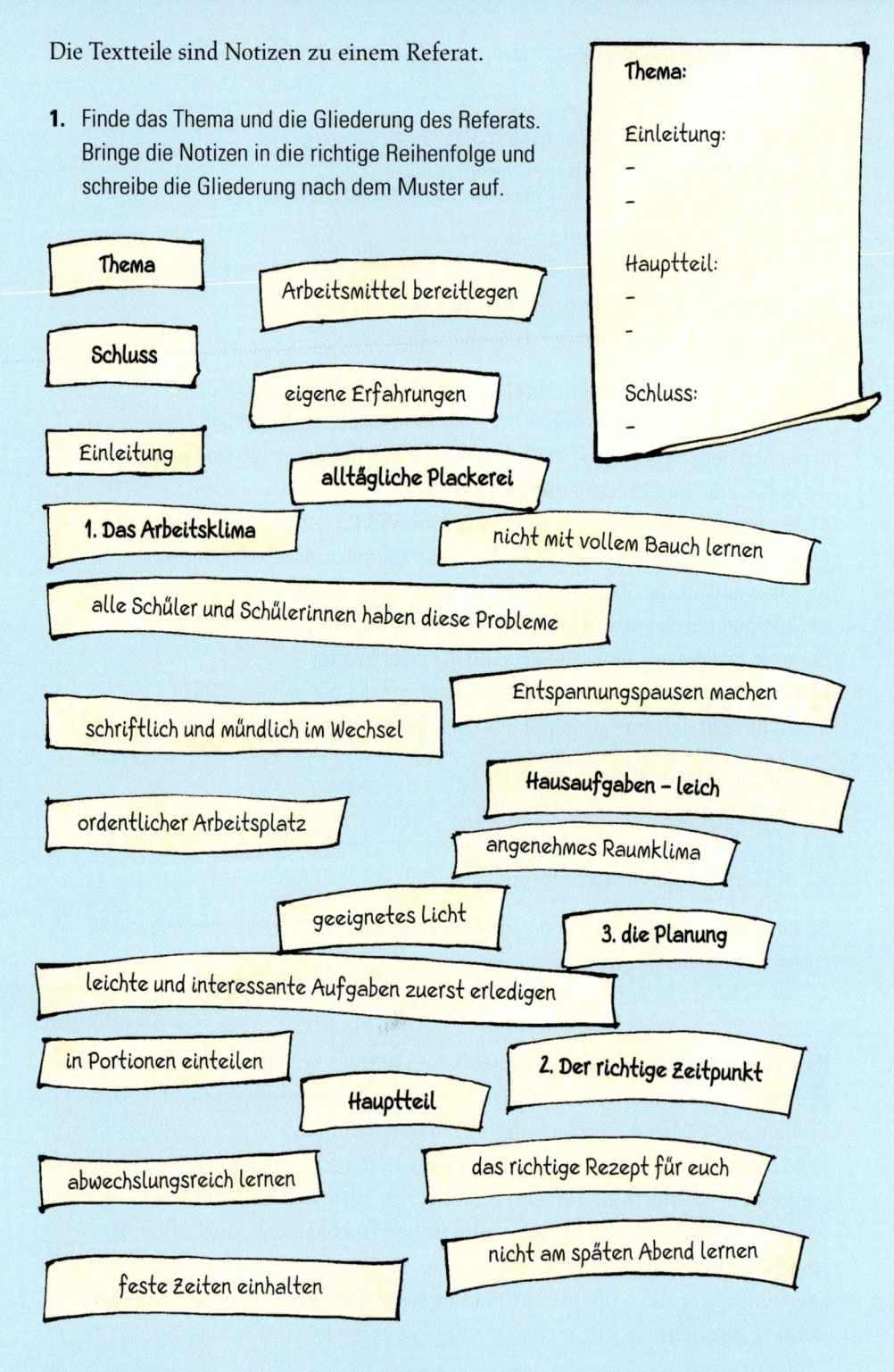

Die Textteile sind Notizen zu einem Referat.

1. Finde das Thema und die Gliederung des Referats. Bringe die Notizen in die richtige Reihenfolge und schreibe die Gliederung nach dem Muster auf.

> **Thema:**
>
> Einleitung:
> -
> -
>
> Hauptteil:
> -
> -
>
> Schluss:
> -

- Thema
- Arbeitsmittel bereitlegen
- Schluss
- eigene Erfahrungen
- Einleitung
- alltägliche Plackerei
- 1. Das Arbeitsklima
- nicht mit vollem Bauch lernen
- alle Schüler und Schülerinnen haben diese Probleme
- Entspannungspausen machen
- schriftlich und mündlich im Wechsel
- Hausaufgaben – leich
- ordentlicher Arbeitsplatz
- angenehmes Raumklima
- geeignetes Licht
- 3. die Planung
- leichte und interessante Aufgaben zuerst erledigen
- in Portionen einteilen
- 2. Der richtige Zeitpunkt
- Hauptteil
- abwechslungsreich lernen
- das richtige Rezept für euch
- nicht am späten Abend lernen
- feste Zeiten einhalten

2. Schreibe mithilfe der Gliederung ein Referat zum Thema *Hausaufgaben – leicht gemacht*.

3. Versuche, für den von dir gewählten Autor bzw. die von dir gewählte Autorin (S. 91, Aufgabe 4) ein solches „Thesenpapier" zu erstellen. Du kannst dabei selbst entscheiden, unter welchem Gesichtspunkt du den Autor/die Autorin behandeln willst (Biografie, Epochenzugehörigkeit o. a.).

Christiane Müller und Simone Schneider   Klasse 9a

Hans Jakob Christoffel von Grimmelshausen – Leben und Werk

1. Leben
- *vermutlich 17. 3. 1621 † 17. 8. 1676
- über Lebenslauf nur aus Quellen (Urkunden über berufliche Tätigkeit, eigener Roman „Der Abentheurliche Simplicissimus Teutsch") Rückschlüsse möglich
- schrieb unter verschiedenen Pseudonymen
- Besuch der Lateinschule in Geburtsstadt Gelnhausen (Hessen)
- konvertiert vor 1649 zum Katholizismus
- nach 1648 Verwalter, <u>Beamter und Gastwirt am Oberrhein</u> *gleichzeitig!*
- nach 1667 im Dienst des Straßburger Bischofs
- in dieser Zeit fruchtbare schriftstellerische Tätigkeit

2. Das Werk
2.1 Allgemeines
  - Hintergrund: gebildeter Autor mit scharfer Beobachtung und lebendiger Darstellung
  - bevorzugt literarische Gattung des Romans
  - Themen ganz verschieden: Elemente des traditionellen höfischen Romans (Liebesgeschichte, Intrigen, Bewährung des Helden), des Idealromans (Belohnung erhält der, der christliche Tugenden befolgt) → *Histori vom keuschen Joseph*

2.2 „Der Abentheurliche Simplicissimus Teutsch" *5 Bände!*
  - bekanntestes Werk
  - Typus des Pikaroromans (Schelmenroman) : *hier unschuldiger Held, der allen Wahrheit ins Gesicht sagt*
  - Darstellung der Ereignisse des Dreißigjährigen Krieges anhand der <u>Biographie des Simplicissimus</u> → *Soldat, Bauer, Räuber, Pilger, Einsiedler*
  - zentrale Aussage: Sinnenwelt wird durch Geisteswelt überwunden

3. Literatur
  Microsoft Enzyklopädie Encarta plus 99
  Das neue Taschen-Lexikon, Gütersloh, 1992

---

4. Schreibe nun das Referat zu deinem Autor/deiner Autorin unter Beachtung der Regeln im Kasten auf.

> Beachte beim Schreiben den Spannungsbogen und deine Gliederung. Einleitung, Hauptteil und Schluss müssen unterscheidbar sein. Im Hauptteil musst du die Inhalte vom Unwichtigen zum Wichtigen strukturieren. Die Sätze müssen kurz und klar sein.
> Vermeide lange Sätze mit vielen Nebensätzen. Überarbeite dein Referat mithilfe eines Wörterbuchs.
> Wenn du das, was andere über dein Thema geschrieben haben, wörtlich wiedergeben willst, musst du das als Zitat kenntlich machen.

Sich mit poetischen Texten auseinandersetzen

Wirf deine Angst in die Luft!

1. Diese Bilder haben *Angst* zum Thema. Beschreibt sie und sprecht darüber, welche unterschiedlichen Ängste dargestellt und wie sie mit Farben und Formen zum Ausdruck gebracht werden.
2. Sammle in einem Cluster Ausdrucksformen von Angst bei Menschen.

Links: Edvard Munch (1863–1944), Angst
Unten: Johann Heinrich Füssli (1741–1825), Der Nachtmahr

3. Wovor hast du selbst Angst? Stelle verschiedene Aspekte zu dieser Frage in einem Begriffsstern zusammen oder schreibe ein Akrostichon[1] zum Begriff.
4. Schreibe zu einem der Bilder ein Gedicht oder eine Geschichte zum Thema *Angst*.

---
[1] Bei einem Akrostichon bilden die Anfangsbuchstaben der Verse das jeweilige Wort; hier „Angst".

Angst als Grundstimmung im Gedicht

Der Feuerreiter

Sehet ihr am Fensterlein
Dort die rote Mütze wieder?
Nicht geheuer muss es sein,
Denn er geht schon auf und nieder.
5 Und auf einmal welch Gewühle
Bei der Brücke, nach dem Feld!
Horch! Das Feuerglöcklein gellt:
    Hinterm Berg,
    Hinterm Berg
10 Brennt es in der Mühle!

Schaut! Da sprengt er wütend schier
Durch das Tor, der Feuerreiter,
Auf dem rippendürren Tier,
Als auf einer Feuerleiter!
15 Querfeldein! Durch Qualm und Schwüle
Rennt er schon und ist am Ort!
Drüben schallt es fort und fort:
    Hinterm Berg,
20   Hinterm Berg
Brennt es in der Mühle!

Der so oft den roten Hahn
Meilenweit von fern gerochen,
Mit des heilgen Kreuzes Span
25 Freventlich die Glut besprochen –
Weh! Dir grinst vom Dachgestühle
Dort der Feind im Höllenschein.
Gnade Gott der Seele dein!
    Hinterm Berg,
30   Hinterm Berg
Rast er in der Mühle!

Keine Stunde hielt es an,
Bis die Mühle borst in Trümmer;
Doch den kecken Reitersmann
35 Sah man von der Stunde nimmer.
Volk und Wagen im Gewühle
Kehren heim von allem Graus;
Auch das Glöcklein klinget aus:
    Hinterm Berg,
40   Hinterm Berg
Brennt's! –

Nach der Zeit ein Müller fand
Ein Gerippe samt der Mützen
Aufrecht an der Kellerwand
45 Auf der beinern Mähre sitzen:
Feuerreiter, wie so kühle
Reitest du in deinem Grab!
Husch! da fällt's in Asche ab.
    Ruhe wohl,
50   Ruhe wohl
Drunten in der Mühle!

Eduard Mörike (1804–1865)

---

1. Verfasse zu dem in diesem Gedicht geschilderten Geschehen eine Zeitungsmeldung für die Rubrik *Vermischtes*.
2. **a)** Warum kann diese Meldung wesentlich kürzer ausfallen als Mörikes Text?
   b) Welche Gedichtform hat Mörike verwendet? Begründe deine Aussage, indem du auf einige Merkmale dieser Form eingehst.
3. Schreibe Textstellen heraus, die die Angst als Grundstimmung in diesem Gedicht zeigen.

4. Untersuche den Aufbau des Gedichts. Wie wird die Handlung vorbereitet, wie wird die Spannung aufgebaut und wo liegt der Höhepunkt?
5. Mörike baut seinen Text auf einem bildlichen Darstellungsmittel auf.
   a) Zeige, um welches es sich handelt.
   b) Setze das Gedicht auf dieser Grundlage in ein eindrucksvolles Bild um. Frage deine Lehrkraft in Kunst nach möglichen Gestaltungsmitteln.
6. Studiert gemeinsam in Gruppen einen effektvollen Vortrag des Gedichts ein, der die Stimmung gut zum Ausdruck bringt.

Umgehen mit der Angst

Angstlied

Bestellt bin ich und werde dafür bezahlt,
der Apparatur zu dienen, die mir nicht gehört,
die wie ein Gott mein Menschenleben
bestimmt, beherrscht, verbraucht, verzehrt.

5 Lärm ist ihr Atem, Arbeitshetze
und Lichtreiz, der die Sinne plagt.
Sie brütet Gier und Unbehagen,
Verzehrrausch, der sich nichts versagt.

    Ich habe Angst, zu ihr zu gehn.
10 Ich brauche sie, soll ich bestehn.

    Ich habe Angst, ich komm zu spät.
    Der andere pflückt, was ich gesät.

Ich habe Angst. Doch dreh ich mich.
Als Zahnradzacke kreise ich.
15 Lichtreiz und Lärm und Leistungswillen:
Wir winden uns und schrauben uns im Leerlauf,
Gier ist nicht zu stillen.

    Ich habe Angst.
    Ich drehe mich.
20 Im Leerlauf kreise ich.
    O hintergründige, gemeine Angst.

Josef Büscher (geb. 1918)

1. Die Angst ist für dieses Gedicht titelgebendes Grundmotiv.
   a) Untersuche, wer hier vor wem Angst hat und wie sich die Empfindung der Angst äußert.
   b) Wie geht das lyrische Ich mit der Angst um?

> **!** Unter dem lyrischen Ich versteht man das Ich, das in einem Gedicht spricht. Es muss nicht mit der Person des Autors übereinstimmen.

2. Der Autor bezeichnet sein Gedicht als Lied.
   a) Nenne die liedhaften Elemente des Textes.
   b) Stelle einen Bezug her zwischen der Form des Liedes und der Stimmung.

> Das **Lied** ist eine verhältnismäßig schlichte lyrische Grundform. Sie ist durch eine einfache strophische Gliederung mit einfachen Reimstrukturen gekennzeichnet (meist Kreuz- oder Paarreim).

3. Untersuche, welche klanglichen Mittel im folgenden Gedicht vorkommen (Reim, Alliteration usw.) und welche Funktion sie jeweils haben.
4. Ihr könnt mit dem folgenden Gedicht auch kreativ umgehen. Wählt eine der neben dem Gedicht *Noch bist du da* stehenden Möglichkeiten oder überlegt euch eine weitere.

Ganz anders als Büscher geht die Dichterin Rose Ausländer mit der Empfindung Angst um.

Noch bist du da (1977)

Wirf deine Angst
in die Luft

Bald
ist deine Zeit um
5 bald wächst der Himmel
unter dem Gras
fallen deine Träume
ins Nirgends

Noch
10 duftet die Nelke
singt die Drossel
noch darfst du lieben
Worte verschenken
noch bist du da

15 Sei was du bist
gib was du hast.

Rose Ausländer (1901–1988)

> - Produziert eine Wort-Klang-Collage zu dem Gedicht, das einen eindrucksvollen Vortrag mit Geräuscheffekten und Musikeinspielungen verbindet, die die Stimmung des Textes untermauern.
> - Zerschlagt die lyrische Form des Textes und erarbeitet ein neues Arrangement der Wörter. Ihr könnt dafür eine andere lyrische Gestaltung wählen oder auch zur Prosa übergehen.

5. **a)** Vergleiche den Stimmungsgehalt dieses Textes mit dem von Büschers *Angstlied* und stelle in eigenen Worten dar, welche Empfindungen, Gedanken und Eindrücke in Ausländers Gedicht artikuliert werden.
   b) Verfasse einen schriftlichen Vergleich beider Gedichte. Dabei kann dir folgender Schreibplan helfen.

> - Leite deinen Vergleich ein mit der Angabe von Autor, Titel, Gattung und Thema beider Gedichte.
> - Beschreibe dann sorgfältig beide Texte, indem du auf die Gedichtform, die Metrik, formale Mittel und den Aufbau der Texte eingehst. Erläutere dabei, welche Funktion die festgestellten formalen Mittel im Hinblick auf die Aussage der Texte haben.

- Vergleiche nun, wie in beiden Gedichten die Angst-Thematik gestaltet wird.
- Formuliere ein Fazit deiner Untersuchung und verbinde persönliche Eindrücke von den Texten mit einer Wertung der Gedichte.

6. Informiere dich über die Autorin Rose Ausländer und versuche, ihr Leben und ihr Schicksal im Gedicht wiederzuerkennen.
7. Überprüfe, welche der folgenden Gestaltungsmittel in diesem Gedicht besonders wichtig sind, und stelle dar, welche Funktion sie erfüllen:

- Aufbau • Metrum • Bilder • Klang

In der Lyrik verwenden Autoren ganz bewusst **Bilder**, um ihren Gedanken, Empfindungen und Stimmungen intensiven Ausdruck zu verleihen. Solche Bilder können in unterschiedlicher sprachlich-stilistischer Form auftreten. Wichtige Mittel der Bildlichkeit sind etwa:
- der **Vergleich**: Ein Lebewesen, ein Zustand oder ein Gegenstand wird mit einem anderen verglichen; Voraussetzung ist eine Gemeinsamkeit zwischen den verglichenen Elementen. (*Er kämpft wie ein wilder Stier.*)
- die **Metapher**: Ein Wort wird nicht in seiner Grundbedeutung verwendet, sondern auf einen anderen Bereich übertragen. (*Flussbett*)
- die **Personifikation**: Gegenstände oder Gedankendinge (z. B. Angst) werden mit menschlichen Eigenschaften versehen. (*Der Himmel lacht.*)
- das **Symbol**: Ein Wort verweist als bildhaftes Zeichen auf einen Begriff, eine Idee oder einen geistigen Zusammenhang, z. B. die Rose als Symbol für die Liebe.

---

8. Lies den Inhalt des folgenden Merkkastens. Sprich die Gedichte von Mörike und Ausländer laut vor und untersuche dabei das Verhältnis von Satzaufbau und Versstruktur. Benenne deine Ergebnisse und suche nach Begründungen dafür.

In der Lyrik gibt es zwei grundsätzliche Gestaltungsmöglichkeiten im Wechselspiel von Versstruktur und Satzbau:
- Die Satzgrenze fällt mit der Versgrenze zusammen (Zeilenstil).
- Eine Satzkonstruktion verläuft über eine oder mehrere Versgrenzen hinweg (Enjambement oder Zeilensprung).

Die Wirkungen dieser Bauformen sind unterschiedlich. Durch das Enjambement kann ein ruheloser Ton erzeugt werden, einzelne Wörter werden durch ihre Stellung (etwa am Versanfang oder -ende) besonders hervorgehoben. – Beim Zeilenstil entsteht ein statischer, ruhiger Eindruck. Die Aussagen wirken unumstößlich, abgeschlossen.

Angst im modernen Natur-Gedicht

1. Dieses Bild hat ein 12-jähriger Junge zum Thema *Luft ist Leben* gemalt. Begründe seine Darstellung der Umwelt und stelle einen Zusammenhang zu der These her, dass Angst auch im modernen Natur-Gedicht eine zentrale Rolle spielt.

Sensible Wege

Sensibel
ist die erde über den quellen: kein baum darf
gefällt, keine wurzel
gerodet werden

5 Die quellen könnten
versiegen

Wie viele bäume werden
gefällt, wie viele wurzeln
gerodet
10 in uns

Reiner Kunze (geb. 1933)

Im Frühling

Grünes, verschwindend; und mehr
verschwindet: Fachwerk, Gewissheit, Stille
in Seitenstraßen
      – was, wieder, belebt
die Wüste im Kopf
      – Kein Fragezeichen;
oder ein Fragezeichen
      auf leerem Papier.
Die Ratlosigkeit, auf wenigen Gesichtern,
nein,
      ich nehme wahr
wenige Gesichter. Und ich nehme,
verschwindend,
      weniger wahr; weniger
gibt es, Grünes, Gewissheit,
      und
es ist kein Beweis, die Nachricht
von Gestern, Krise, Hoffnungen heute.

Jürgen Becker (geb. 1932)

Bäume

Wieder hat man in der Stadt,
um Parkplätze zu schaffen,
Platanen gefällt.
Sie wussten viel.
Wenn wir in ihrer Nähe waren,
begrüßten wir sie als Freunde.
Inzwischen ist es fast
zu einem Verbrechen geworden,
nicht über Bäume zu sprechen,
ihre Wurzeln,
den Wind, die Vögel,
die sich in ihnen niederlassen,
den Frieden,
an den sie uns erinnern.

Walter Helmut Fritz

2. Untersuche, inwieweit das Thema *Angst* in den Gedichten zum Ausdruck kommt. Vergleiche neben den inhaltlichen Bezügen auch die unterschiedlichen Gestaltungsmittel, die die Autoren einsetzen.

3. Schreibe aus der Perspektive des Menschen unter der Gasmaske, wie er seine Umwelt sieht und wie er sie sich wünscht.
   a) Füge eigene Wünsche hinzu.
   b) Gestalte ein Gegenbild.

Vorhang auf!

Begriffe rund ums Theater

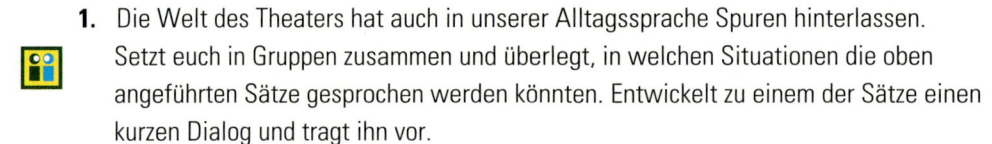

- Mach mir jetzt bloß keine <u>Szene</u>!
- Die Situation spitzt sich <u>dramatisch</u> zu.
- Jahrelang hat sie ihm eine <u>Komödie</u> vorgespielt.
- Das <u>Theater</u> kannst du dir sparen. Es fällt keiner mehr darauf herein.
- Ich finde, Martin ist eigentlich ganz ok. Nur wenn er sich ungerecht behandelt fühlt, reagiert er ziemlich <u>theatralisch</u>.
- Am Wochenende in der Disco hatte Matthias seinen ganz großen <u>Auftritt</u>.
- Du fängst schon wieder an, die Sache zu <u>dramatisieren</u>. So schlimm ist es doch gar nicht.
- Diese ganze Geschichte ist wirklich eine <u>Tragödie</u>.

1. Die Welt des Theaters hat auch in unserer Alltagssprache Spuren hinterlassen. Setzt euch in Gruppen zusammen und überlegt, in welchen Situationen die oben angeführten Sätze gesprochen werden könnten. Entwickelt zu einem der Sätze einen kurzen Dialog und tragt ihn vor.
2. Sprecht darüber, welche Absicht ein Sprecher verfolgt, wenn er Alltagsgeschehen mit Begriffen aus dem Wortfeld „Theater" beschreibt.
3. Sammelt in einem Schreibgespräch eure Vorkenntnisse und Vorstellungen zu den rechts angegebenen Begriffen. Geht folgendermaßen vor:
   - Bildet Gruppen mit acht bis zehn Schülern und legt für jede Gruppe einen großen Bogen Papier aus, auf den ihr die Begriffe groß, farbig und mit weitem Abstand voneinander schreibt. Ordnet die Begriffe auf eurem Plakat, wie in der Skizze rechts, an.
   - Notiert rund um die Begriffe alles, was eurer Meinung nach zu einer Definition des Begriffes beiträgt.

- Beachtet dabei folgende Regeln:
- Während des Schreibgesprächs wird nicht gesprochen.
- Notizen eines Teilnehmers dürfen von anderen weder durchgestrichen noch kritisiert werden.
- Es ist erlaubt, fremde Beiträge schriftlich zu diskutieren oder zu ergänzen.

4. Diskutiert eure Ergebnisse in der Klasse und sammelt sie auf einem gemeinsam gestalteten Plakat.
5. **a)** Zu welchen Begriffen habt ihr viele Umschreibungen, zu welchen nur wenige gefunden? Überlegt, warum dies so sein könnte.
b) Welche Begriffe stehen in enger Beziehung zueinander? Verbindet sie auf eurem Klassenplakat durch Linien.
c) Formuliert zehn Sätze, die jeweils die Beziehung mindestens zweier Begriffe zueinander veranschaulichen, und schreibt die Sätze in euer Heft.
Euer erster Satz könnte z.B. folgendermaßen lauten: *Auf der Bühne verkörpern Schauspieler die verschiedenen Figuren eines Dramas.*

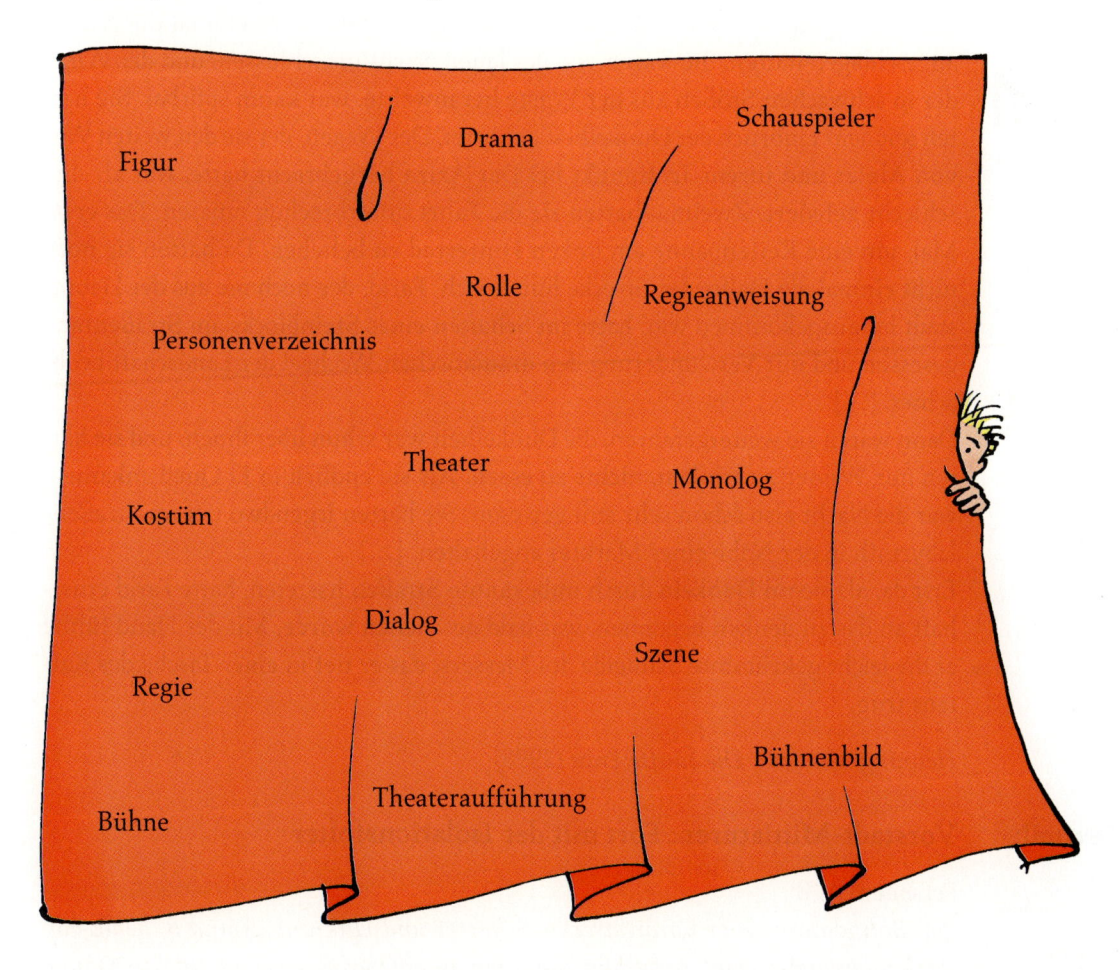

Figur · Drama · Schauspieler · Rolle · Regieanweisung · Personenverzeichnis · Theater · Monolog · Kostüm · Dialog · Szene · Regie · Bühnenbild · Theateraufführung · Bühne

Erzählende und dramatische Texte

1. Vergleiche den Beginn des Romans *Die fünfte Frau* mit dem Beginn der dramatischen Szene *Vorstadt-Miniaturen* hinsichtlich ihres Informationsgehalts:
- Welche Informationen werden dem Leser jeweils geboten, um den Einstieg in die weitere Handlung zu ermöglichen?
- Inwiefern bietet der Romananfang mehr Informationen als der Dramenbeginn?
- Welche Hinweise auf das weitere Geschehen enthalten beide Texte?

2. Nenne grundsätzliche Unterschiede zwischen dem Romananfang und dem Beginn der dramatischen Szene.

Die fünfte Frau

Henning Mankell

In der Nacht, als sie gekommen waren, um ihren Auftrag durchzuführen, war alles sehr still.
Farid, der jüngste der vier Männer, dachte später, dass nicht einmal die Hunde angeschlagen hatten. Sie waren von der lauen Nacht umschlossen, und der Wind,
5 der in schwachen Stößen aus der Wüste heranwehte, war kaum spürbar. Sie hatten seit dem Einbruch der Dunkelheit gewartet. Der Wagen, der sie den weiten Weg von Algier und ihrem Treffpunkt bei Dar Aziza hergebracht hatte, war alt und schlecht gefedert. Zweimal hatten sie die Fahrt unterbrechen müssen. Das erste Mal, um eine Reifenpanne am linken Hinterrad zu beheben. Da hatten sie noch
10 nicht einmal die Hälfte der Strecke hinter sich. Farid, der noch nie aus der Hauptstadt herausgekommen war, hatte im Schatten eines Steinblocks am Straßenrand gesessen und mit Verwunderung den dramatischen Wechsel der Landschaft beobachtet. […]
Dann waren sie weitergefahren, die Dunkelheit war schon über ihnen, und sie hat-
15 ten nur Wasser zu trinken, nichts zu essen. Als sie endlich in El Qued ankamen, war die Nacht also schon sehr still gewesen. Sie hatten irgendwo tief im Straßenlabyrinth in der Nähe eines Marktes angehalten. […]
Erst da, als sie im Dunkeln durch unbekannte Straßen hasteten, hatte Farid ernsthaft an das zu denken begonnen, was bald geschehen würde. Mit der Hand fühlte
20 er die leicht gekrümmte Schneide des Messers, das er tief in einer Tasche des Kaftans trug.

Henning Mankell, Die fünfte Frau (1998)

1. Textteil:

Vorstadt-Miniaturen: Fort mit der Isolationsfolter

Personen: A, B

Am Bahndamm einer Vorortstrecke. Schotter und Unkraut. A und B, beide von stark anarchistischem[1] Aussehen, kommen an eine große, weißgetünchte Mauer. Nacht, spärliches Licht. B trägt einen Farbkübel, einen Pinsel und eine Leiter. A trägt nichts.

---
1 Anarchismus: Weltanschauung, die jede Art von Autorität in der Herrschaft von Menschen über Menschen ablehnt

A: Wenn ein Zug kommt, müssen wir uns hier in den Graben werfen.
B: Kommen so spät noch Züge?
A: Das weiß ich nicht. Aber wenn ein Zug kommt, müssen wir uns in den Graben werfen.
5 B: Neben das Geleis?
A: Selbstverständlich, da ist es am sichersten.
B: Das ist mir sehr unangenehm.
A: Was heißt da unangenehm?
B: Am Bahnhof würde ich mich lieber neben das Geleis werfen.
10 A: Wir können doch nicht am Bahnhof die Aktion machen. Da kommt doch sofort ein Bulle.
B: Aber während des Aufenthalts an Bahnhöfen ist die Benützung der Toiletten verboten. Deswegen würde ich mich dort lieber neben das Geleis legen, wenn es schon sein muss.
15 A: Hier fährt nur die S-Bahn, die hat keine Toiletten.
B: Die S-Bahn hat keine Toiletten?
A: Ich will mit dir jetzt nicht diskutieren. Du sollst jetzt endlich anfangen.
B: Ja – ja. Ist schon gut.

B stellt seine Leiter hin und steigt mit Farbtopf und Pinsel hinauf.

Herbert Rosendorfer, Vorstadt-Miniaturen (1982)

> Während der Roman Handlung erzählend entwickelt, baut sich das Drama aus Figurenrede und -gegenrede auf, entwickelt Handlung also in **Dialogen**. Den Einleitungsteil eines Dramas, in dem die Figuren eingeführt, Ort und Zeit geklärt werden und die Handlung in Gang gesetzt wird, nennt man **Exposition**.

3. Bearbeite die folgenden Fragen:
   - Aus welchen Teilen baut sich die Exposition der dramatischen Szene von Herbert Rosendorfer auf?
   - Welche Überlegungen könnten den Autor dazu bewogen haben, seinen Figuren die Namen A und B zu geben?
   - Welche Funktionen haben die kursivgedruckten Textstellen?

> **A** Dramatische Texte sind nicht auf das stille Lesen, sondern auf ihre **Aufführung** hin angelegt. Neben Dialogen enthalten sie deshalb **Regieanweisungen**, die Angaben zu Bühnenbild, Kostümen, für das Spiel notwendige Gegenstände (sogenannte Requisiten) und Stimmungen der Figuren bieten. Dramatischen Texten ist außerdem ein **Personenverzeichnis** vorangestellt.

4. a) Entwerft in Gruppen ein Bühnenbild zu Rosendorfers Szene.
   b) Überlegt euch, wie sich das Bühnenbild mit einfachen Mitteln aufbauen ließe und welche Requisiten ihr bräuchtet.
5. a) Was erfährst du über die Figuren A und B und ihre Beziehung zueinander? Sammle alles in deinem Heft und lasse Platz, um deine Zusammenstellung später ergänzen zu können.
   b) Das untenstehende Foto zeigt, wie sich eine Schulspielgruppe die Figuren A und B vorgestellt hat. Lässt sich entscheiden, welche der beiden Akteurinnen A und welche B spielen soll? Begründe deine Entscheidung.

Szene einer Schulaufführung der Vorstadt-Miniaturen

Dramatische Szenen interpretieren und spielen

Vorstadt-Miniaturen: Fort mit der Isolationsfolter

2. Textteil:

B: Was soll ich jetzt schreiben?
A: Als ob wir das nicht hunderttausendmal besprochen hätten: „Fort mit der Isolationsfolter."
B: „Fort mit der Isolationsfolter." *Er taucht umständlich den Pinsel ein, hebt ihn*
5 *– malt aber nicht.* Du: – äh – mit Ausrufezeichen?
A: Mit was? Ach so – wie du willst – nein, ja, selbstverständlich mit Ausrufezeichen. Das ist ja schließlich ein Aufruf. Mit zwei.
B: Mit zwei. Ist das jetzt ein Aufruf oder ein –
A: Jetzt quatsch nicht so endlos – mach endlich weiter!
10 B: Nur, weil du gesagt hast: Ein Aufruf, und es ist doch ein Ausrufezeichen. Gibt es auch ein Aufrufezeichen …
A: Ich werde wahnsinnig.
B: Ist schon gut, ist schon gut. *Er taucht wieder den Pinsel ein.* Du, sag einmal – darf ich dich etwas fragen, ohne dass du gleich bös' wirst?
15 A: Ja, was denn?
B: Was ist denn das, die Isolationsfolter?
A: Nein! Ich werde irre. Ich werde total irre. Ja, sag einmal, weißt du nicht –
B: Du hast versprochen, dass du nicht bös' wirst.
A: Du weißt nicht, was die Isolationsfolter ist?
20 B: Nein.
A: Du hast dir also nie Gedanken darüber gemacht, was die Isolationsfolter darstellt?
B: Gedanken gemacht schon. Aber davon allein ist es mir nicht gekommen.
A: Die Isolationsfolter ist ein repressives Mittel des herrschenden Systems inner-
25 halb scheinlegaler Gegebenheiten, politische Häftlinge im Sinn der Erhaltung bestehender Zustände massiv zu beeinflussen.
B: Ah, so. Ich habe geglaubt, es ist was Elektrisches. *Er setzt wieder an zu malen.* Die Isolationsfolter ist also schlecht.
A: Ja, selbstverständlich.
30 B: Sag einmal: Wenn wir das jetzt da hinpinseln: „Fort mit der Isolationsfolter!", machen die das dann auch?
A: Wie? Das versteh' ich nicht!
B: Wir schreiben das da hin, richten die sich auch danach?
A: Wer?
35 B: Naja, die, die die Isolationsfolter – also die, die das machen, die Folter.
A: Natürlich richten die sich nicht danach.
B: Warum schreiben wir das dann dahin?
A: Wir müssen die Massen wachrütteln. Wir müssen in die Hirne der Massen hineinhämmern, dass die Isolationsfolter –
40 B: Dann ist aber eigentlich unser Text falsch: „Fort mit der Isolationsfolter!" Dann müssten wir schreiben: „Seid gegen die Isolationsfolter!"

A: Hm. – Das wirkt aber nicht gut. Das wirkt nicht plakativ.
B: Aber wir wollen doch nicht so wie die Werbefritzen irgendwas Plakatives, wir wollen doch die Wahrheit?
45 A: Du kannst einen ganz schön durcheinanderbringen mit deinem blöden Gerede.
B: Soll ich also schreiben: „Seid gegen die Isolationsfolter!"?
A: Also, um ganz ehrlich zu sein: Gut finde ich deinen Text nicht. Aber meinetwegen –
B *zweifelnd*: „Seid gegen die Isolationsfolter!"
50 A: Du findest ihn auch nicht gut?
B: Was heißt das schon, letzten Endes. „Seid –", das ist also Plural. Zwei sind ja auch schon Plural. Zwei genügen nicht. Alle müssen dagegen sein. „Seid alle gegen die Isolationsfolter!"
A: Das gefällt mir schon besser.
55 B: Obwohl. Wenn du genau denkst. Was heißt das: Alle? Alle … Das ist zu allgemein. Wir müssen näher bei den Tatsachen bleiben, sonst ist das ja, wie … irgendwie religiös quasi. „Liebe deinen Nächsten", und so. Das nimmt doch keiner ernst. Wir müssen schreiben: „Seid alle, die ihr das lest, gegen die Isolationsfolter!"
60 A: Wird das nicht ein bisschen lang, der Spruch?
B: Die Wahrheit kannst du nicht mit dem Metermaß messen.
A: Was du immer mit deiner Wahrheit hast.
B: „Eine Revolution, die sich von der Wahrheit entfernt, wird Reaktion." Lenin.
A: Du kannst einen wirklich wahnsinnig machen.
65 B: Ich schreibe so: „Seid alle, die ihr das lest, gegen die Isolationsfolter!"
A: Ja, aber schreib's bald.

Herbert Rosendorfer

1. Welche Absichten und Ziele verfolgen die Figuren A und B?
2. Wie zeigt Herbert Rosendorfer im sprachlichen Ausdruck von A, dass sich A durch die Nachfragen von B verunsichern lässt?

> Da das Drama sich weitgehend aus Dialogen aufbaut, ist es schwieriger als in der Erzählung, den Leser an den Gedanken und Gefühlen der Figuren teilnehmen zu lassen. Eine Möglichkeit dazu bietet der **Monolog**, in dem eine Person zu sich selbst oder zum Publikum spricht.

3. Versetze dich in A oder B und schreibe einen Monolog, in dem die Figur ihre Gedanken und Gefühle direkt äußert. An welcher Stelle der Szene würdest du den Dialog unterbrechen, um deinen Monolog einzufügen? Begründe deine Meinung.
4. a) Die Szene *Fort mit der Isolationsfolter* thematisiert Sinn und Unsinn von Wandsprüchen. Seht euch die Graffitis dieses Kapitels an und nennt ihre gestalterischen und sprachlichen Merkmale. Besprecht, was Sprüher mit dieser Sprachform erreichen wollen.
   b) In Rosendorfers Szene bemerkt B, dass sie sich mit der Anbringung ihrer Parole nicht von „Werbefritzen" unterscheiden würden. Erläutere, inwiefern Parolen den Slogans der Werbung ähnlich sind.
5. a) Arbeite die Argumente für und gegen plakative Sprüche, die A und B vorbringen, heraus.
   b) Diskutiert über die Wirkung solcher Wandsprüche.
6. Erkundigt euch, was die Paragraphen 303 und 305 des Strafgesetzbuches aussagen. Begründet, warum die Gesellschaft ein berechtigtes Interesse an der strafrechtlichen Verfolgung der Graffiti hat. Ihr könnt auch eure Lehrkräfte in Wirtschaft/Recht/Politik um Rat fragen.
7. Diskutiert Möglichkeiten, jugendliche Sprayer aus der Illegalität herauszuholen.

8. Das Thema *Graffiti* wird in unserer Gesellschaft unterschiedlich beurteilt: Bereitet in Gruppen eine Talkshow zum Thema *Graffiti – Wandmalereien zwischen Kunst und Vandalismus* vor. Jede der Gruppen sollte einen Teilnehmer in die Talkrunde entsenden. Eine Gruppe stellt den Talkmaster.
Die anderen Gruppen bereiten die Argumentation einer der folgenden Rollen vor, die an der Diskussion beteiligt sein sollen: Politiker; Rechtsexperte; Elternteil eines Sprühers; einen Bürger, der für und einen, der gegen Graffiti ist; einen Sprayer und einen ehemaligen Sprayer.

9. In seiner Szene *Fort mit der Isolationsfolter* übt Rosendorfer humorvoll Kritik an Sprühern, die mit ihren Sprüchen die Welt verändern wollen.
Wie wird diese Kritik in dem Szenenausschnitt deutlich?

10. Rosendorfers *Vorstadt-Miniaturen* sind dramatische Texte, die ihre endgültige Gestalt erst auf der Bühne erhalten. Bildet Vierergruppen und ordnet dem Szenenausschnitt von Zeile 13 bis Zeile 39 auf Seite 129 probeweise einige der unten angeführten Regieanweisungen zu. Spielt dann den Ausschnitt vor der Klasse und besprecht, wie sich die Interpretation durch die unterschiedliche Einfärbung des Textes verändert.

• ironisch • lacht • halblaut • ungeduldig • deklamiert • gereizt • mit weinerlicher Stimme • nachdenklich • beleidigt • tonlos und schnell • vorwurfsvoll • verlegen • streng • geht aufgeregt auf und ab • zuckt die Schultern • spöttisch • beiläufig • flüstert • schreit • gähnt • kreuzt die Arme • mit belehrendem Zeigefinger • summt vor sich hin

3. Textteil: **Vorstadt-Miniaturen: Fort mit der Isolationsfolter**

B *setzt zum Schreiben an*: Du –
A: Ja?
B: Ich fahre ja nicht so oft mit der S-Bahn, aber ich stelle mir das scheußlich vor, wenn ich so da drinsitze, und ich müsste dringend.
5 A: Wie?
B: Ja, du sagst doch, dass sie in der S-Bahn keine Toiletten haben.
A: Weiß ich, vielleicht aus Sparsamkeit. Aber mach jetzt weiter.
B: Sollen wir nicht auch gleich dazu schreiben: „Und schafft in der S-Bahn Toiletten!"?

A: Das hat doch wirklich nichts miteinander zu tun.
B: Nicht direkt, aber – es würde vielleicht den Wünschen der Leute entgegenkommen, und dann wären sie auch aufgeschlossener –
A: Nein. Das schreibst du nicht.
B: Ich schreibe: „Seid alle, die ihr das lest ..." oder besser: „Seid alle, die ihr hier vorbeifahrt und das lest, gegen die Isolationsfolter. Dafür sind wir dafür, dass in der S-Bahn Toiletten –"
A: „Dafür sind wir dafür" ist sprachlich schlecht.
B: Dann formulieren wir es umgekehrt. „Dafür sind wir dagegen, dass in der S-Bahn immer noch keine Toiletten ..."
A: Da haben die gar nichts davon, dass wir dagegen sind, dass es in der S-Bahn keine Toiletten gibt. Wenn wir uns dafür einsetzen –
B: Dann habe ich einen anderen Vorschlag. Ich schreibe: „Wir machen euch einen Vorschlag: Wir, die wir das geschrieben haben, sind dagegen, dass es in der S-Bahn keine Toiletten gibt. Wir werden uns in Zukunft dafür einsetzen, dass in der S-Bahn Toiletten angeschafft werden. Dafür seid ihr, die ihr hier vorbeifahrt und das lest, im Ausgleich dafür gegen die Isolationsfolter."
A: Das ist ja ein ganzer Roman.
B: Jetzt übertreib nicht. Das sind – *er rechnet nach* – vielleicht acht Zeilen. Acht Zeilen sind kein Roman, höchstens ein Gedicht.
A: Aber das ist zuviel. Das liest niemand.
B: Dann schreiben wir darüber: „Bitte lesen."
A: Wenn du mich fragst: Das Ganze überzeugt mich nicht.
B: Ich frag' dich aber nicht.
A: Das ist viel zu lang, das liest kein Mensch.
B: Aber es ist doch wichtig! Da kann es doch gar nicht lang genug sein. Man muss es den Leuten einhämmern, hast du selber gesagt. Ich habe da übrigens noch ein Gedicht –
A: Es ist zu lang, zu viel.
B: Wenn es so wichtig ist, wie du sagst, mit der Isolationsfolter, dann kann man doch von den Leuten verlangen, dass sie das lesen. Oder nicht?
A: Irgendwo ist da ein Bruch in der Logik bei dir. Ich weiß nur noch nicht, wo.
B: Lies einmal das Gedicht. *B gibt A ein paar zusammengeheftete Blätter.*
A *liest*: Sehr mäßig.
B: Aber wenn du die Gesinnung betrachtest, musst du sagen: Hut ab.
A: Na ja. Von wem ist denn das Gedicht?
B: Von mir.
A: Vielleicht ist es auch gut. Ich versteh' nichts von Gedichten.
B: Ich möchte es gern noch dazuschreiben. Das da, die Stelle auf Seite 3, kann man gut und gern auf die Isolationsfolter beziehen.
A: Das sind ja vier Schreibmaschinenseiten?
B: Ein gutes Gedicht kann gar nicht lang genug sein.
A: Das geht nicht. Da musst du ja – das wird ja zu klein, das geht ja nur hin, wenn du so klein schreibst.
B: Schreib' ich eben klein.

55 A: Das liest doch keiner.

B: Dieses Argument ist schon ein bisschen abgegriffen, hast du nicht auch das Gefühl?

A: Jetzt horch einmal zu. Setz dich her. Wir werden die Sache in Ruhe ausdiskutieren.

60 B: Das sagst du immer, wenn wir nicht machen, was du willst.

A: Das kann doch keiner lesen. So kleine Buchstaben. Jetzt denk doch einmal. Hier, so kleine Buchstaben! Und wie schnell fährt der Zug vorbei? Eine Sekunde vielleicht – so lang haben die im Zug Zeit, das zu lesen. Eine Sekunde! Jetzt sag einmal selber: Traust du dir zu, dein Gedicht in einer Sekunde zu lesen? Dabei
65 bist du ein Revolutionär, und die im Zug nicht.

B: Mhm. Da hast du möglicherweise Recht.

A: Siehst du.

B: Dann muss ich das Ganze als Schriftband schreiben. Dass sie es im Vorüberfahren lesen können.

70 A: Aber da – das – das ist ja dann ein Kilometer?

B: Ja, und?

A: Also gut, aber dann fangen wir am besten da drüben an, damit wir die ganze Mauer ausnützen können.

B: Ja. Und wenn es nicht reicht, nehmen wir die zwei Baracken da hinten dazu, und
75 eventuell schreibe ich dahinter: „Unterbrechung. Bitte weiterlesen nach dem Haltepunkt Fasanenpark."

Ein Zug rast vorbei. A und B werfen sich in Deckung.

B: Scheiße.

A: Wieso? Sind doch Toiletten –

80 B: Nein. Ich meine: Hast du nichts gemerkt?

A: Nein, was? Eine S-Bahn ist vorbeigefahren.

B: Ja. Von hier nach dort. *Zeigt von rechts nach links.* Und ich wollte das Schriftband von da nach dort schreiben. *Zeigt von links nach rechts.* Wenn eine S-Bahn aus dieser Richtung kommt, dann können die Leute das Schriftband nicht lesen.

85 A: Dann schreib' es andersherum.

B: Dann können es die aus der andern Richtung nicht lesen.

A: Dann schreib' oben in der einen Richtung, drunter in der anderen.

B: Du wolltest doch große Buchstaben, über die ganze Mauer, wenn ich dich recht verstanden habe?

90 A: Dann gibt es nur eine Möglichkeit. Der Text muss von vorn und hinten lesbar sein.

B: „Isolationsfolter" kann man von hinten nicht lesen.

A: „Ein Neger mit Gazelle zagt im Regen nie."

B: Ich versteh' dich nicht.

95 A: „Ein Neger mit Gazelle zagt im Regen nie!" Das kann man von vorn und hinten lesen.

B: Ehrlich?

A: Gib dein Gedicht her. Hast du einen Bleistift?

A schreibt den Satz auf die Rückseite des Gedichtes. B liest und prüft.

100 B: *Tatsächlich. Er wendet sich seinem Farbtopf und dem Pinsel zu und beginnt zu schreiben.* „EIN NEGER MIT GAZELLE ZAGT IM REGEN NIE."

Herbert Rosendorfer, Vorstadt-Miniaturen

11. a) Ergänze vom Ende der Szene her die Charakteristik, die du in Aufgabe 5, Seite 128 zu A und B angelegt hast. Berücksichtige dabei auch die Figurenkonstellation der Szene.

> Die in einem Drama handelnden Personen bezeichnet man als **Figuren**. Da sich jedes Drama aus Figurenrede und -gegenrede aufbaut, lassen sich die Charakterzüge einer einzelnen Figur nie isoliert erschließen. Wichtige Anhaltspunkte liefert immer auch die Beziehung einer Figur zu anderen Figuren. Beschreibt man dieses Beziehungsgeflecht der Figuren, so spricht man von der **Figurenkonstellation** eines Dramas.

b) Besprecht, welche verschiedenen Zugänge zu den Charakterzügen einer Figur sich dem Leser eines Dramas bieten und welche zusätzlichen Möglichkeiten, den Charakter einer Dramenfigur zu verdeutlichen, der Regisseur einer Theateraufführung hat.

12. A und B verfolgen unterschiedliche Zielsetzungen. Mit welchen Mitteln versuchen sie, ihre Position durchzusetzen? Bewerte die verschiedenen Strategien.

> Die Handlung eines Dramas lebt von der Begegnung unterschiedlicher Charaktere, die gegensätzliche Ziele verfolgen. Bei dem Versuch, ihre Ziele zu verwirklichen, stehen einer Figur oft nicht nur die Ziele anderer Figuren, sondern auch gesellschaftliche Interessen entgegen. Dieses die Handlung eines Dramas vorantreibende Moment bezeichnet man als **Konflikt**.

13. Im Mittelpunkt des dramatischen Geschehens stehen häufig die Versuche der Figuren, Konflikte zu lösen.

    a) Am Ende der dramatischen Szene von Herbert Rosendorfer wollen A und B, dass ihr Spruch für die Menschen in der fahrenden S-Bahn lesbar ist.
    Was erschwert die Erreichung dieses Zieles und welche Lösungen entwickeln A und B für diesen Konflikt?

    b) Warum erzeugt die Lösung des Konflikts am Ende Komik?

14. Komik wird im Drama auf unterschiedliche Weise erzeugt. Zeige an fünf Stellen der Szene auf, worin sie jeweils besteht. Wo liegt die Komik bereits im Charakter der Figur begründet, wo entspringt sie der Situation, wo besteht sie in der Sprache? Diskutiert über eure Ergebnisse und sammelt sie an der Tafel.

15. Bildet Gruppen und skizziert vom Ende der Szene her den Handlungsverlauf mithilfe einer Kurve. Berücksichtigt dabei insbesondere die Ziele der Figuren, auftretende Konflikte und Lösungsansätze.

16. Rosendorfers *Vorstadt-Miniaturen* werden im Vorwort der Ausgabe als „hintergründig-groteske Alltagsszenen" bezeichnet. Diskutiert, inwiefern Rosendorfers Szene *Fort mit der Isolationsfolter* tatsächlich Alltagsleben spiegelt, worin sie sich aber doch von einer realistischen Beschreibung des Alltags unterscheidet.

17. Seht euch das zu Beginn auf S. 125, Aufgabe 4 erstellte Klassenplakat zum Wortfeld *Theater* nochmals an. Ergänzt und berichtigt eure Definitionen. Überlegt, welche Lexika euch Zusatzinformationen liefern könnten, und zieht diese zur Vervollständigung der Definitionen mit heran.

Herbert Rosendorfer

Theaterwerkstatt

> „Ich kann jeden leeren Raum nehmen und ihn eine nackte Bühne nennen. Ein Mann geht durch den Raum, während ihm ein anderer zusieht; das ist alles, was zur Theaterhandlung notwendig ist. Allerdings, wenn wir vom Theater sprechen, meinen wir etwas anderes. Rote Vorhänge, Scheinwerfer, Blankverse, Gelächter, Dunkelheit …" – *Peter Brook, Theaterregisseur*

Viele Regisseure unserer Zeit experimentieren mit einem Theater, das seine Wirkung nicht prachtvollen Bühnenbildern verdankt und von daher auch auf der Straße oder in Fabrikhallen stattfinden kann. Voraussetzung für diese Art des Theaters sind Schauspieler, die den Raum in der Vorstellungskraft des Publikums zum Leben erwecken.

1. a) Bildet vier Gruppen in der Klasse. Überlegt euch den groben Handlungsverlauf zu einer kleinen Alltagsszene für drei bis vier Figuren und entwerft dazu ein Bühnenbild. Zeichnet dieses auf ein Stück Papier und achtet darauf, dass es mindestens 10 Requisiten enthält. So ähnlich könnte euer Bühnenbild aussehen:

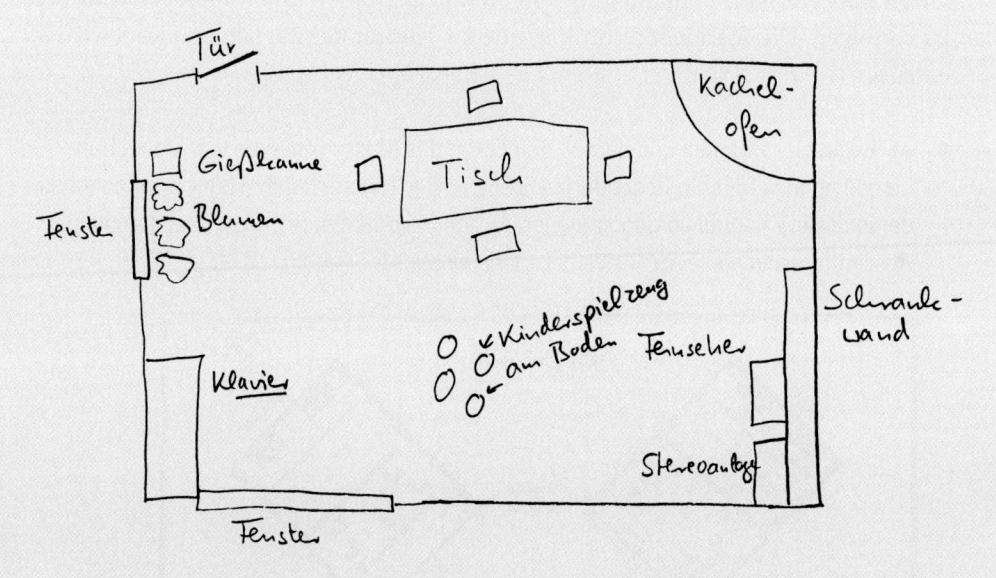

b) Steckt im Klassenzimmer einen Bühnenraum ab und spielt eure Szene der Klasse vor. Die einzigen Requisiten, die ihr verwenden dürft, sind Stühle für die Mitspieler. Versucht nun, alle von euch gezeichneten Requisiten mit in die Szene einzubeziehen und durch euer Spiel für die Zuschauer sichtbar zu machen. Die Zuschauer sollen in der Lage sein, nach eurem Spiel den von euch entworfenen Bühnenraum aufzuzeichnen. Je ähnlicher die Skizzen der Zuschauer eurer „Bühne" sind, desto besser ist es euch gelungen, den Bühnenraum zu spielen.

2. Für das folgende Stegreifspiel setzen sich zwei bis drei Schauspieler auf Stühle in den Bühnenraum. Die Klasse bestimmt durch Zuruf
- den Ort des Spiels (z. B. Wohnzimmer, Fußballstadion, Bahnsteig),
- die äußere Charakteristik der Figuren (Alter, Geschlecht, wichtige Charakterzüge),
- die Ziele und Absichten der Figuren.

Die Schauspieler entwickeln daraus eine Szene und versuchen, die Vorgaben der Zuschauer in ihrem Spiel umzusetzen.

3. Um einer Rolle gerecht zu werden, versetzen sich Schauspieler in die Figuren hinein. Eine Möglichkeit dazu bietet der Entwurf einer Vorgeschichte. Setzt euch in Gruppen zusammen und überlegt, wie das Leben von A und B vor ihrem Eintritt in die Szenenhandlung ausgesehen haben könnte, wie sie heißen und wie alt sie sind, mit welchen Gefühlen und Absichten sie die Bühne betreten. Eure Ergebnisse sollten von zwei Gruppenmitgliedern als A und B in der Ich-Form vorgetragen werden. Beginnen könntet ihr beispielsweise folgendermaßen:
„Ich bin Clarissa und 16 Jahre alt. Seit zwei Jahren bin ich in der Sprüher-Szene. Was ich daran gut finde? ..."
Wenn eure Vorgeschichten die Rollen gut treffen, können die anderen erkennen, welche Vorgeschichte zu A und welche zu B gehört.

Im Mittelalter spielte man bei Umzügen auf Wagenbühnen oder verwendete Simultanbühnen mit verschiedenen Stationen. Die Aufführung fand an verschiedenen Orten statt und das Publikum ging von Station zu Station mit, um die Aufführung zu verfolgen. Die Stationentechnik wurde im Theater des 20. Jahrhunderts wieder entdeckt.

4. a) Bildet vier Gruppen und baut in den Ecken des Klassenzimmers vier kleine Bühnenräume auf. Teilt die Rosendorfer-Szene in vier Teilszenen. Ihr könnt euch dabei an der in diesem Kapitel vorgenommenen Aufteilung orientieren und den letzten langen Abschnitt nochmals teilen (etwa bei: *„Lies einmal das Gedicht"* Z. 42).

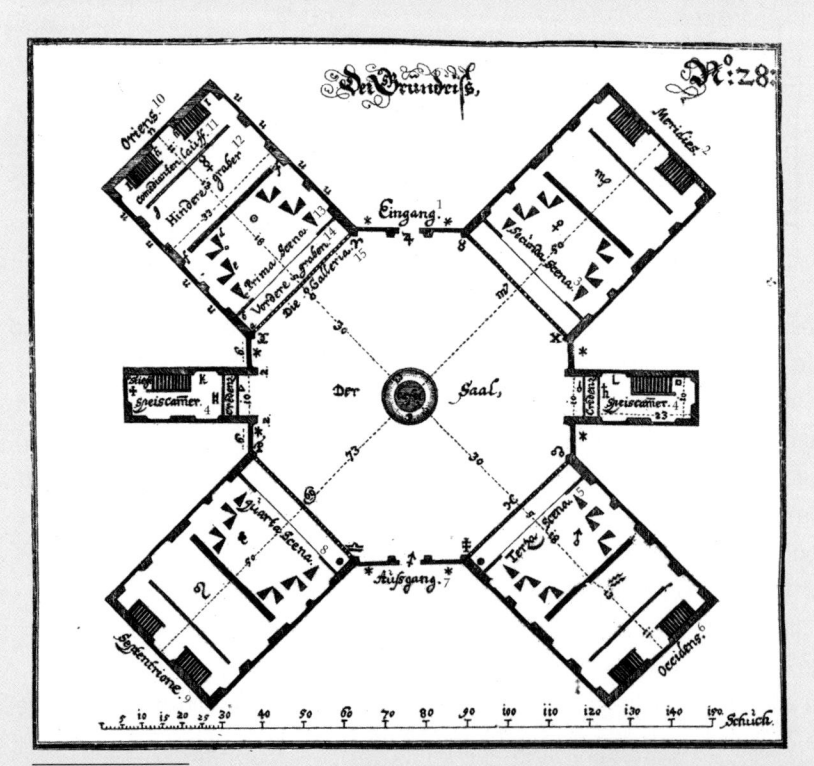

Dass die Idee des Stationentheaters immer wieder aufgegriffen wurde, zeigt diese Barockbühne von Joseph Furttenbach aus dem Jahr 1650.

1 Eingang 2 Meridies 3 Secunda Scena 4 Speisecamer 5 Terza Scena 6 Occidens
7 Ausgang 8 quarta scena 9 Septentrione 10 Oriens 11 Comedianten Lauff
12 Hindere Graben 13 Prima Scena 14 Vordere Graben 15 Die Galleria

b) Jede Gruppe spielt eine Teilszene. Bildet dazu ein Team, das die Regie übernimmt, und eines, das Bühnenbild und Kostüme entwirft. Überlegt, wer A und B spielen und wer das Schminken übernehmen will. Aus den vier Gruppen sollten sich außerdem fünf bis sechs Leute zu einer fünften Gruppe zusammenschließen, die für die Gestaltung eines Programmheftes sorgt. Beginnt nun mit den Proben. Bei der Aufführung sollten die Zuschauer von der Mitte des Klassenzimmers aus die verschiedenen Teilszenen an den verschiedenen Stationen ansehen können.

PROJEKT

Bühnenbild und Kostüme
- keine zu aufwändige Gestaltung
- Versuche, mit Alltagsgegenständen auszukommen
- Umsetzbarkeit

Schauspieler
- Anlage der Rollen
- Hineinversetzen in die Rollen

Gestaltung des Programmheftes
- Angaben zum Autor
- Hintergründe der Aufführung
- Bemerkenswertes aus der Probenzeit
- Fotos, kurzer Lebenslauf und Interviews mit Schauspielern, Regieteam und Bühnenbildnern
- Werbung für die Aufführung in den Nachbarklassen

Theateraufführung der Szene „Fort mit der Isolationsfolter"

Regie
- Ideen zur Umsetzung der Szene
- Erarbeitung der Gesamtinterpretation

Schminken
- enge Zusammenarbeit mit Kostümbildner
- Umsetzung der Interpretation der Rollen

Die Barockzeit – eine europäische Epoche

Begriffsbildung

1602	Galilei entdeckt die Fall- und Pendelgesetze
1605–15	Cervantes schreibt *Don Quijote*
1618	Beginn des 30-jährigen Krieges (bis 1648)
1620	Schlacht am Weißen Berg
1634	Tod Wallensteins
1637	Erste öffentliche Opernaufführung in Venedig
1649	England wird Republik (bis 1660)
1661	Ludwig XIV. wird König in Frankreich und lässt das Schloss Versailles ausbauen
1662	Gründung der Académie de danse in Paris
1672	Newton wird Mitglied der Royal Society
1675	Gründung der Sternwarte in Greenwich
1678	Eröffnung der Oper in Hamburg
1683	Die Türken belagern Wien
1700	Leibniz gründet die Akademie der Wissenschaft in Berlin
1701	Preußen wird Königreich
1703	Bach wird Hofmusiker in Weimar
1710	Händel wird Kapellmeister in Hannover
1718	Fahrenheit erfindet das Quecksilberthermometer
1721	Bach komponiert die Brandenburgischen Konzerte

1. Schlage die dir unbekannten Namen in einem Lexikon nach.
2. Finde übergeordnete Gesichtspunkte, denen sich die obigen Daten und die Bilder rechts zuordnen lassen.

3. Ergänze mithilfe deiner Lehrkräfte in Kunst, Geschichte und Musik die Liste.
4. Betrachtet gemeinsam die Abbildungen auf der Doppelseite und beschreibt sie u. a. mit treffenden Adjektiven. Zieht Rückschlüsse auf das Lebensgefühl der Menschen im Barock.

Schloss von Versailles (Baubeginn 1623 als Jagdschloss Ludwigs XIII.)

Peter Paul Rubens, Die drei Grazien, um 1639, Madrid, Museo del Prado

Mit dem Begriff **Barock** bezeichnet man ursprünglich eine Stilrichtung der bildenden Kunst, die von der italienischen Architektur ausging und dann auf Musik und Literatur übertragen wurde. Schließlich verwendete man die Bezeichnung **Barock** für den Abschnitt der europäischen Geschichte von ca. **1600–1720**.

Jan Breughel, Die Schlacht bei Arbela (1602)

Der Dreißigjährige Krieg

Das für die Menschen gravierendste Ereignis des 17. Jahrhunderts ist der Dreißigjährige Krieg, der zwischen 1618 und 1648 immer wieder neue Landstriche der deutschen Staaten erfasst, sodass von den ungefähr 16 Millionen Einwohnern nur etwa 10 Millionen überleben, und weite Teile, ganze Dörfer und Städte veröden. Auch nach dem offiziellen Kriegsende ziehen noch lange marodierende und brandschatzende Soldatentruppen durch das Land. Es braucht mehr als 100 Jahre, um sich von diesem Krieg zu erholen. Es ist deshalb kein Wunder, dass dieses Ereignis auch in der Literatur ein wichtiges Thema darstellt.

Zerstörung Magdeburgs am 20. Mai 1631

Also hatte man diese weltberühmte, vornehme Stadt und Zierde des ganzen Landes in einem Tage in Feuer und Rauch aufgehen und ihre übriggebliebenen Einwohner mit Weib und Kind gefangen vor dem Feind hintreiben gesehen, dass das Geschrei, Weinen und Heulen gar weit ist gehört und die Asche von der Stadt bis Wanzleben,
5 Egeln und weitere Orte durch den Wind verführet worden. […] Belangend die Anzahl der Erschlagenen und Umgekommenen in der Stadt, weil nicht allein das Schwert, sondern auch das Feuer viel Menschen aufgefressen, kann man dieselbe nicht eigentlich wissen, denn nicht allein bald nach dieser erbärmlichen Einäscherung der General Tilly[1] die verbrannten Leichname und sonst Erschlagenen
10 von den Gassen, Wällen und andern Plätzen auf Wagen laden und in's Wasser der Elbe fahren lassen, sondern man hat fast ein ganzes Jahr lang nach der Zeit in den verfallenen Kellern viele tote Körper zu 5, 6, 8, 10 und mehr, die darin erstickt und befallen gewesen, gefunden, und weil die, so auf der Gassen gelegen, sehr vom Feuer verzehrt und von den einfallenden Gebäuden zerschmettert gewesen, also dass man
15 oft die Stücken mit Mistgabeln aufladen müssen, wird niemand die eigentliche Summam benennen können. Insgemein aber hält man dafür, dass […] es auf 20 000 Menschen, klein und groß, gewesen […]. Die abgestorbenen Leichname, so vor das Wassertor hinaus in die Elbe geführt worden, haben, […] nicht bald hinwegfließen können oder wollen, also dass viele da lange herumgeschwommen, die teils die Köpfe
20 aus dem Wasser gehabt, teils die Hände gleichsam gen Himmel gereckt und dem Anschauer ein fast grausam Spektakel gegeben haben.

Otto von Guericke (1602 – 1686)

1 Graf von Tilly (1559 – 1632), Oberbefehlshaber der kaiserlichen Truppen

Tränen des Vaterlandes

Wir sind doch nunmehr ganz, ja mehr denn ganz verheeret!
Der frechen Völker Schar, die rasende Posaun,
Das vom Blut fette Schwert, die donnernde Karthaun[1],
Hat aller Schweiß und Fleiß und Vorrat aufgezehret.

5 Die Türme stehn in Glut, die Kirch ist umgekehret,
Das Rathaus liegt im Graus, die Starken sind zerhaun,
Die Jungfraun sind geschänd't, und wo wir hin nur schaun,
Ist Feuer, Pest und Tod, der Herz und Geist durchfähret.

Hier durch die Schanz und Stadt rinnt allzeit frisches Blut;
10 Dreimal sind's schon sechs Jahr, als unsrer Ströme Flut,
Von Leichen fast verstopft, sich langsam fortgedrungen;

Doch schweig ich noch von dem, was ärger als der Tod,
Was grimmer denn die Pest und Glut und Hungersnot:
Dass auch der Seelen Schatz so vielen abgezwungen.

Andreas Gryphius (1616–1664)

[1] schweres Geschütz

1. Nennt die Folgen des Krieges, die in der Geschichtsquelle (S. 142) und in dem Gedicht von Andreas Gryphius angesprochen werden. Sucht nach Begründungen, wie diese sich mit dem von euch erarbeiteten Lebensgefühl (S. 141, Aufgabe 4) vereinbaren lassen.
2. Welche inhaltlichen Übereinstimmungen lassen sich zwischen der Geschichtsquelle und dem Gedicht von Gryphius finden?
3. Worum geht es in den ersten drei Strophen des Gedichts? Die letzte Strophe bringt einen neuen Gedanken ins Spiel. Was wird in V. 12–14 beklagt?
4. Auf welche historischen Hintergründe wird hier angespielt? Kläre im Rahmen dieser Frage den Begriff *Gegenreformation*.
5. Wodurch unterscheidet sich die Sprache in der Geschichtsquelle vom heutigen Sprachgebrauch?
6. Informiert euch in eurem Geschichtsbuch oder in einem Lexikon über den Dreißigjährigen Krieg. Forscht nach den Hintergründen und klärt, wodurch es zu diesem verheerenden Krieg gekommen ist.

Der Abentheurliche Simplicissimus Teutsch

Angaben zu dem Werk *Der Abentheurliche Simplicissimus Teutsch* und zum Autor *Johann Jakob Christoffel von Grimmelshausen* findet ihr auch auf den Seiten 62 und 90 dieses Buches.

Textausschnitt 1: *Das IV. Kapitel*
Simplicii Residenz wird ausgeplündert – niemand da, der die Soldaten verhindert

Wie wohl ich nicht gesinnet gewesen, den friedliebenden Leser mit diesen Reutern in meines *Knans*[1] Haus und Hof zu führen, weil es schlimm genug darin hergehen wird: So erfordert jedoch die Folge meiner Historiae, dass ich der lieben *Posterität*[2] hinterlasse, was vor abscheuliche und ganz unerhörte Grausamkeiten in diesem unserm teutschen Krieg hin und wieder verübet worden, […]

Das erste, das diese Reuter taten und in dem schwarzgemalten Zimmer meines Knans anfingen, war, dass sie ihre Pferde einställeten; hernach hatte jeglicher seine sondre Arbeit zu verrichten, deren jede lauter Untergang und Verderben anzeigte. Denn obzwar etliche anfingen zu metzgen, zu sieden und zu braten, dass es sahe, als sollte ein lustig Banquet gehalten werden, so waren hingegen andere, die durchstürmten das Haus unten und oben; ja das heimliche Gemach war nicht sicher, gleichsam als wäre *das gülden Fell von Colchis*[3] darin verborgen. Andere machten von Tuch, Kleidungen und allerlei Hausrat große Päck zusammen, als ob sie irgends einen Krempelmarkt anrichten wollten; was sie aber nicht mitzunehmen gedachten, ward zerschlagen und zugrunde gerichtet; etliche durchstachen Heu und Stroh mit ihren Degen, als ob sie nicht Schafe und Schweine genug zu stechen gehabt hätten: etliche schütteten die Federn aus den Betten und fülleten hingegen Speck, andere dürr Fleisch und sonst Gerät hinein, als ob alsdann besser darauf zu schlafen wäre. Andere schlugen Ofen und Fenster ein, gleichsam als hätten sie einen ewigen Sommer zu verkündigen; Kupfer- und Zinngeschirr schlugen sie zusammen und packten die gebogene und verderbte Stücken ein; Bettladen, Tisch, Stühl und Bänk verbrannten sie, da doch viel Klafter dürr Holz im Hof lag; Häfen und Schüsseln musste endlich alles entzwei, entweder weil sie lieber Gebraten aßen oder weil sie bedacht waren, nur eine einzige Mahlzeit allda zu halten.

Unsre Magd ward im Stall dermaßen traktirt, dass sie nicht mehr darausgehen konnte, welches zwar eine Schande ist zu melden! Den Knecht legten sie gebunden auf die Erd, steckten ihm ein Sperrholz ins Maul und schütteten ihm einen Melkkübel voll garstig Mistlachenwasser in Leib; das nannten sie einen Schwedischen Trunk, der ihm aber gar nicht schmeckte, sondern in seinem Gesicht sehr wunderliche Mienen verursachte; […]

Da fing man erst an, die Steine von den Pistolen und hingegen an deren Statt der Bauren Daumen aufzuschrauben und die armen Schelmen so zu foltern, als wenn

Stich von H. U. Franck, 1645

1 Vater
2 Nachwelt
3 goldenes Fell oder Vlies eines Widders, ein Schatz, um den sich in den Sagen der alten Griechen viele Helden gestritten haben

man hätte Hexen brennen wollen, maßen sie auch einen von den gefangenen Bauren bereits in Backofen steckten und mit Feuer hinter ihm her waren, ohnangesehen er noch nichts bekannt hatte. Einem andern machten sie ein Seil um den Kopf und reitelten es mit einem Bengel zusammen, dass ihm das Blut zu Mund, Nas und Ohren heraussprang. In summa, es hatte jeder seine eigne Invention, die Bauren zu peinigen, und also auch jeder Baur seine sonderbare Marter.

7. Charakterisiere die Haltung des Erzählers in dem Textausschnitt des Simplicissimus und beschreibe die Wirkung, die von ihr ausgeht.
8. Inwiefern ergänzt dieser Text das Bild des Krieges, das in der Geschichtsquelle auf Seite 142 und dem Gedicht auf Seite 143 gezeichnet wird?
9. Wie würde eine seriöse Tageszeitung von heute über den Überfall berichten? Verfasse einen entsprechenden Artikel.

> Durch die Erlebnisse und Erfahrungen des Krieges, durch die starken **Gegensätze** und Spannungen entstand bei den Menschen ein Bewusstsein für die Vergänglichkeit, das sich als sogenanntes **Vanitas-Motiv** in barocker Literatur findet. Dieses führte in vielen barocken Werken zur Hinwendung zu Gott oder zur Weltflucht, zur Hoffnung auf ein besseres Leben im Jenseits.

Auch der Held in Grimmelshausens Roman wird nach vielen Jahren voller Abenteuer in verschiedenen Ländern nachdenklich und stellt fest:

Textausschnitt 2: *Das XXIII. Kapitel*
Simplex betrachtet sein mühsames Leben, will sich bekehren, der Frömmigkeit ergeben.

Ich lase einstmals, wasmaßen das Oraculum Apollinis den römischen Abgesandten, als sie fragten, was sie tun müssten, damit ihre Untertanen friedlich regieret würden, zur Antwort geben: Nosce te ipsum, das ist, es sollte sich jeder selbst erkennen. Solches machte, dass ich mich hintersann und vor mir selbst Rechnung über mein geführtes Leben begehrete, weil ich ohn das müßig war. Da sagte ich zu mir selber: Dein Leben ist kein Leben gewesen, sondern ein Tod; deine Tage ein schwerer Schatten, deine Jahre ein schwerer Traum, deine Wollüste schwere Sünden, deine Jugend eine Phantasei, und deine Wohlfahrt ein Alchimisten-Schatz, der zum Schornstein hinausfähret und dich verlässt, ehe du dich dessen versiehest! Du bist durch viel Gefährlichkeiten dem Krieg nachgezogen und hast in demselbigen viel Glück und Unglück eingenommen; bist bald hoch, bald nieder, bald groß, bald klein, bald reich, bald arm, bald fröhlich, bald betrübt, bald beliebt, bald verhasst, bald geehrt und bald verachtet gewesen. Aber nun du, o meine arme Seele, was hastu von dieser ganzen Reise zuwege gebracht? Dies hast du gewonnen: Ich bin arm an Gut; mein Herz ist beschweret mit Sorgen, zu allem Guten bin ich faul, träg und verderbt, und was das allerelendeste, so ist mein Gewissen ängstigt und beschweret; du selbsten aber bist mit vielen Sünden überhäuft und abscheulich besudelt! Der Leib ist müde, der Verstand verwirrt, die Unschuld ist hin, meine beste Jugend verschlissen, die edle Zeit verloren, nichts ist, das mich erfreuet, und über dies alles bin ich mir selber feind. Als ich nach meines Vaters seligen Tod in diese Welt kam, da war ich einfältig und rein, aufrecht und redlich, wahrhaftig, demütig, eingezogen, mäßig, keusch, schamhaftig, fromm und andäch-

45 tig; bin aber bald boshaftig, falsch, verlogen, hoffärtig, unruhig und überall ganz gottlos geworden, welche Laster ich alle ohn einen Lehrmeister gelernet. Ich nahm meine Ehre in Acht, nicht ihrer
50 selbst, sondern meiner Erhöhung wegen. Ich beobachtete die Zeit, nicht solche zu meiner Seligkeit wohl anzulegen, sondern meinem Leib zunutz zu machen. Ich habe mein Leben vielmal in Gefahr geben und habe mich doch niemal beflissen, sol- 55 ches zu bessern, damit ich auch getrost und selig sterben könnte. Ich sahe nur auf das Gegenwärtige und meinen zeitlichen Nutz, und gedachte nicht einmal an das Zukünftige, viel weniger dass ich der- 60 maleins vor Gottes Angesicht müsse Rechenschaft geben!

10. Gliedere den Text in Sinneinheiten. Wo wäre es sinnvoll, Absätze zu machen?
11. Welche Gegensätze werden aufgezeigt?
12. Was fällt an der Sprache des Erzählers auf?
13. Welche Schlussfolgerung wird der Erzähler wohl aus seinen Erkenntnissen ziehen? Diskutiert verschiedene Möglichkeiten.

Ebenbild unseres Lebens

1 solange

Der Mensch, das Spiel der Zeit, spielt, weil[1] er allnie lebt
im Schauplatz dieser Welt; er sitzt, und doch nicht feste.
Der steigt, und jener fällt, der suchet die Paläste
und der ein schlechtes Dach; der herrscht, und jener webt.

5 Was gestern war, ist hin; was itzt das Glück erhebt,
Wird morgen untergehn; die vorhin grüne Äste
sind nunmehr dürr und tot; wir Armen sind nur Gäste,
ob[2] den' ein scharfes Schwert an zarter Seide schwebt.

2 über

Wir sind zwar gleich am Fleisch, doch nicht von gleichem Stande:
10 Der trägt ein Purpurkleid, und jener gräbt im Sande,
bis nach entraubtem Schmuck der Tod uns gleiche macht.

Spielt denn dies ernste Spiel, weil[1] es die Zeit noch leidet,
und lernt, dass, wenn man vom Bankett des Lebens scheidet,
Kron, Weisheit, Stärk und Gut sei eine leere Pracht!

Andreas Gryphius

> Das Gedicht greift typische **Motive des Barock** auf und zeigt wie auch die anderen Texte wieder Gegensätze auf. Dabei wird das rhetorische Mittel der **Antithese** eingesetzt, d.h. Gegensätzliches wird bewusst direkt gegenüber gestellt, wodurch der Kontrast noch verstärkt wird.

14. Stelle die verschiedenen Gegensatzpaare der ersten beiden Strophen zusammen und erkläre sie.
15. Formuliere die Aussagen der dritten und vierten Strophe.
16. Im Gedicht werden *Kron*, *Weisheit*, *Stärk* und *Gut* als „leere Pracht" bezeichnet. Was würdest du heute als „leere Pracht" bezeichnen?
17. Ordne dem folgenden Lexikonartikel passende Stellen des Gedichts zu.

Glücksrad, spezielle Form des Radsymbols (↗Rad), betont den Aspekt des Flüchtigen, des ständigen Wechsels. Die Antike kannte die Darstellung eines nackten Jünglings auf zwei geflügelten Rädern, der nicht nur das flüchtige Glück, sondern auch den günstigen Augenblick, den Kairos, symbolisiert. Auch die Glücks- und Schicksalsgöttin Tyche bzw. ↗Fortuna steht auf einem Rad. – In der Kunst des MA begegnet häufig das G. im engeren Sinne: ein oft von Fortuna angetriebenes Rad, an das sich Menschen oder allegor. Figuren anklammern; es symbolisiert den Wechsel des Glücks, die stetige Veränderung alles Seienden.

Glücksrad: Darstellung nach Petrarca, Von der Artzney beyder Glück, 1532

Justitia

Der Seele Klage über ihr Gefängnis

Wenn **abstrakte Begriffe** wie Glück, Gerechtigkeit oder Seele durch **Bilder** wie oben dargestellt werden, spricht man von **Allegorien** (gr. = das Anderssagen). So steht der Sensenmann für den Tod, ein Greis für das Alter oder ein Bettler für die Armut. Die Allegorie arbeitet also oft mit Personifikationen.

Die Lyrik des Barock

Das Sonett

Es ist alles eitel

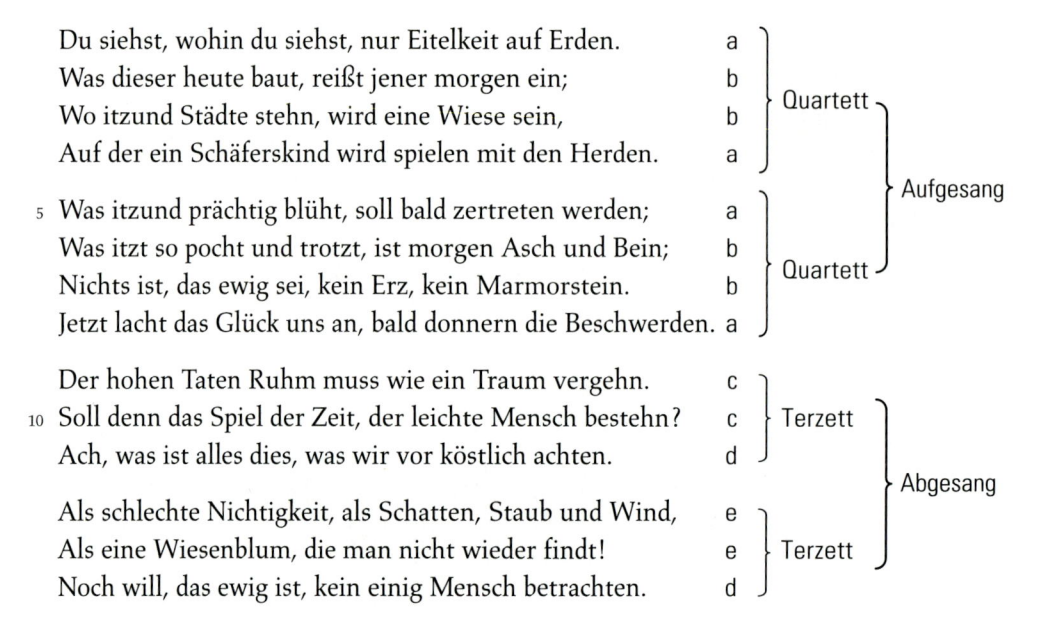

Du siehst, wohin du siehst, nur Eitelkeit auf Erden.	a
Was dieser heute baut, reißt jener morgen ein;	b
Wo itzund Städte stehn, wird eine Wiese sein,	b
Auf der ein Schäferskind wird spielen mit den Herden.	a
5 Was itzund prächtig blüht, soll bald zertreten werden;	a
Was itzt so pocht und trotzt, ist morgen Asch und Bein;	b
Nichts ist, das ewig sei, kein Erz, kein Marmorstein.	b
Jetzt lacht das Glück uns an, bald donnern die Beschwerden.	a
Der hohen Taten Ruhm muss wie ein Traum vergehn.	c
10 Soll denn das Spiel der Zeit, der leichte Mensch bestehn?	c
Ach, was ist alles dies, was wir vor köstlich achten.	d
Als schlechte Nichtigkeit, als Schatten, Staub und Wind,	e
Als eine Wiesenblum, die man nicht wieder findt!	e
Noch will, das ewig ist, kein einig Mensch betrachten.	d

Die erste Strophe bildet mit der zweiten Strophe den Aufgesang (Quartett + Quartett), die dritte und vierte Strophe bilden den Abgesang (Terzett + Terzett).

Andreas Gryphius

1. Untersuche das Metrum der Strophen 2–4 und vergleiche mit der Abbildung des Metrums von Strophe 1:

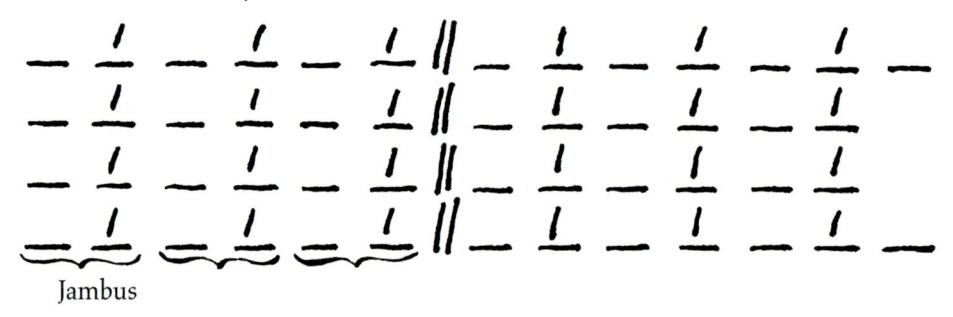

   Jambus

2. Erkläre, welche Aufgabe die Zäsur in den einzelnen Zeilen hat.
3. Worum geht es inhaltlich im Auf- und Abgesang?
4. Analysiere auch die Form der Gedichte *Tränen des Vaterlandes* (S. 143) und *Ebenbild unseres Lebens* (S. 146). Wo stimmen Form und Inhalt überein?
5. Eine frühere Fassung des Gedichts *Es ist alles eitel* hatte den Titel *Vanitas! Vanitatum! Vanitas!*
   a) Kläre die Bedeutung des Wortes *vanitas*.
   b) In welchem Zusammenhang steht es mit dem Gedicht?
   c) Versuche aus eurem Wissen über die Epoche des Barock zu erklären, warum dieser Begriff *vanitas* fast programmatische Bedeutung für das Barock hatte.

> Ein **Sonett** ist ein 14-zeiliges Gedicht, das in Deutschland vorwiegend nach dem Reimschema abba/abba ccd/eed konstruiert wurde. Die beiden ersten Strophen (Aufgesang) haben stets vier Verse (Quartette), die beiden letzten Strophen (Abgesang) drei Verse (Terzette). Oft unterstützt die strenge formale Gliederung den gedanklichen Aufbau des Gedichts.
>
> Eine Verszeile mit 6 jambischen Hebungen und einer Zäsur in der Mitte nennt man **Alexandriner**. Diese Form eignet sich besonders, um Gegensätze herauszustellen.

6. Welche Zeilen aus dem Gedicht von Gryphius passen zu den Bildern? Begründe deine Wahl.

7. Versucht selbst mit Bildern aus Zeitungen, Gryphius' Gedicht zu aktualisieren.

Peter Hauch, 1984

Hohl

Wo man hinsieht nur Eitelkeit.
Heute gebaut, morgen gefällt
Wo jetzt noch Städte stehen, blühen morgen Blumen
In denen unsere Kinder spielen.

5 Was heute blüht, ist morgen platt.
Was heute noch ringt, ist morgen matt.
Kein Stahl, kein Glas ist ewig.
Heut lacht das Glück, bald nagt der Krebs.

Selbst Macht und Geld zerrinnen.
10 Kann da ein Mensch gewinnen?
Die Dinge, die wir so wichtig nehmen,

Sind nichtig: Schatten, Blätter im Wind,
Längst verwelkte Blumen.
Überzeitliches ist uns versperrt.

A. Greif

8. Das Gedicht *Hohl* stammt von einem Schüler. Vergleicht den Text mit dem „Original".

9. **a)** Vergleicht die Gedichte zum Thema *Angst* (Seite 118 bis Seite 123) hinsichtlich ihres Inhalts und ihrer Form mit den hier behandelten Sonetten. Trefft Aussagen zu:
- Unterschieden und Gemeinsamkeiten
- Lebensgefühl
- Einordnung in Zeiträume

b) Diskutiert, ob zeitgenössische Lyrik die Form des Sonetts aufweisen könnte. Begründet eure Einstellung.

10. Wähle aus den Gegensatzpaaren eines als Gedichtthema aus. Erstelle zu den Begriffen jeweils ein Wortfeld oder eine Wortfamlie und verfasse mithilfe der Wörtersammlung ein Sonett.

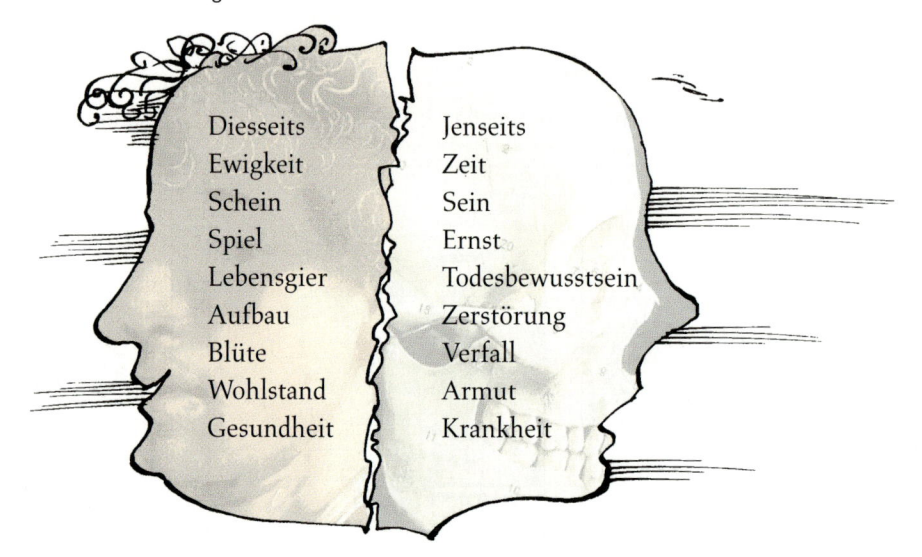

Diesseits	Jenseits
Ewigkeit	Zeit
Schein	Sein
Spiel	Ernst
Lebensgier	Todesbewusstsein
Aufbau	Zerstörung
Blüte	Verfall
Wohlstand	Armut
Gesundheit	Krankheit

11. Tragt eure Sonette betont vor. Achtet jeweils darauf, ob das Metrum eingehalten worden ist.

Das folgende Gedicht stammt von dem Dichter Simon Dach (1605–1659).

Mai-Liedchen

Komm Dorinde, lass uns eilen,
Nimm der Zeiten Güt in Acht,
Angesehen, das Verweilen
Selten großen Nutz gebracht.
5 (...)
Wir sind in den Frühlings Jahren,
Lass uns die Gelegenheit
Vorn ergreifen bei den Haaren.

12. *Mai-Liedchen* scheint sich auf den ersten Blick mit dem gleichen Thema wie die Gedichte von Gryphius zu beschäftigen. Worin zeigt sich jedoch ein großer Unterschied zu den bisher behandelten Texten?
13. Was meint der Sprecher im *Mai-Liedchen*, wenn er sagt: „Lass uns eilen"?
14. Welche Einstellung zum Leben spiegelt das *Mai-Liedchen* wider?

Schon der römische Dichter **Horaz** (65–8 v. Chr.) hat erkannt, wie wertvoll die Zeit ist. Von ihm stammt das Motto *carpe diem*, d.h. nutze den Tag.

15. Fasse in einem Satz zusammen, worum es in dem folgenden Gedicht geht.
16. Beschreibe die Stimmung und die Gefühle des Sprechers in dem Gedicht.

Ich empfinde fast ein Grauen

Ich empfinde fast ein Grauen,
Dass ich, Plato, für und für
Bin gesessen über dir.
Es ist Zeit, hinaus zu schauen,
5 Und sich bei den frischen Quellen
In dem Grünen zu ergehn,
Wo die schönen Blumen stehn,
Und die Fischer Netze stellen.

Wozu dienet das Studieren
10 Als zu lauter Ungemach?
Unter dessen lauft der Bach
Unsres Lebens, das wir führen,
Ehe wir es inne werden,
Auf ihr letztes Ende hin.
15 Dann kommt (ohne Geist und Sinn)
Dieses alles in die Erden.

Holla, Junger, geh und frage,
Wo der beste Trunk mag sein.
Nimm den Krug und fülle Wein.
20 Alles Trauern, Leid und Klagen,
Wie wir Menschen täglich haben,
Eh uns Klotho[1] fort gerafft,   1 Schicksalsgöttin
Will ich in den süßen Saft,
Den die Traube gibt, vergraben.

Martin Opitz (1597–1639)

17. Nenne die Stellen, an denen das Carpe-diem-Motto besonders deutlich wird.
18. Übertrage das Gedicht auf deine persönliche Situation. Verfasse ein Gegen- oder ein Parallelgedicht, in dem deine Meinung zur Einstellung des Sprechers deutlich wird.

> Das **Barockzeitalter** ist geprägt von **Widersprüchen**, die sich auch in der Literatur zeigen. Auf der einen Seite findet man eine sehr lebensfrohe und lebensbejahende Weltsicht, die dem Motto **carpe diem** – genieße den Tag – folgt, auf der anderen Seite kennzeichnet das Bewusstsein der Vergänglichkeit und der Nichtigkeit alles Irdischen (**vanitas**) diese Epoche.

Kriegserlebnisse verarbeiten

Wann fing alles an?

So fing es an

Zuerst ging man mit Keulen aufeinander los.
Es folgten Speer, Pfeil und Bogen,
doch das war bald auch schon nicht mehr genug,
was Besseres musste her,
5 und man höre und staune,
man erfand die Pistole.
Auch die Kanonen ließen sich nicht lumpen
und erschienen kurz darauf.
Danach kamen sie angeflogen,
10 die Handgranaten,
zu Verteidigungszwecken,
für den Rucksack nie zu groß,
leicht und praktisch.
Etwas verspätet rollten sie an,
15 die Panzer,
das musste ja so sein.
Nur das tollste Ding was man je erfand,
war eine Bombe, die aus Atom bestand.
Ein großer Pilz,
20 ihr Markenzeichen,
wo er wächst sich nichts mehr regt und
mit der Erde bald alles zu Ende geht.

Petra Rötzer, Hauptschülerin, 15 Jahre

1. Sprecht über die Gedanken und Empfindungen, die das Gedicht „So fing es an", das eine Gleichaltrige geschrieben hat, bei euch auslöst.
2. a) Nennt die verschiedenen Waffen, von denen die Rede ist.
   b) Ordnet den Einsatz dieser Waffen mithilfe eines Geschichtsbuchs, des Internets oder eines Lexikons zeitlich ein.
   c) Notiert und vergleicht eure Ergebnisse.
3. Erstellt in Kleingruppen gemeinsam auf einem großen Plakat eine Zeitleiste, wie ihr sie aus dem Geschichtsunterricht kennt, und tragt eure Ergebnisse aus Aufgabe 2 ein.

4. Erläutert, worin beim Gedicht „Leichenrede" die Doppeldeutigkeit des Titels besteht.
5. a) Aus dem Geschichtsunterricht wisst ihr, wann der 30-jährige Krieg und der 1. Weltkrieg stattgefunden haben und welche Gründe jeweils zu dem Krieg führten. Stellt diese Informationen noch einmal zusammen.
   b) Recherchiert Daten und Ursachen des 2. Weltkrieges in Kleingruppen im Internet.
   c) Ergänzt die Zeitleiste aus Aufgabe 3 mit euren Ergebnissen.
6. Informiert euch im Internet über Kurt Marti und fertigt einen Steckbrief oder eine Kurzbiografie an.

Leichenrede

in dieser stunde des abschieds
da rund 2854 menschen an hunger sterben
                    überall in der welt
da napalm vom himmel herabfällt
5   in vietnam
da kinder im arm ihrer mütter verenden
                in biafra
da menschen gejagt sind wie flüchtiges wild
                im südlichen sudan
10 da leute verhört und in ohnmacht getrampelt werden
                im lager dionys bei athen
da flieger eine siedlung mit bomben belegen
                in portugiesisch angola
da ein häftling in seiner zelle erwürgt wird
15   in haiti

in dieser stunde des abschieds
lasset uns glücklich preisen
jeden
dem in frieden zu sterben vergönnt
20 1968

Kurt Marti

7. Gib den Inhalt des folgenden Gedichts mit eigenen Worten wieder.

Hiroshima

Der den Tod auf Hiroshima warf
ging ins Kloster, läutet dort die Glocken.
Der den Tod auf Hiroshima warf
sprang vom Stuhl in die Schlinge, erwürgte sich.
5 Der den Tod auf Hiroshima warf
fiel in Wahnsinn, wehrt Gespenster ab
hunderttausend, die ihn angehen nächtlich
auferstanden aus Staub für ihn.

Nichts von alledem ist wahr.
10 Erst vor kurzem sah ich ihn
im Garten seines Hauses vor der Stadt.
Die Hecken waren noch jung und die Rosenbüsche zierlich.

Das wächst nicht so schnell,
dass sich einer verbergen könnte
15 im Wald des Vergessens. Gut zu sehen war
das nackte Vorstadthaus, die junge Frau
die neben ihm stand im Blumenkleid
das kleine Mädchen an der Hand
der Knabe, der auf seinem Rücken saß
20 und über seinem Kopf die Peitsche schwang.
Sehr gut erkennbar war er selbst
vierbeinig auf dem Grasplatz, das Gesicht
verzerrt von Lachen, weil der Photograph
hinter der Hecke stand, das Auge der Welt.

Marie Luise Kaschnitz

8. a) Betrachtet das Foto und diskutiert, welchen Zusammenhang es mit dem Inhalt des Gedichts „Hiroshima" haben könnte.
b) Informiert euch im Internet über Paul Tibbets und beurteilt anschließend, welche der beiden Strophen dem historischen Fakt entspricht.
9. Findet heraus, welche Folgen der Atombombenabwurf bis heute hat.
10. Erstellt eine Liste mit Werken von Marie Luise Kaschnitz und besprecht, inwiefern diese vom Thema Krieg geprägt sind.
11. Welches Gedicht dieser Seiten hat euch persönlich am meisten angesprochen? Erklärt, warum das so ist.

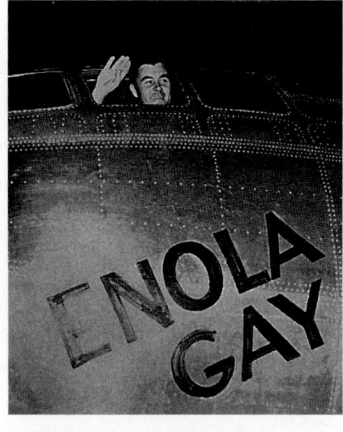

Verluste

Kriege sind extreme Grenzsituationen. Viele Schriftsteller wollten nach dem zweiten Weltkrieg ihre Kriegs- und Nachkriegserfahrungen bewältigen und anderen mitteilen. Sie wählten oft die Form der Kurzgeschichte als Ausdrucksmöglichkeit.

1. Informiert euch mithilfe der Internetadresse http://www.google.de über den Schriftsteller Wolfgang Borchert und erstellt eine Übersicht über sein Leben und seine Werke.
2. **a)** Lest die Kurzgeschichte und notiert beim Lesen, was ihr denkt oder fühlt, was euch auffällt oder was ihr nicht versteht.
   b) Diskutiert über eure ersten Leseeindrücke.

Die Küchenuhr

Sie sahen ihn schon von weitem auf sich zukommen, denn er fiel auf. Er hatte ein ganz altes Gesicht, aber wie er ging, daran sah man, dass er erst zwanzig war. Er setzte sich mit seinem alten Gesicht zu ihnen auf die Bank. Und dann
5 zeigte er ihnen, was er in der Hand trug.

Das war unsere Küchenuhr, sagte er und sah sie alle der Reihe nach an, die auf der Bank in der Sonne saßen. Ja, ich habe sie noch gefunden. Sie ist übriggeblieben. Er hielt eine runde tellerweiße Küchenuhr vor sich hin und tupfte
10 mit dem Finger die blaugemalten Zahlen ab.

Sie hat weiter keinen Wert, meinte er entschuldigend, das weiß ich auch. Und sie ist auch nicht besonders schön. Sie ist nur wie ein Teller, so mit weißem Lack. Aber die blauen Zahlen sehen doch ganz hübsch aus, finde ich. Die Zeiger
15 sind natürlich nur aus Blech. Und nun gehen sie auch nicht mehr. Nein. Innerlich ist sie kaputt, das steht fest. Aber sie sieht noch aus wie immer. Auch wenn sie jetzt nicht mehr geht.

Er machte mit der Fingerspitze einen vorsichtigen Kreis auf dem Rand der Telleruhr entlang. Und er sagte leise: Und sie ist übriggeblieben.
20
Die auf der Bank in der Sonne saßen, sahen ihn nicht an. Einer sah auf seine Schuhe und die Frau sah in ihren Kinderwagen. Dann sagte jemand: Sie haben wohl alles verloren?

Ja, ja, sagte er freudig, denken Sie, aber auch alles! Nur sie hier, sie ist übrig. Und
25 er hob die Uhr wieder hoch, als ob die anderen sie noch nicht kannten.

Aber sie geht doch nicht mehr, sagte die Frau.

Nein, nein, das nicht. Kaputt ist sie, das weiß ich wohl. Aber sonst ist sie doch noch ganz wie immer: weiß und blau. Und wieder zeigte er ihnen seine Uhr. Und was das Schönste ist, fuhr er aufgeregt fort, das habe ich Ihnen ja noch überhaupt nicht
30 erzählt. Das Schönste kommt nämlich noch: Denken Sie mal, sie ist um halb drei stehengeblieben. Ausgerechnet um halb drei, denken Sie mal.

Dann wurde Ihr Haus sicher um halb drei getroffen, sagte der Mann und schob wichtig die Unterlippe vor. Das habe ich schon oft gehört. Wenn die Bombe runtergeht, bleiben die Uhren stehen. Das kommt von dem Druck.

Er sah seine Uhr an und schüttelte überlegen den Kopf. Nein, lieber Herr, nein, da irren Sie sich. Das hat mit den Bomben nichts zu tun. Sie müssen nicht immer von den Bomben reden. Nein. Um halb drei war ganz etwas anderes, das wissen Sie nur nicht. Das ist nämlich der Witz, dass sie gerade um halb drei stehengeblieben ist. Und nicht um viertel nach vier oder um sieben. Um halb drei kam ich nämlich immer nach Hause. Nachts, meine ich. Fast immer um halb drei. Das ist ja gerade der Witz.

Er sah die anderen an, aber sie hatten ihre Augen von ihm weggenommen. Er fand sie nicht. Da nickte er seiner Uhr zu: Dann hatte ich natürlich Hunger, nicht wahr? Und ich ging immer gleich in die Küche. Da war es dann fast immer halb drei. Und dann, dann kam nämlich meine Mutter. Ich konnte noch so leise die Tür aufmachen, sie hat mich immer gehört. Und wenn ich in der dunklen Küche etwas zu essen suchte, ging plötzlich das Licht an. Dann stand sie da in ihrer Wolljacke und mit einem roten Schal um. Und barfuß. Immer barfuß. Und dabei war unsere Küche gekachelt. Und sie machte ihre Augen ganz klein, weil ihr das Licht so hell war. Denn sie hatte ja schon geschlafen. Es war ja Nacht.

So spät wieder, sagte sie dann. Mehr sagte sie nie. Nur: So spät wieder. Und dann machte sie mir das Abendbrot warm und sah zu, wie ich aß. Dabei scheuerte sie immer die Füße aneinander, weil die Kacheln so kalt waren. Schuhe zog sie nachts nie an. Und sie saß so lange bei mir, bis ich satt war. Und dann hörte ich sie noch die Teller wegsetzen, wenn ich in meinem Zimmer schon das Licht ausgemacht hatte. Jede Nacht war es so. Und meistens immer um halb drei. Das war ganz selbstverständlich, fand ich, dass sie mir nachts um halb drei in der Küche das Essen machte. Ich fand das ganz selbstverständlich. Sie tat das ja immer. Und sie hat nie mehr gesagt als: So spät wieder. Aber das sagte sie jedes Mal. Und ich dachte, das könnte nie aufhören. Es war mir so selbstverständlich. Das alles war doch immer so gewesen.

Einen Atemzug lang war es still auf der Bank. Dann sagte er leise: Und jetzt? Er sah die anderen an. Aber er fand sie nicht. Da sagte er der Uhr leise ins weißblaue runde Gesicht: Jetzt, jetzt weiß ich, dass es das Paradies war. Das richtige Paradies.

Auf der Bank war es ganz still. Dann fragte die Frau: Und Ihre Familie?

Er lächelte sie verlegen an: Ach, Sie meinen meine Eltern? Ja, die sind auch mit weg. Alles ist weg. Alles, stellen Sie sich vor. Alles weg.

Er lächelte verlegen von einem zum anderen. Aber sie sahen ihn nicht an.

Da hob er wieder die Uhr hoch und lachte. Er lachte: Nur sie hier. Sie ist übrig. Aber das Schönste ist ja, dass sie ausgerechnet um halb drei stehengeblieben ist. Ausgerechnet um halb drei.

Dann sagte er nichts mehr. Aber er hatte ein ganz altes Gesicht. Und der Mann, der neben ihm saß, sah auf seine Schuhe. Aber er sah seine Schuhe nicht. Er dachte immerzu an das Wort Paradies.

Wolfgang Borchert

Zeitgenössische Literatur

3. Gib den Inhalt der Geschichte mit deinen Worten wieder. Kannst du überhaupt von einer Handlung sprechen? Begründe.
4. Lies die Informationen zur Textgattung *Kurzgeschichte* und überprüfe anhand der Merkmale, ob „Die Küchenuhr" zu dieser Gattung gehört. Nenne Textstellen, die deine Annahmen belegen.

> Kurzgeschichten haben folgende Merkmale:
> - plötzlicher Einstieg in die Situation
> - Darbietung einer überraschenden, momentanen Grenzsituation
> - wenige, wichtige Augenblicke werden dargestellt
> - überschaubar (häufig nur zwei bis drei Personen, keine Hintergründe, der Ort wird nur skizziert, keine Zeitangaben)
> - Darstellung von Alltagssituationen und Alltagsmenschen
> - offenes Ende

5. Der Verfasser dieser Geschichte ist Wolfgang Borchert. Ein Teil der Geschichte wird in der Ich-Form erzählt. Aus wessen Sicht geschieht dies? Notiere in Stichpunkten, was du über den Erzähler erfährst. Erarbeitet gemeinsam ein Plakat mit den wichtigsten Informationen.

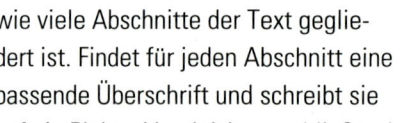

   > Der Verfasser wählt bewusst ein Gestaltungsmittel, das euch den Blick auf den Inhalt einer Geschichte vermittelt. Er setzt einen **Erzähler** ein, der seine Sichtweise des Geschehens darstellt. Der Erzähler kann in der Ichform stehen oder als nicht genannter Beobachter das Geschehen schildern.

6. Bildet Vierergruppen. Untersucht, in wie viele Abschnitte der Text gegliedert ist. Findet für jeden Abschnitt eine passende Überschrift und schreibt sie auf ein Plakat. Vergleicht anschließend die Gruppenergebnisse.

   > Um eine Geschichte und die Absicht des Verfassers zu verstehen, könnt ihr untersuchen, welchen **Aufbau** (Anfang, Schluss, Abschnitte) die Geschichte und welchen **Inhalt** (Handlung, Personen) sie hat.

7. Gerade in dieser Geschichte hat die Zeit eine besondere Bedeutung.
   a) Schreibe aus dem Text alle Wörter oder Ausdrücke heraus, die mit der Uhr und der Zeit zu tun haben.
   b) Bringe den zeitlichen Ablauf der Ereignisse in die richtige Reihenfolge.

   > Der Verfasser eines Textes bestimmt für euch den Ablauf der Zeit in seiner Geschichte, das heißt, er bestimmt, wie viel Raum er den Ereignissen gibt und welche Bedeutung sie dadurch erlangen. Ihr könnt unterscheiden in **Erzählzeit** (Zeit, die ihr zum Lesen braucht, Dauer des Erzählens) und **erzählte Zeit** (von welchem Zeitraum – ein Tag, ein Jahr – erzählt er).

8. Beurteile das Verhältnis zwischen der Erzählzeit für das Treffen an der Bank (ab Zeile 1) und der Erzählzeit für die Situation zu Hause (ab Zeile 40). Kannst du daraus etwas über die Beziehung zwischen der Mutter und ihrem Sohn schließen? Sprecht darüber.

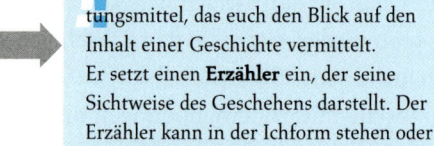

9. Suche Stellen aus dem Text, die deutlich machen, wofür die Uhr ein Symbol ist.
10. Der Titel lautet *Die Küchenuhr*. Finde andere Überschriften, die deiner Meinung nach genau so passend wären. Notiere sie.
11. Wie viele Personen sitzen auf der Bank? Schreibe auf, was du über sie erfährst und in welcher Beziehung sie zueinander und zu dem Ich-Erzähler stehen.
12. Betrachte den Redeanteil der einzelnen Personen. Schreibe die Zeilen heraus, in denen andere Personen als der junge Mann erzählen.
13. In der Kurzgeschichte wird nicht viel darüber ausgesagt, was die Personen auf der Bank denken oder fühlen. Versuche an den folgenden Stellen die Gedanken der Personen mit deinen Worten auszudrücken und schreibe sie auf.

> Zeile 1 f.: „Sie sahen ihn schon von weitem auf sich zukommen, denn er fiel auf."
>
> Zeile 20 f.: „Die auf der Bank in der Sonne saßen, sahen ihn nicht an. Einer sah auf seine Schuhe und die Frau sah in ihren Kinderwagen."
>
> Zeile 42: „Er sah die anderen an, aber sie hatten ihre Augen von ihm weggenommen."
>
> Zeile 62: „Einen Atemzug lang war es still auf der Bank."
>
> Zeile 65: „Auf der Bank war es ganz still."
>
> Zeile 68: „Aber sie sahen ihn nicht an."
>
> Zeile 72 f.: „Und der Mann, der neben ihm saß, sah auf seine Schuhe."

14. Der junge Mann redet zu den Menschen oder mit seiner Uhr. Denkt darüber nach, was die Menschen auf der Bank noch sagen können, und spielt die Situation nach. Diskutiert im Anschluss folgende Gesichtspunkte:
    - Wie fühlt sich der junge Mann?
    - Warum spricht er freudig über den Verlust seiner Familie?
    - Warum schauen die anderen oft weg?
    - Was bedeutet das Paradies im Zusammenhang mit der Geschichte?
15. a) Vergleiche die Sprache in dieser Kurzgeschichte mit der Sprache Otto von Guerickes auf Seite 142. Welche Stimmung wird jeweils vermittelt? Belege mit passenden Textstellen.
    b) Ziehe Rückschlüsse daraus auf die Zeit, in der die Texte entstanden sind, und auf das daraus resultierende Selbstverständnis der Menschen.
16.    Heinrich Böll, Günter Grass, Elisabeth Langgrässer sind ebenfalls zeitgenössische Dichter, die sich in ihren Werken mit dem Krieg und seinen Folgen auseinandergesetzt haben.
Wähle eine/einen dieser drei aus und erstelle ein Kurzreferat zu dem Autor oder zu der Autorin.

Damals – heute

Auch Autoren von Kinder- und Jugendliteratur thematisieren unterschiedliche Kriegsschauplätze und -ereignisse.

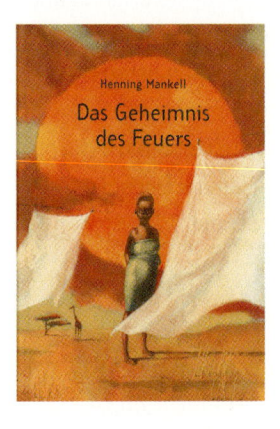

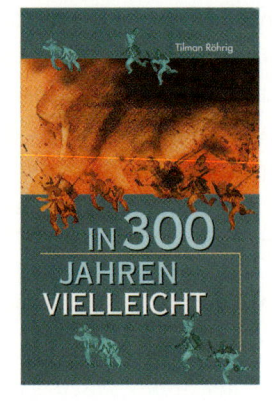

1. Beschreibe genau, was jeweils auf den Buchdeckeln dargestellt ist. Geh auch auf die farbliche Gestaltung ein.
2. Stelle auf der Basis dessen, was du durch das Buchäußere erfährst, Vermutungen darüber an, worum es in diesen Büchern gehen könnte (Handlung, Orte, Zeit). Konnten die Bücher dein Interesse wecken? Begründe.
3. Versucht, die Klappentexte dem passenden Buchtitel zuzuordnen. Diskutiert eure Entscheidungen und eventuell auftauchende Probleme bei der Zuordnung.

Eggebusch im Oktober 1641:
Hunger, Elend und Furcht bestimmen das Leben in dem kleinen Ort. Nur wenige Menschen können sich noch an die Zeit vor dem
5 Krieg erinnern.
Gegen die Not, den Krieg mit seinen plündernden Soldatenhorden und die Angst vor der Pest setzt der 15-jährige Jockel seine Liebe zu Katharina und die Hoffnung, dass irgend-
10 wann wieder Friede sein wird:
in dreihundert Jahren vielleicht.

Sorglos und behütet wächst die kleine Jeanne in Ruanda auf. Doch ihre unbeschwerte Jugend nimmt ein jähes Ende, als kurz vor ihrem achten Geburtstag der Bürgerkrieg be-
5 ginnt. Hilflos muss das Mädchen mit ansehen, wie seine Familie grausam hingemetzelt wird. Erst bei Hanna Jansen, einer Frau, die bereits zehn Kinder aus aller Welt bei sich aufgenommen hat, findet das heimatlose Kind ein neues
10 Zuhause.
Eine wahre Geschichte, die bei aller Grausamkeit dem Leser den Glauben an die Menschlichkeit zurückgibt!

Die alte Muazena war es, die Sofia zum ersten Mal vom Geheimnis des Feuers erzählt hatte. Im Feuer, hatte Muazena gesagt, können wir unsere Zukunft sehen, aber im Feuer leben auch unsere Erinnerungen. Sofia hat viele Erinnerungen. An Maria, die ältere Schwester, die ihr so ähnlich war, an ihren Vater Hapakatanda, der sie immer hoch in den Himmel hinaufgehoben hatte, damit sie die Sonne begrüßen
5 konnte, an das Dorf, das sie eines Tages verlassen mussten. Wie viele Vollmonde ist das schon her? Sofia weiß es nicht. Sie weiß nur: Mit der Zeit ist es etwas Merkwürdiges. Es gibt sie und es gibt sie nicht ...
Sofia lebt an der Ostküste Afrikas, in Mosambik, das durch einen fast zwanzig Jahre währenden Bürgerkrieg zu einem der ärmsten Länder der Erde geworden ist. Damit das, was sie erlebt und erlitten hat, nicht vergessen wird, hat Henning Mankell, der seit Jahren in Mosambik arbeitet, ihre Geschichte auf-
10 geschrieben. Denn Sofia gibt es wirklich.

---

4. Tauscht euch über euer Vorwissen zu den geschilderten Ereignissen aus. Informiert euch auch im Internet.

5. Lies die folgenden Texte still und notiere für dich die Empfindungen, die du dabei hattest.

Text 1

Ein Keulenschlag traf Jeanne an der Schulter. Sie schrie auf.
„Jetzt rede endlich!"
Es folgte ein zweiter Schlag.
„Lass das!", schrie sie. „Ich bin eine Hutu!"
5 Kaum waren diese Worte heraus, da sah sie, dass zwei Männer Jando über den Hof schleppten, während andere, die hinter ihm waren, mit Keulen auf ihn einschlugen und nach ihm traten. Er musste schon im Haus geschlagen und verletzt worden sein, denn er konnte sich kaum noch auf den Beinen halten. Seine Augen halbgeschlossen, den Kopf zur Seite geneigt, hing er zwischen seinen Peinigern. Sie prü-
10 gelten ihn durch das Tor. Er gab keinen Laut von sich, als wäre er schon bewusstlos. Aber Jeanne fing einen Blick voller Qual auf. Sie geriet außer sich.
„Lasst ihn los! Sofort! Er ist mein Bruder! Er hat euch nichts getan!"
„Du hast uns angelogen!" Die kalte Stimme des Mannes in den Schuhen, die ihm nicht gehörten, streifte ihr Ohr.
15 Ohnmächtig musste sie zusehen, wie Jando unter unaufhörlichen Schlägen und Tritten zum Vorplatz der Gemeinde gestoßen wurde, wo sich noch andere Mordwillige und ein paar Soldaten und Polizisten versammelt hatten.
Sie riss sich los und rannte ihrem Bruder nach. Doch bevor sie ihn erreichen konnte, sah sie einen Bauern, der quer über den Platz lief. Scheinbar ohne Ziel.
20 Als er jedoch die Gruppe mit Jando im Vorbeilaufen passierte, hob er seine langstielige Feldhacke und hieb ihre Spitze in Jandos Hinterkopf. Jando sackte zusammen. Blieb liegen und bewegte sich nicht mehr. Noch immer prasselten Schläge auf ihn herab. Der Bauer war verschwunden.

Text 2

„Was machst du?", fragte Maria, die auf dem Pfad dicht neben ihr stand.
„Nichts", sagte Sofia. „Ich spiele."

Sie hüpfte auf dem linken Fuß.
Dann setzte sie den rechten Fuß auf, um einen Schritt zum Pfad zurückzumachen.
5 Da wurde die Erde in Stücke gerissen.
Hinterher war alles sehr still.
Sofia dachte, sie läge in einem Ameisenhaufen und Tausende von wütenden Ameisen bissen und rissen an ihrem Körper. Es war ein Gefühl, als ob sie auch im Bauch Ameisen hätte, im Kopf, in den Beinen. Sie lag auf der Seite, sie konnte nicht richtig
10 sehen und die Schmerzen waren so groß, dass sie nicht einmal schreien konnte. Maria lag einige Meter von ihr entfernt, vornübergefallen, halb in einem Gebüsch. Sofia dachte, ihr weißes Kleid sei weg, über das sie sich so gefreut hatte. Jetzt hingen nur noch einige zerrissene Fetzen Stoff um ihre Taille. Sie waren nicht mehr weiß. Sie waren rot. Sofia begriff, dass es Blut war.
15 Wieder versuchte sie zu schreien, nach Maria zu rufen, nach Mama Lydia. Sie spürte, wie sie fiel, die Ameisen bissen und zerrten an ihrem Körper und dann versank sie in einer endlosen Dunkelheit.

Text 3

Sehnsüchtig schaute Jockel den beiden nach, die hastig den Handwagen über den holprigen Weg zerrten. Wie oft hatte er sich schon gewünscht, Eggebusch auch zu verlassen – einfach wegzugehen.

„Nur mit großem Glück entkommen wir den Wegelagerern und erreichen die Stadt", hatte sein Vater abgewinkt. „Und dann weißt du nicht, ob die Wachen uns überhaupt reinlassen. Nein, die in der Stadt verrammeln die Tore und schießen auf uns. Die in der Stadt werden selbst von den Soldaten ausgeraubt, da ziehen die Heere vorbei, die aus dem Süden oder von Westen kommen. Die Bürger, die haben selbst nichts zu essen. Nein, hier in Eggebusch ist unser Zuhause."

Zu Hause.

Auch für Jockel war es kaum vorstellbar, nicht mehr neben der Lohgrube zu wohnen, nicht mehr den scharfen Geruch der Alaunbeize in der Nase. Und doch – an solch einem Morgen wie heute wäre es gut fortzugehen. Nur fort – ohne an das Wohin zu denken.

Unruhig schlug Tobias mit seinem Stock auf die Steine des Fahrwegs. „Komm, Jockel. Wir müssen weitersuchen."

Noch in Gedanken wandte sich Jockel um und nickte dem Freund zu. Sie gingen weiter zum Wald hinauf.

„Willst du weg?", fragte der Fünfzehnjährige den Sohn des Küsters.

„Weg?"

„Ich mein, ganz weg von zu Hause?"

Tobias schüttelte den Kopf. „Nur wenn Mutter und Vater mitkommen und Anne –" Er stockte. Wie eine Welle riss ihn die Angst um die Schwester wieder mit. Auch Jockel erschrak, weil er eine Sehnsucht lang von Anne weggelaufen war.

Später, oben in der Wegbiegung führten die Hufspuren über die Straße hinaus und gerade weiter zwischen den ersten Sträuchern hindurch. Auf niedergetrampelten Blaubeerbüschen lag das nackte Mädchen.

Anne rührte sich nicht.

Entsetzt standen die beiden Jungen. Tobias sah seine Schwester und doch war er nicht fähig, irgendetwas wahrzunehmen. Dann erkannte er den faustgroßen Stein, der blutverschmiert neben ihrem Kopf lag. Und plötzlich erfasste ihn die Wirklichkeit: Ihre Stirn, die Lider, das ganze Gesicht war blaurot geschwollen. Die Spuren überdeckten den ganzen Körper. Der Unterleib und die Schenkel waren blutverschmiert.

Das ist nicht Anne, wehrte sich Tobias. Ungläubig ging er auf das zerschundene Mädchen zu und kniete sich neben die Regungslose. Immer wieder drängte es in ihm, dass seine Schwester doch zu Hause sei!

6. Benenne die *Waffen*, mit denen jeweils die Gräueltaten ausgeführt werden.
7. Diese Bücher sind für Kinder bzw. Jugendliche. Stelle Vermutungen darüber an, warum dennoch diese Brutalität und Grausamkeiten so ausführlich beschrieben werden.
8. Sofia und Jeanne gibt es wirklich. Sprecht darüber, was ihre Situation für ihre Kindheit bedeutet.
9. Jockel ist eine fiktive Figur. Wie ist es Tilman Röhrig gelungen, diese Person glaubwürdig darzustellen? Suche im Kapitel *Barock* nach Informationen, die belegen, dass diese Ereignisse so stattgefunden haben können.

S. 140 ff.

10. Diskutiert die Vor- und Nachteile, die Bücher haben, die über eine fiktive Figur in einem historischen Kontext berichten, im Unterschied zu denen, die über Erfahrungen heute lebender Personen erzählen.
11. a) Gehe in die Bücherei und sucht dort nach Jugendbüchern, die ebenfalls von Kriegserlebnissen von Kindern und Jugendlichen handeln.
    b) Stelle sie chronologisch nach ihrem Inhalt geordnet vor.
    c) Zu welchem Zeitraum hast du am meisten gefunden? Versuche diese Tatsache zu begründen.

12. Überlegt gemeinsam, welche Gründe es dafür geben könnte, dass es zu den ganz aktuellen Kriegen noch so gut wie keine Literatur gibt.

99 Luftballons

Hast du etwas Zeit für mich
dann singe ich ein Lied für dich
von 99 Luftballons
auf ihrem Weg zum Horizont

5 Denkst du vielleicht grad an mich
dann singe ich ein Lied für dich
von 99 Luftballons
und dass sowas von sowas kommt

99 Luftballons
10 auf ihrem Weg zum Horizont
hielt man für Ufos aus dem All
darum schickte ein General
Fliegerstaffeln hinterher
Alarm zu geben wenn's so wär
15 dabei warn da am Horizont
nur 99 Luftballons

99 Düsenflieger
jeder war ein großer Krieger
hielten sich für Captain Kirk
20 es gab ein großes Feuerwerk
die Nachbarn haben nichts gerafft
und fühlten sich gleich angemacht
dabei schoss man am Horizont
auf 99 Luftballons

25 99 Kriegsminister
Streichholz und Benzinkanister
hielten sich für schlaue Leute
witterten schon fette Beute
riefen Krieg und wollten Macht
30 man wer hätte das gedacht
dass es einmal soweit kommt
wegen 99 Luftballons
wegen 99 Luftballons

99 Luftballons

35 99 Jahre Krieg
ließen keinen Platz für Sieger
Kriegsminister gibt's nicht mehr
und auch keine Düsenflieger
heute zieh ich meine Runden
40 seh die Welt in Trümmern liegen
hab'n Luftballon gefunden
denk an dich und lass ihn fliegen

Nena

Fantasie von Übermorgen

Und als der nächste Krieg begann,
da sagten die Frauen: Nein!
und schlossen Bruder, Sohn und Mann
fest in der Wohnung ein.

5 Dann zogen sie, in jedem Land,
wohl vor des Hauptmann Haus
und hielten Stöcke in der Hand
und holten die Kerle heraus.

Sie legten jeden übers Knie,
10 der diesen Krieg befahl:
die Herren der Bank und Industrie,
den Minister und General.

Da brach so mancher Stock entzwei.
Und manches Großmaul schwieg.
15 In allen Ländern gab's Geschrei,
und nirgends gab es Krieg.

Die Frauen gingen dann wieder nach Haus,
zum Bruder und Sohn und Mann,
und sagten ihnen, der Krieg sei aus!
20 Die Männer starrten zum Fenster hinaus
und sahn die Frauen nicht an …

Erich Kästner

13. **a)** Stelle die Kernaussage sowohl des Gedichts „Fantasie von übermorgen" als auch des Liedes „99 Luftballons" heraus.
b) Nenne Unterschiede und Gemeinsamkeiten.
c) Deute die Tatsache, dass vierzig Jahre zwischen der Entstehung der beiden Texte liegen.

14. Erörtert, was die drei Pünktchen am Ende der letzten Strophe des Gedichtes *Fantasie von Übermorgen* aussagen könnten.

15. Diskutiert über den Titel des Gedichts und zieht Rückschlüsse auf Erich Kästners Erfahrungen und Visionen.

16. Sammle weitere Texte zum Thema *Die Erde ohne Krieg*.

17. Verfasse einen Text zu der Utopie *Nie wieder Krieg*.

Von Alltagsmenschen und Weltraumhelden

Wie erkennt man, ob Literatur gut oder schlecht ist? Kann man das überhaupt erkennen?

Früher wurde gerne zwischen „guter", meist sehr ernsthafter Literatur einerseits und einer für ein Massenpublikum geschriebenen, eher „trivialen"[1] Unterhaltungsliteratur andererseits unterschieden. Doch die klaren Grenzlinien – falls es sie überhaupt je gab – haben sich verwischt.

Für den Umgang mit Literatur ist die Fähigkeit zu einem begründeten Urteil von besonderer Bedeutung. Mithilfe der Aufgaben auf den folgenden Seiten sollt ihr euch einige Kriterien (Maßstäbe) erarbeiten, nach denen man allgemein die Qualität von Literatur bewerten kann, unabhängig von der genannten traditionellen Unterteilung.

[1] platt, abgedroschen

1. Nimm Stellung zum obigen Einleitungstext.
    - Gibt es für dich gute und schlechte Literatur? Sammle Beispiele.
    - Nenne Merkmale, die deiner Meinung nach „gute" Literatur ausmachen.
2. Befragt Gleichaltrige, jüngere Mitschüler und Mitschülerinnen sowie Erwachsene danach, *was sie gerne lesen, warum sie dieses gerne lesen* und *was für sie jeweils schlechte und gute Literatur ist*. Notiert eure Ergebnisse auf Karten und erstellt auf einer Wandzeitung eine geordnete Übersicht.
3. Vergleicht die Antworten der unterschiedlichen Altersgruppen unter folgenden Aspekten miteinander:
    - Welche allgemeingültigen Aussagen lassen sich treffen?
    - Werden Einzelwerke oder Serien bevorzugt?
    - Stehen Lesefreude und Auswahl der Bücher in einem direkten Verhältnis?
4. a) Lies den folgenden Text, schlage die dir unbekannten Fachbegriffe nach und informiere dich über die angesprochenen literarischen Beispiele.
    b) Notiere in einer Tabelle stichpunktartig die Merkmale, die jeweils anspruchsvoller Literatur und Massenliteratur zugeordnet werden.
    c) Vergleicht eure Ergebnisse und formuliert gemeinsam Kriterien, mithilfe derer ihr Literatur untersuchen und bewerten könnt. Ergänzt sie auf der Wandzeitung.

In vielen literarischen Werken gibt es eine Hauptfigur. In anspruchsvolleren Büchern wird diese mit all ihren Stärken und Schwächen sowie ihren Widersprüchen genau charakterisiert. Literatur dagegen, die bewusst für ein Massenpublikum produziert wird, kennzeichnet die Hauptfigur häufig als einen Helden mit
5 ausschließlich gutem Charakter und besonderen, wie bei Perry Rhodan, auch übermenschlichen Eigenschaften. Der „Held" kann aber auch wie Harry Potter eine sehr sympathische Figur sein, die Schwächen aufweist, sich aber dennoch durch-

setzt. Der Leser kann sich so mit dem Helden identifizieren, weil er wie jeder Mensch Stärken und Schwächen hat.

Die Gegenspieler sind in der Massenliteratur meist eindeutig böse, ohne irgendwelche positiven Charaktereigenschaften gestaltet, verfügen aber oft über körperliche Stärke. Anspruchsvolle Literatur zeichnet in der Regel auch bei den Gegenspielern der Hauptfigur ein wesentlich differenzierteres Bild. Manchmal gibt es auch nur andere Figuren, aber keine direkten Gegenspieler.

Die meisten Werke, die für ein Massenpublikum geschrieben werden, folgen bestimmten Handlungsmustern.

Der Held muss eine Reihe von Abenteuern, bei denen es häufig um Leben oder Tod geht, bestehen, um am Ende, beim Happyend, als strahlender Sieger zu triumphieren. Es kommt dabei vorrangig auf Spannung und Nervenkitzel an, das äußere Geschehen überwiegt eindeutig die Darstellung des inneren Geschehens; vergleichbar etwa dem Action-Kino. Es gibt häufig keinen erkennbaren Spannungsaufbau, vielmehr reihen sich dramatische Höhepunkte aneinander. Die dargestellten Probleme sind nicht realistisch, haben mit dem Alltag der Leser meist wenig zu tun.

Für derartige Handlungsmuster bieten sich deshalb besonders Stoffe an, die über unsere Realität hinausgehen, wie z. B. Fantasy-Romane. Sie spielen in einer Fantasiewelt, in die auch historische Begebenheiten, Sagen etc. einbezogen sein können. Auch märchenähnliche Stoffe wie Harry Potter oder Science-Fiction-Romane wie Perry Rhodan, in denen es um die Darstellung einer zukünftigen wissenschaftlich-technischen Entwicklung eingebunden in eine Romanhandlung geht, sind häufig.

Solche Romane sind meist sehr handlungsbetont. Das schlägt sich auch in der Sprache nieder.

Zahlreiche Adjektive, oft in Form von Superlativen, werden verwendet. Ausdrucksstarke Verben verdeutlichen vor allem die Aktionen. Bestimmte Nomen sowie Eigennamen sollen eine besondere Atmosphäre erzeugen. Dazu dienen auch Wortneuschöpfungen. Die Texte sind sprachlich einfach geschrieben. Die Bücher sollen schnell gelesen, „verschlungen", werden können. Der Leser soll nicht mit neuartigen Formulierungen oder komplizierten Sätzen überfordert werden, ständig wiederholte Grundmuster z. B. in der Wortwahl und im Satzbau sind üblich. Dialoge spielen eine wichtige Rolle. Beschreibungen neigen manchmal zu Klischees (Männer sind stark, Frauen schön, Bösewichte finster usw.).

An Literatur für ein Massenpublikum (Massenliteratur) werden bestimmte Anforderungen gestellt. Der Geschmack einer möglichst großen Anzahl von Lesern soll angesprochen werden, ihr Bedürfnis nach Ablenkung, Unterhaltung, Nervenkitzel etc. soll befriedigt werden. Bestimmte Handlungs- und Sprachmuster erleichtern den Lesern den Zugang. Die Stoffe lassen sich häufig beliebten Genres (literarischen Gattungen), z. B. dem Fantasy-Roman, dem Science-Fiction-Roman, dem Kriminalroman usw. zuordnen.

Der Literatur für ein Massenpublikum liegt häufig ein Gesamtkonzept zugrunde. Es gibt zahlreiche Reihen wie Perry Rhodan oder auf mehrere Bände angelegte Projekte wie Harry Potter. Zunehmend spielen auf dem literarischen Markt Faktoren wie Werbekampagnen, Lesereisen, Produkte und Fanartikel zu den Büchern, Verfilmungen, interaktive Spiele, das Internet usw. eine wichtige Rolle.

5. Bildet Gruppen zu viert.

a) Lest die folgenden Anregungen zur Bearbeitung und entscheidet, welche Schwerpunkte ihr bei der Arbeit setzen wollt:
- allgemeine Aufgaben rund um die Literatur oder
- Untersuchung und Bewertung eines literarischen Beispiels. Wählt eines der folgenden aus und beschafft es euch – wenn ihr es nicht zu Hause habt – in der Bibliothek oder fragt Familie und Freunde, ob sie es euch ausleihen können.
  – *Perry Rhodan* von verschiedenen Autoren
  – *Harry Potter* von Joanne K. Rowling
  – *Auf Wiedersehen im Cyberspace* von Gillian Cross
  – die aktuelle Klassenlektüre

b) Überlegt, welches Produkt (Werbeplakat, Buchbesprechung, Radiobeitrag, Artikel für die Schülerzeitung …) ihr herstellen möchtet. Basis für die Erstellung eures Produkts sind – neben eigenen Überlegungen – folgende Aufgaben.

Aufgaben rund um die Literatur:

- Findet Beispiele für Bücher und Filme, in denen Menschen oder andere Lebewesen besonders lange leben oder gar unsterblich sind. Welchen Bedürfnissen des Menschen können solche Motive entgegenkommen?
- Fertigt eine kurze Beschreibung eines Helden an, in die drei Vorgaben zu Charakter bzw. Aussehen eingebaut werden, die ihr von eurer Nachbarin/eurem Nachbarn erhalten habt. Tauscht die Beschreibung anschließend mit eurem Nachbarn/eurer Nachbarin und verfasst eine parodistische Beschreibung des Helden, indem ihr an einigen Stellen bewusst übertreibt.
- Sammelt Beispiele dafür, wie in Büchern bzw. Filmen Helden und Gegenspieler dargestellt werden. Gibt es dabei eine eindeutige Schwarz-Weiß-Zeichnung, d. h. werden Held und Antiheld in manchen Fällen ausschließlich gut bzw. ausschließlich böse dargestellt?

- Ist es attraktiv, einem Literaturfanclub beizutreten? Begründet eure Meinung.
- Bücher müssen verkauft werden. Was tun Verlag und Autor, damit sich die Bücher besser verkaufen?
- Was ist von der Unterscheidung Kinderbücher – Erwachsenenbücher zu halten? Begründet eure Meinung.

Aufgaben, die für eines der ausgewählten Bücher geeignet sind:

- Beschreibt, welche besonderen Merkmale die Perry-Rhodan-Reihe bereits auf der ersten Seite zeigt.
- Was erfährt man aus der Zusammenfassung der bisherigen Geschehnisse über Zeit, Ort und Grundzüge der Handlung?
- Listet die Wörter auf, die auf die Zukunft verweisen. Markiert dabei die Wortneuschöpfungen. Warum können die Autoren der Reihe davon ausgehen, dass die Leser den Text dennoch verstehen?
- Was kann man bereits über die Handlung des Heftes/Buches vermuten?
- Beschreibt, wie „der Held" eingeführt wird und um welche Art von Held es sich handelt.
- Gestaltet eine Radio-Reportage bzw. einen Fernseh-Kommentar zu einem Quidditch-Spiel oder zu einem Rennen wie bei *Perry Rhodan*.
- Ein klassisches Beispiel für eine abgeschlossene Romanwelt mit bestimmten Handlungsmustern ist der Kriminalroman. Häufig ist hier ein Detektiv der Held. Sicher lesen viele in eurer Klasse auch gerne Kriminalromane. Ermittelt aufgrund eurer Leseerfahrung, ob die von euch gelesenen Kriminalromane Merkmale von Massenliteratur aufweisen.
- Welche Besonderheiten im Satzbau fallen auf? Wie könnte man die Art der Sprache insgesamt beschreiben? Versucht die Sprache des Textes zu beschreiben. Folgende Fragen können euch dabei helfen: Wird übertrieben formuliert? Wird etwas so dargestellt, wie es in anderen Texten auch immer dargestellt wird? Finden sich neue, überraschende Formulierungen?
- Dient die Sprache dazu, komplexere Zusammenhänge, Denkvorgänge, kompliziertere Gefühle etc. auszudrücken?
- Welche Perspektive wird verwendet (Ich-Form; Er-Form; auktoriales, personales oder neutrales Erzählen)?
- Warum spielt Gewalt bei vielen Texten dieser Art eine so große Rolle? Wie wird Gewalt auch schon auf dem Buchdeckel gezeigt? Was soll neben Gewalt auf dem Buchdeckel außerdem zum Ausdruck gebracht werden?
- Was erfährt der Leser über Charakter und Äußeres der Hauptpersonen? Welche sprachlichen Mittel werden hierbei verwendet?
- Warum werden sehr häufig Dialoge eingesetzt, um die Handlung voranzutreiben?
- „Sex & Crime" gilt als Erfolg versprechende Mischung in vielen Büchern, die sich an ein Massenpublikum richten. Inwiefern ist euer Text hierfür ein typisches Beispiel?
- Fasst die Situation zu Beginn der Serie *Perry Rhodan* zusammen.
- Wie ist der Erfolg der Serie *Perry Rhodan* zu erklären?
- Vergleicht Perry Rhodan mit anderen Fortsetzungsreihen, Daily Soaps etc.
- Welche Bedeutung hat es, dass *Harry Potter* eine Serie von Büchern ist?

So gelingt dein Kurzreferat

Du hast dein Thema für ein Referat formuliert und bereits geeignete Materialien gefunden? Dann musst du dir jetzt Gedanken darüber machen, wie du das Referat aufbauen möchtest und welche Materialien du für deine Zuhörer bereitstellst.

> Der einfachste Weg ist die **Gliederung** in **Anfang – Hauptteil – Schluss**. Der Anfang ist dein Einstieg! Er muss bei deinen Zuhörern und Zuhörerinnen das Interesse wecken und ganz klar sagen, über was du reden möchtest.

1. Ordne die Tipps A bis F den sechs verschiedenen Referatanfängen zu.

- A Stelle deinen Zuhörern und Zuhörerinnen eine Frage!
- B Nenne deine wichtigsten Ziele!
- C Stelle deine Gliederung kurz vor!
- D Beginne mit einer besonders interessanten oder lustigen Geschichte zu deinem Thema!
- E Beginne mit einem überraschenden Ergebnis!
- F Nenne allgemein bekannte Dinge!

1. Mein Referat besteht aus folgenden sechs Teilen …
2. Ich möchte euch heute darüber informieren, warum das Barock eine so von Gegensätzen geprägte Epoche war.
3. Wisst ihr eigentlich, wie man berühmt wird?
4. 90 % aller Jugendlichen hatten schon einmal Weltschmerz.
5. Letztes Jahr war ich in Versailles. Da habe ich etwas Lustiges erlebt …
6. Jeder weiß, dass Könige ein Leben in der Sonne führen, das aber auch Schattenseiten hat.

2. Überlege dir einen interessanten Einstieg zum Thema „Dreißigjähriger Krieg".

S. 142 ff.

3. Schreibe den folgenden Text ab und setze dabei passende Begriffe aus dem Wortkasten in die Lücken ein. So erfährst du, worauf es beim Hauptteil eines Referates ankommt.

Die Mitte deines Referates ist der XXX. Der Hauptteil beinhaltet die XXX deines Vortrags. Der Hauptteil ist nach der XXX geordnet: das weniger Wichtige kommt zuerst, das Wichtigste am XXX. Mithilfe der XXX *Was? Wer? Wo? Wie? Warum?* gehst du sicher, dass du alle XXX berücksichtigst hast. XXX deinen Vortrag so, dass
5 die Zuhörenden gut folgen können. Dazu kannst du XXX benutzen. Fasse am Ende deine XXX noch einmal zusammen.

> Kernaussagen • Schlüsselbegriffe • Informationen • strukturiere • Hauptteil • Schluss • W-Fragen • wichtigsten Aussagen • Wichtigkeit

> Während des Vortrags ist das **Referat** ein **gesprochener Text**. Die Zuhörenden können nicht zurückblättern, sondern müssen dir beim Vortrag folgen. Deshalb musst du **wichtige Informationen wiederholen, Fachbegriffe erklären** und **einzelne Argumente sprachlich miteinander verbinden**.

Auch der **Schluss** deines Referates ist wichtig, weil der letzte Eindruck immer haften bleibt. Wenn du dich auf das Ende gut vorbereitest, wird die Aufmerksamkeit der Zuhörenden noch einmal erhöht.

4. Schreibe jeweils einen Tipp für den Schluss des Referats auf eine Karteikarte.

Fasse die Punkte, die du in der Mitte genannt hast, zu einer Aussage zusammen!
Sprich die Zuhörer noch einmal direkt an!
Knüpfe erneut an den Anfang an!
Formuliere eine persönliche Einschätzung!
Fordere die Zuhörenden zum Handeln auf!
Nenne andere Lösungsmöglichkeiten!

5. Wähle aus den folgenden Schlussformulierungen die aus, die deiner Meinung nach einen der oben genannten Tipps befolgen, und ergänze sie auf der jeweiligen Karteikarte.

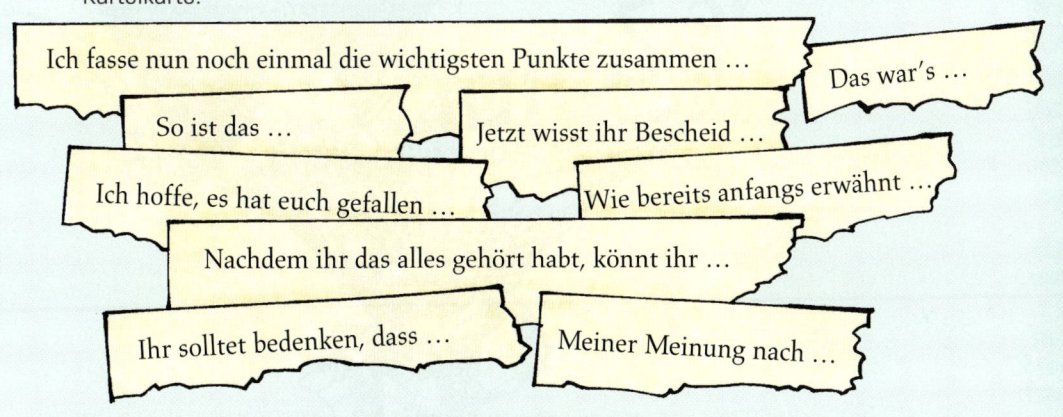

- Ich fasse nun noch einmal die wichtigsten Punkte zusammen …
- Das war's …
- So ist das …
- Jetzt wisst ihr Bescheid …
- Ich hoffe, es hat euch gefallen …
- Wie bereits anfangs erwähnt …
- Nachdem ihr das alles gehört habt, könnt ihr …
- Ihr solltet bedenken, dass …
- Meiner Meinung nach …

6. Finde eigene Schlussformulierungen und ergänze sie.
7. Schreibe den folgenden Text ab und ergänze ihn mithilfe passender Wörter aus dem Speicher.

Vorbereitung des Kurzreferates für die Zuhörer und Zuhörerinnen
Damit die Zuhörer, die mit einer Fülle neuer ⬤ konfrontiert werden, einen Nutzen aus dem Referat ziehen, sollte man ein ⬤ mitliefern. Darauf sollten
- ⬤
- ⬤
- ⬤
- ⬤

angegeben werden.
Zusätzlich können ⬤, die z. B. per Folie präsentiert werden (Karten, ⬤ etc.) verkleinert abgedruckt werden.
Wichtig ist auch, dass ⬤ zum Notieren eigener Gedanken auf dem Blatt gelassen werden.

Stichwörter (Zahlen, schwierige Begriffe/Namen) • Info-Blatt (Handout) • Thema und Name des Referenten • Diagramme • Informationen • die Gliederung des Referats • freier Platz • Materialien • die wichtigsten Informationsquellen

Ein Papier, das es in sich hat

1. Eine Zeitung kann vielerlei Aufgaben erfüllen.
Welche verschiedenen Verwendungszwecke zeigt die Karikatur, welche fallen dir noch ein?

Was so alles in der Welt passiert – davon berichten auch Fernsehen und Radio, bunte Zeitschriften und das Internet. Trotz dieser Fülle von Konkurrenz greifen sehr viele Menschen täglich neugierig zu „ihrer" Zeitung.
Damit ihr euch eine eigene Meinung über Zeitungen bilden könnt, solltet ihr zunächst den Aufbau und die Inhalte einer Zeitung kennenlernen.

Aufbau und Inhalt

Das Interesse an der Zeitung lebt davon, dass der Leser täglich das Neueste erfahren will. Dennoch sieht die Titelseite einer Zeitung nicht jeden Tag komplett anders aus. Wenn auch die Inhalte wechseln, so bleiben doch Aufteilung und grafische Gestaltung gleich, damit der eilige Leser sich im vertrauten Schema schnell zurechtfindet. Jede Zeitung hat ihre eigene typische Titelseite.

1. Sicher werden in euren Familien einige unterschiedliche Tageszeitungen gelesen. Bringt jeweils ein möglichst aktuelles Exemplar mit in den Unterricht.
2. Nennt alle Unterschiede und Gemeinsamkeiten, die euch auf den ersten Blick am Aufbau der mitgebrachten Titelseiten auffallen.
3. a) Klärt an den vorliegenden Zeitungen, welche Elemente zu einem Zeitungskopf gehören und welche Informationen er enthält.
   b) In den meisten Zeitungsköpfen findet ihr den Begriff *unabhängig*. Diskutiert über die Bedeutung des Begriffes im Zusammenhang mit der Zeitung und erörtert mögliche Probleme, die sich daraus ergeben könnten.

Damit ihr in der Schule Zeitungen genauer untersuchen könnt, sprecht mit eurer Lehrkraft ab, in welchem Zeitraum ihr mit welcher Zeitung arbeiten wollt. Bestimmt entweder Schüler und Schülerinnen, die jeweils einen Klassensatz dieser Zeitung besorgen, oder geht in eine Redaktion in eurem Ort und bittet um Zustellung eines Klassensatzes in die Schule.

4. a) Vergleicht die Titelseiten von drei Ausgaben eurer Zeitung. Bildet Gruppen und ordnet die Begriffe den einzelnen Teilen der Seite so zu, wie sie eurer Meinung nach richtig sind: *Zeitungskopf, Bildunterzeile, Randnotiz/Kommentar, Aufmacher, Spalte, Meldung, Bild ...*
   b) Vergleicht und korrigiert gegebenenfalls die Zuordnungen im Plenum.
   c) Fertigt eine Skizze an und tragt die Bezeichnungen ein.
5. Die meisten Artikel auf der Titelseite münden in einen Hinweis, auf welcher Seite im Innern der Zeitung Weiteres zu dem Thema zu finden ist.
   Warum werden auf der ersten Seite so viele Themen nur „angerissen"?

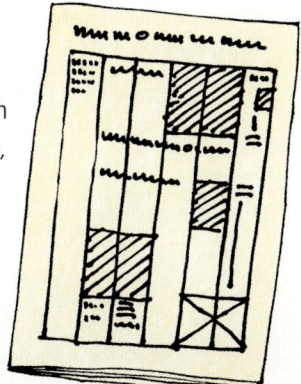

6. Wähle aus den vorhandenen Zeitungen einen Artikel, der dich besonders interessiert. Schneide ihn aus, klebe ihn auf ein Blatt und beschrifte ihn nach folgendem Muster:

Eigener Name: _____

Name der Zeitung: _____ Datum: _____

Der Artikel erschien unter dem Seitenkopf [1]: _____
In dem Artikel geht es um _____
_____
_____

Er ist besonders lesenswert, weil _____
_____
_____
_____
_____
_____

7. a) Stellt eure Artikel vor, indem ihr sie an einer Pinnwand anbringt und kommentiert. Achtet darauf, dass Artikel, die inhaltlich zusammenpassen, als Gruppe an der Wand angebracht werden.
b) Sucht geeignete Oberbegriffe für die Artikel-Gruppen, schreibt sie auf Kärtchen und heftet sie dazu.
8. Sichtet eure Interessensschwerpunkte: Welche Seitenköpfe tauchen vermehrt auf? Welche Seitenköpfe, die es in der Zeitung gibt, fanden keine Beachtung? Diskutiert mögliche Gründe.

---

[1] Als „Seitenkopf" bezeichnet man die oberste Zeile auf einer Seite, eine Art Überschrift für den Seiteninhalt.

9. Wertet von einer Zeitung die Ausgaben mehrerer Wochentage in der folgenden Weise aus: Schreibt eine Liste der Seitenköpfe und notiert die Anzahl der jeweils dazugehörenden Seiten. Was bleibt gleich, was ändert sich? Erkläre den je nach Wochentag unterschiedlichen Umfang der Teile.
10. Schreibt die folgenden Fachwörter alphabetisch geordnet auf und definiert sie entweder durch einen Satz, in dem sie verwendet werden, oder durch einen synonymen Begriff.

> Spalte • Rubrik • Schlagzeile • Quelle • Ressort • Nachrichtenkörper • Aufmacher • Layout • Ente • Fahne • Impressum • Journalist • Korrespondent • Logo • Dachzeile • Presseagentur • Redaktion • redigieren • Rezension • Unterzeile • Vorspann • Zensur • Inserat • Aktualität • Sparte

11. Schlage das Wort *Feuilleton* nach und schreibe eine Liste der Themen, die in diesem Zeitungsteil behandelt werden.
12. Nennt die Sparten, die im Inhaltsverzeichnis auf der Titelseite der Zeitung unterschieden werden. Wählt eine dieser Sparten aus und überprüft, wie diese im Inneren der Zeitung weiter untergliedert ist.
13. Ein fester Bestandteil jeder Zeitung sind auch die Leserbriefe. Suche in der Zeitung nach der Adresse, an die ihr solche Briefe richten könnt.
14. **a)** Plant in Kleingruppen einen Zeitungskopf für eine Klassenzeitung. Überlegt dabei,
    – wie viele Spalten ihr braucht,
    – ob ihr Fotos oder Grafiken auf der Titelseite veröffentlichen wollt,
    – für wen diese Zeitung bestimmt ist.
    b) Gestaltet einen Entwurf und stellt alle Entwürfe in der Klasse aus. Einigt euch gegebenenfalls auf einen, den ihr besonders gut gelungen findet.

Es gibt sogar einen kleingedruckten, optisch unauffälligen Text, der eine Art „Steckbrief" der Zeitung darstellt.

> Große, umfangreiche Zeitungen können praktisch nur **selektiv** gelesen werden, d.h. der Leser muss auswählen. Orientierung bieten das **Inhaltsverzeichnis** und die **Seitenköpfe**. Die wichtigsten Sachgebiete einer Zeitung sind die „klassischen" **Sparten** *Politik, Wirtschaft, Feuilleton, Sport* und *Lokales*. Man nennt diese Abteilungen auch **Ressorts**. Welche Journalisten als **Redakteure** welches Ressort bearbeiten, kann man dem **Impressum** entnehmen. Dort werden die Verantwortlichen genannt, also auch der Chefredakteur und der Verleger. Dem Impressum sind auch die Postanschrift, die Internetadresse, die Erscheinungsweise usw. zu entnehmen.

Zeitung ohne Papier

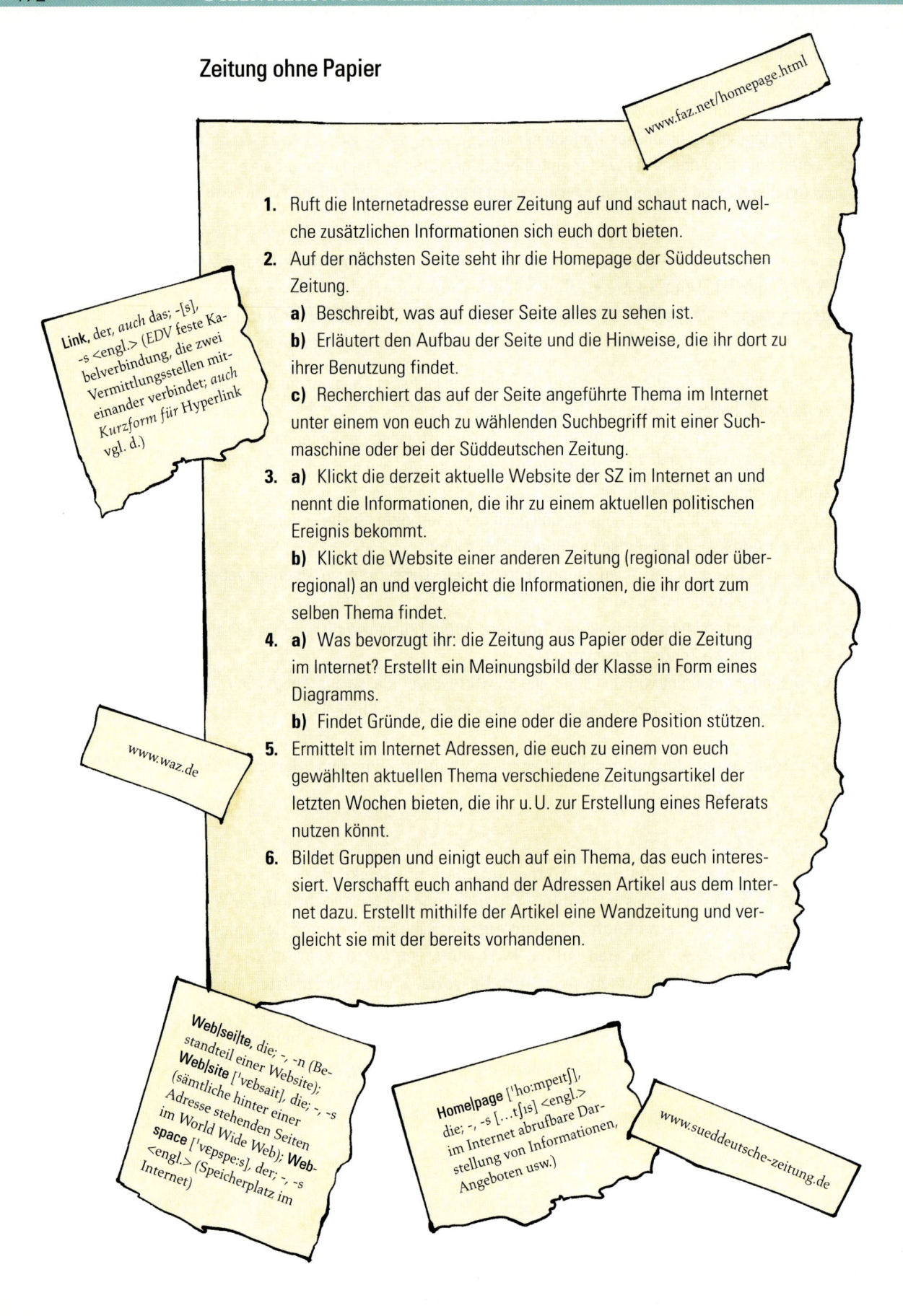

www.faz.net/homepage.html

1. Ruft die Internetadresse eurer Zeitung auf und schaut nach, welche zusätzlichen Informationen sich euch dort bieten.
2. Auf der nächsten Seite seht ihr die Homepage der Süddeutschen Zeitung.
   a) Beschreibt, was auf dieser Seite alles zu sehen ist.
   b) Erläutert den Aufbau der Seite und die Hinweise, die ihr dort zu ihrer Benutzung findet.
   c) Recherchiert das auf der Seite angeführte Thema im Internet unter einem von euch zu wählenden Suchbegriff mit einer Suchmaschine oder bei der Süddeutschen Zeitung.
3. a) Klickt die derzeit aktuelle Website der SZ im Internet an und nennt die Informationen, die ihr zu einem aktuellen politischen Ereignis bekommt.
   b) Klickt die Website einer anderen Zeitung (regional oder überregional) an und vergleicht die Informationen, die ihr dort zum selben Thema findet.
4. a) Was bevorzugt ihr: die Zeitung aus Papier oder die Zeitung im Internet? Erstellt ein Meinungsbild der Klasse in Form eines Diagramms.
   b) Findet Gründe, die die eine oder die andere Position stützen.
5. Ermittelt im Internet Adressen, die euch zu einem von euch gewählten aktuellen Thema verschiedene Zeitungsartikel der letzten Wochen bieten, die ihr u. U. zur Erstellung eines Referats nutzen könnt.
6. Bildet Gruppen und einigt euch auf ein Thema, das euch interessiert. Verschafft euch anhand der Adressen Artikel aus dem Internet dazu. Erstellt mithilfe der Artikel eine Wandzeitung und vergleicht sie mit der bereits vorhandenen.

Link, der, auch das; -[s], -s <engl.> (EDV feste Kabelverbindung, die zwei Vermittlungsstellen miteinander verbindet; auch Kurzform für Hyperlink vgl. d.)

www.waz.de

Web|sei|te, die; -, -n (Bestandteil einer Website); **Web|site** ['vɛbsait], die; -, -s (sämtliche hinter einer Adresse stehenden Seiten im World Wide Web); **Web-space** ['vɛbspeːs], der; -, -s <engl.> (Speicherplatz im Internet)

Home|page ['hoːmpeɪtʃ], die; -, -s [...tʃɪs] <engl.> (im Internet abrufbare Darstellung von Informationen, Angeboten usw.)

www.sueddeutsche-zeitung.de

Orientierung in der Tageszeitung

Rasende Reporter

Woher die Nachrichten kommen

Kaum geschehen – schon in der Zeitung. Damit du die Neuigkeiten aus aller Welt lesen kannst, sind hunderte von Menschen im Einsatz, müssen zahllose Maschinen perfekt funktionieren. Oft liegen zwischen dem Ereignis und der Lektüre durch den Leser nur wenige Stunden. Wie aber wird ein Ereignis zur Nachricht?

Der Blick hinter die Kulissen: So kommen Meldungen in die NRZ[1]

41 000 Worte für den Kaffeetisch

In der NRZ steht sehr viel drin. Sehr viel. Rund 41 000 Worte sind es jeden Tag. Was heute irgendwo auf der Welt passiert, liegt morgen früh druckfrisch auf Ihrem Früh-
5 stückstisch. Dies kann nur so gut gelingen, weil viele Menschen Hand in Hand zusammenarbeiten.
Niki Kapsambelis steht in der Stadthalle von Monroeville, einem Vorort von Phila-
10 delphia/USA. Er will über einen tragbaren Schneemann-Macher schreiben. Was Kapsambelis beim Jahrestreffen der Erfinder notiert, steht sechs Stunden später auf der Globus-Seite der NRZ.
15 In Amerika ist es früher Nachmittag, als er seinen Text in das Büro der amerikanischen Presseagentur AP in Philadelphia faxt. Die „Associated Press" funkt den Text über Satellit in ihre Deutschlandzentrale
20 nach Frankfurt. Dort werden die Artikel von 3 374 Menschen aus 71 Ländern sortiert. Ein Redakteur überfliegt die Reportage von Niki Kapsambelis. [...] Der Text wird übersetzt. Um 10.05 Uhr läuft der Be-
25 richt im Zentralcomputer der NRZ in Essen ein. [...]
An diesem Tag liefern vier verschiedene Presseagenturen genau 2117 Berichte aus Deutschland und aus aller Welt an die Esse-
30 ner Zentralredaktion. Aus dieser Informationsflut werden nun die Artikel herausgefiltert, die zusammen mit den von eigenen Redakteuren recherchierten Beiträgen die typische NRZ-Mischung ergeben.
35 Dem Globus-Macher gefällt der Schneemann-Macher. Nichts, was die Welt bewegt, aber etwas, was unsere Welt so schön bunt macht. [...] Der Redakteur streicht den Artikel um die Hälfte zusammen, formuliert die Überschrift. Auf Knopfdruck verlässt 40 der fertige Artikel den Computer.
Drei Etagen tiefer läuft der auf Fotopapier belichtete Artikel aus der Maschine. Nun ist Handarbeit angesagt. Aber bald wird auch hier der Computer den Weg ins 45 Druckhaus verkürzen. Textblöcke werden herausgeschnitten und Rückseiten gewachst[2]. Dann setzt ein Metteur[3] Schnipsel und gerasterte Fotos zur Zeitungsseite zusammen. Bis 19.30 Uhr muss die erste Fas- 50 sung fertig sein.
Die Bögen werden in die Repro-Abteilung gebracht, werden abfotografiert. In einer Rohrpostbombe saust der Film unter Straßen und Plätzen bis ins 400 Meter ent- 55 fernte Druckhaus, wo mithilfe des Films eine Offset-Druckplatte aus Aluminium gefertigt wird. [...] Um 20.15 Uhr laufen die Druckmaschinen an. Eine Viertelstunde später liegen die ersten druckfrischen Exem- 60 plare gebündelt an der Laderampe. Der Versand kann beginnen. Bis weit nach Mitternacht werden Artikel noch ergänzt und ausgetauscht – je nach Nachrichtenlage. Niki Kampsambelis hat Glück. Sein Be- 65 richt über die Erfindermesse bleibt drin. Und so erfahren die NRZ-Leser an Rhein und Ruhr, dass in Amerika ein tragbarer Schneemann-Macher erfunden wurde, der im nächsten Winter vor kalten Händen 70 schützt. Wo sonst hätten sie davon erfahren?

nach Peter Toussaint

---

1 Neue Ruhrzeitung
2 mit einem Klebemittel versehen
3 gestaltet den Umbruch der Zeitungsseiten

1. Beschreibt den Weg einer Nachricht vom Ereignis zum Leser und zur Leserin, der im Text von Peter Toussaint geschildert wird.

Vom Ereignis zur Nachricht

2. Obwohl der Artikel nicht topaktuell ist, stimmt der beschriebene Weg vom Ereignis zum Leser, abgesehen von einer Station, auch heute noch so.

a) Ermittelt mithilfe des Textes im Gespräch, um welche Station es sich dabei handelt.

b) Verschafft euch durch einen Besuch bei eurer Heimatzeitung einen Überblick, wie das in einer Zeitung heutzutage abläuft.

S. 176

3. Erläutert mithilfe des folgenden Schaubildes die Aufgaben, die Reporter/Reporterinnen, Redakteure/Redakteurinnen und Nachrichtenagenturen auf dem Weg einer Nachricht haben.

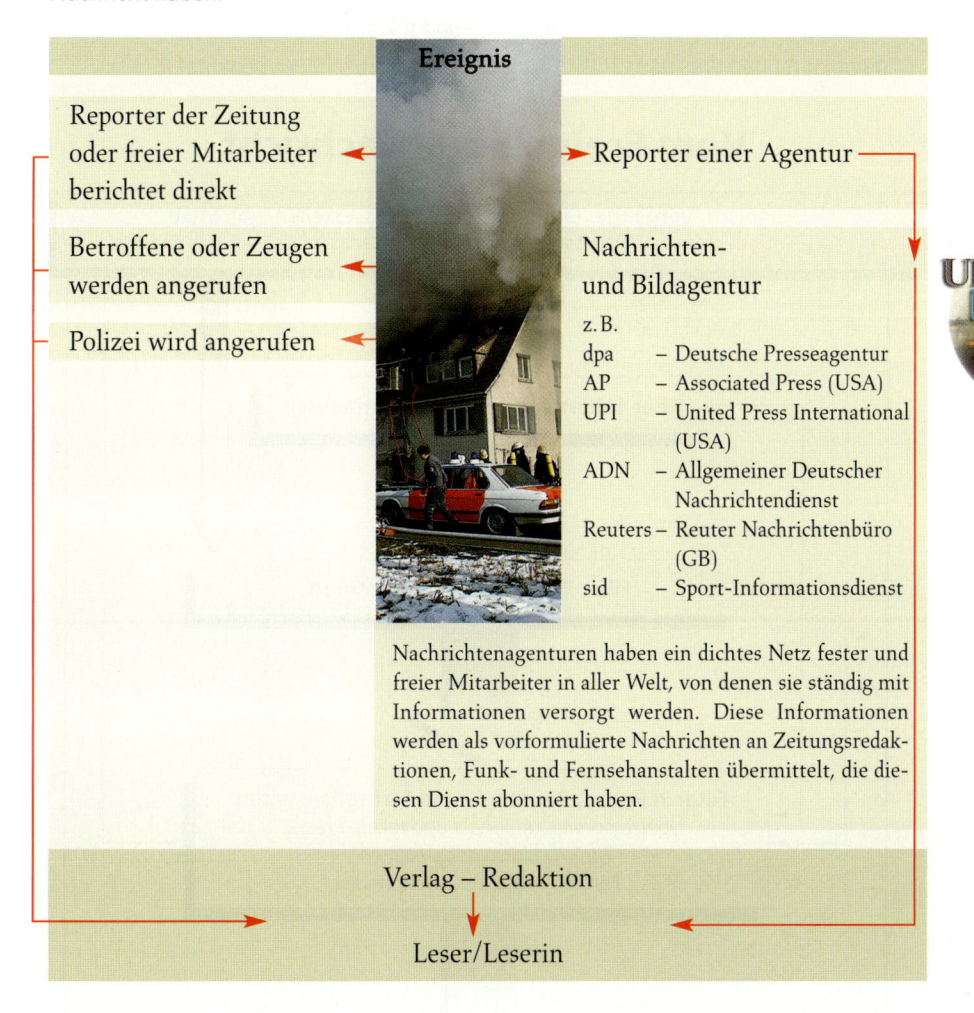

Ereignis

- Reporter der Zeitung oder freier Mitarbeiter berichtet direkt
- Betroffene oder Zeugen werden angerufen
- Polizei wird angerufen

- Reporter einer Agentur
- Nachrichten- und Bildagentur

z. B.
- dpa – Deutsche Presseagentur
- AP – Associated Press (USA)
- UPI – United Press International (USA)
- ADN – Allgemeiner Deutscher Nachrichtendienst
- Reuters – Reuter Nachrichtenbüro (GB)
- sid – Sport-Informationsdienst

Nachrichtenagenturen haben ein dichtes Netz fester und freier Mitarbeiter in aller Welt, von denen sie ständig mit Informationen versorgt werden. Diese Informationen werden als vorformulierte Nachrichten an Zeitungsredaktionen, Funk- und Fernsehanstalten übermittelt, die diesen Dienst abonniert haben.

Verlag – Redaktion

Leser/Leserin

Die Herkunft eines Zeitungsartikels muss stets gekennzeichnet sein. Wenn eine Nachrichtenagentur die Quelle ist, werden oft die genannten Kürzel verwendet.

4. Sucht aus euren Zeitungen Beiträge heraus, die von Reportern vor Ort, von Korrespondenten (Mitarbeitern einer Nachrichtenagentur) oder von Betroffenen stammen. Prüft diese verschiedenen Beiträge daraufhin, ob und welche Unterschiede vorhanden sind in Bezug auf
- Ort des Ereignisses,
- Art des Ereignisses,
- Eindringlichkeit der Darstellung.

Exkursionsvorschlag: Besucht einen Zeitungsverlag, besichtigt die Druckerei, informiert euch über Berufe rund um die Zeitung. Fragt nach, welche technologischen Veränderungen sich in den letzten Jahrzehnten vollzogen haben und wie sich dadurch die Berufsbilder verändert haben.

5. Im folgenden Schaubild siehst du den Vorgang *Vom Ereignis zum Leser* aus einem anderen Blickwinkel dargestellt. Hier werden verschiedene „Filter" unterschieden. Sie gelten nicht nur für Zeitungen, sondern auch für Nachrichten im Rundfunk und im Fernsehen. Schau dir die Grafik genau an und erkläre dann, was mit „Filter" jeweils gemeint ist und was das für dich als Leser/Hörer/Zuschauer bedeutet.

Vom Ereignis zur Nachricht

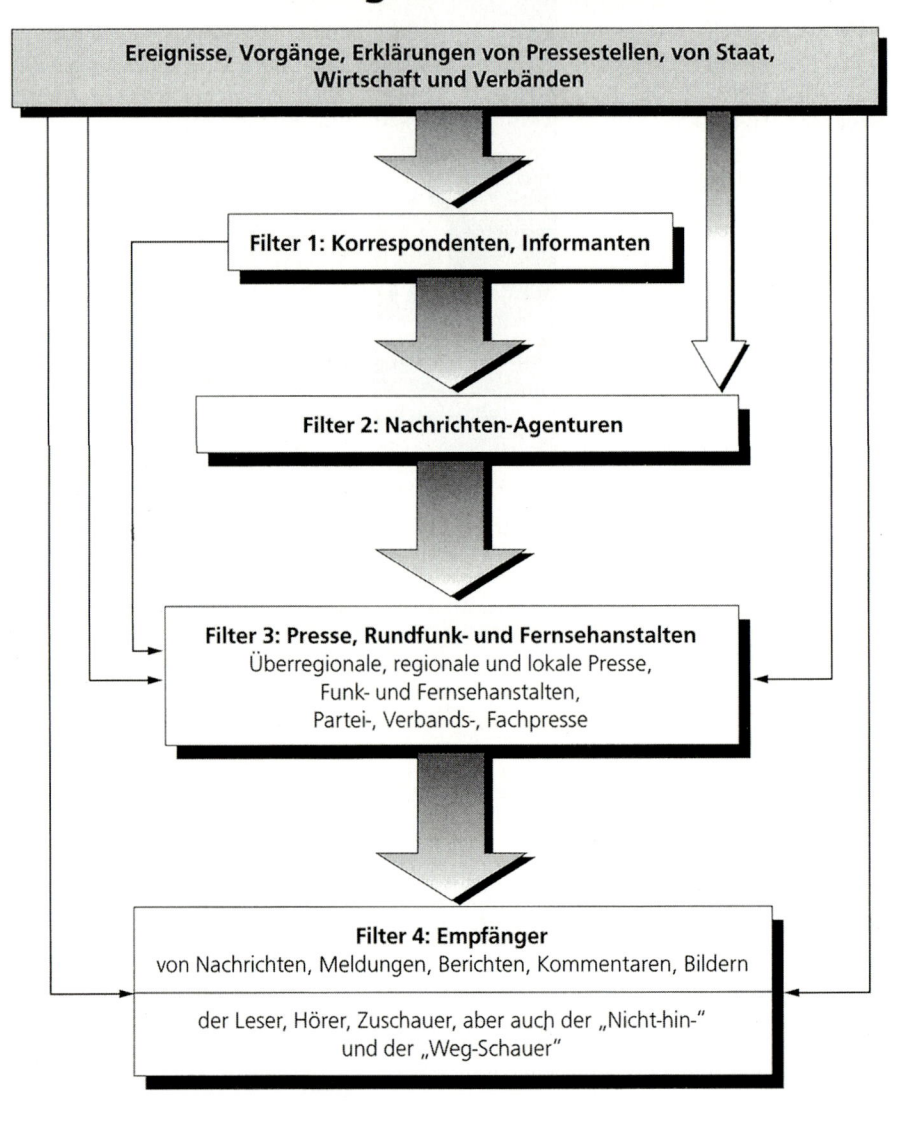

Ereignisse, Vorgänge, Erklärungen von Pressestellen, von Staat, Wirtschaft und Verbänden

Filter 1: Korrespondenten, Informanten

Filter 2: Nachrichten-Agenturen

Filter 3: Presse, Rundfunk- und Fernsehanstalten
Überregionale, regionale und lokale Presse,
Funk- und Fernsehanstalten,
Partei-, Verbands-, Fachpresse

Filter 4: Empfänger
von Nachrichten, Meldungen, Berichten, Kommentaren, Bildern

der Leser, Hörer, Zuschauer, aber auch der „Nicht-hin-"
und der „Weg-Schauer"

6. Diskutiert, welche „Filter" es gibt, wenn du eine Nachricht dem Internet entnimmst. Worauf musst du achten, wenn dir die Qualität einer Information wichtig ist und du nicht auf Falschinformationen hereinfallen willst?

Der Aufbau einer Nachricht

1. a) Betrachtet das Bild und überlegt, welche Informationen ein vorbeikommender Reporter seinen Lesern über das Ereignis geben könnte.
b) Welche Einzelheiten des Ereignisses kann er nicht sehen? Notiert Fragen, die er einem Feuerwehrmann/Polizisten stellen würde.

2. Beantwortet, wenn möglich, mithilfe des Artikels eure Fragen aus Aufgabe 1b).

Kinder spielten mit Streichhölzern
Dachstuhl brannte ab

Bamberg (Hm). Gestern gelang der Feuerwehr eine dramatische Rettung in letzter Minute.
Gegen 15.00 Uhr ging eine Notrufmeldung bei der Feuerwehr ein. In der Goethestraße quollen dicke Rauchschwaden aus dem Dachstuhl eines Mehrfamilienhauses. Bis zum Eintreffen der Feuerwehr war es nicht sicher, ob sich Menschen in dem Haus aufhielten. Schnell wurde klar, dass sich im Dachgeschoss noch zwei minderjährige Kinder befanden. Die Mutter der beiden, die gerade vom Einkaufen zurückgekommen war, konnte durch genaue Beschreibung der Wohnung zu einer schnelleren Rettung ihrer Kinder beitragen. Mithilfe einer Drehleiter gelang es der Feuerwehr, die Kinder unversehrt, von einer leichten Rauchvergiftung abgesehen, aus der Wohnung zu holen. Wie sich später herausstellte, hatten die Kinder die Abwesenheit ihrer Mutter genutzt, um mit Streichhölzern zu spielen. Der Sachschaden beträgt nach ersten Schätzungen ca. 70 000 Euro. Die Mutter sagte, sie sei trotz des finanziellen Schadens überglücklich, dass die Sache so glimpflich für ihre Kinder ausgegangen sei.

3. Prüft, ob ihr in dem Artikel Informationen findet, zu denen ihr keine Fragen gestellt habt, und nennt sie. Stellt Vermutungen darüber an, warum diese Informationen im Artikel stehen, und zieht Rückschlüsse auf die erforderlichen Bestandteile einer Nachricht.

Aufbau einer Nachricht

Der Aufbau von Nachrichten folgt heute im Allgemeinen dem sogenannten Lead-Stil. Dieses Aufbauprinzip ist während des amerikanischen Bürgerkrieges (Sezessionskrieg 1861–1865) entstanden. Dadurch, dass die Telegrafenverbindungen in dieser Zeit noch nicht zuverlässig waren, kam oft nur der erste Teil eines Gefechtsberichtes in der Redaktion an.

Daher beschloss man, die Nachrichten in zwei Abschnitten zu übermitteln. Dieses Prinzip wurde *Climax-First-Form*, *Top-Heavy-Form* oder *Inverted-Pyramid-Form* genannt.

Im ersten Abschnitt, dem *Leitsatz*, *Nachrichtenkopf* oder *Lead*, mussten schon die wichtigsten W-Fragen beantwortet sein. Im zweiten Abschnitt, dem *Nachrichtenkörper* oder *body*, folgten dann die weiteren Informationen.

Im Zeitalter der elektronischen Datenübertragung der Gegenwart gibt es natürlich keine mit der Zeit des amerikanischen Bürgerkrieges vergleichbaren Probleme mehr. Die Bedeutung des Leads ist aber weiterhin erhalten geblieben.

Der Vorspann, genannt Lead (*engl.* lead: leiten), informiert in wenigen Sätzen über das Wesentliche. Durch den Lead zusammen mit den Überschriften ist der eilige Leser über die Kernaussagen informiert. Der Lead soll die Aufmerksamkeit des Lesers wecken und diesen zum Weiterlesen ermuntern. Der Lead ist der wichtigste Teil der Nachricht. Wenn man den ganzen Aufbau einer Nachricht in Betracht zieht, ergeben sich weitere Gestaltungsmerkmale und damit insgesamt ein Modell, das man als Lead-Stil bezeichnen kann. Diese Art und Weise, Texte aufzubauen, gewinnt auch für die Textgestaltung im World Wide Web in leicht abgewandelter Form immer mehr an Bedeutung.

Eine Nachricht oder ein Bericht, der im Lead-Stil verfasst wird, lässt sich schematisch mit verschiedenen Dreiecksmodellen darstellen.

Grundsätzlich besteht sie bzw. er aus vier verschiedenen Teilen:
I. Schlagzeile (lead-fact)
II. Untertitel (Ergänzung zum Lead)
III. Vorspann
IV. Einzelheiten der Nachricht/ des Berichts (body)

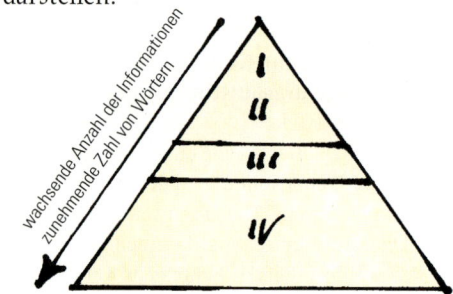

4. a) Wendet die Informationen aus dem Text zur Erläuterung der Pyramide an. Begründet, warum Teil III hervorgehoben ist.

b) Übersetze die drei Fachbegriffe aus Zeile 7 des Textes und setze sie in Beziehung zur Grafik.

c) Untersuche die Nachricht auf Seite 177 daraufhin, ob sie im Lead-Stil verfasst ist, und ordne die Bestandteile entsprechend zu.

d) Ruft die Homepage eurer Zeitung auf und überprüft die Aussage des letzten Satzes im obenstehenden Text.

e) Erkläre, inwieweit der Satz *„Der Lead soll den Leser neugierig machen"* sich auf die Gestaltung einer Nachricht auf einer Website anwenden lässt.

Hohe Zuwachsraten im Weltluftverkehr ← *Dachzeile*

In 20 Jahren mehr als doppelt so viel Flugzeuge ← *Schlagzeile*

Vorspann → Boeing-Studie: Vor allem der Regionalverkehr wächst / Marktvolumen 1,38 Billionen Dollar ← *Untertitel*

H.M. **Seattle** (Eigener Bericht) – Die Luftfahrt bleibt auch in den nächsten beiden Dekaden ein Wirtschaftszweig mit überdurchschnittlichen Wachstumsraten. So jedenfalls sieht es der weltgrößte Flugzeughersteller, die **Boeing Commercial Airplane Group** in Seattle, in seiner Studie über die Weltmarkt-Trends.

Randolph S. Baseler, Vice President für Marketing von Boeing, entwickelte vor Journalisten ein Szenario, in dem sich die Zahl der Flugzeuge weltweit bis zum Jahr 2018 mehr als verdoppelt.

Dabei gehen die Autoren der Studie von einem Zuwachs an Luftverkehrs-Leistungen von durchschnittlich 4,7 Prozent pro Jahr im Passagier- und von 6,4 Prozent im Frachtbereich aus. Das höchste Wachstum im Passagieraufkommen wird demnach die Asien-Pazifik-Region mit 6,3 Prozent jährlich verzeichnen, gefolgt von Asien-Europa mit sechs Prozent. Demgegenüber wächst der Verkehr in Nordamerika (plus 2,9 Prozent) und Europa (plus 4,3 Prozent) relativ langsam, wobei man allerdings die unterschiedlichen Niveauebenen hier und dort berücksichtigen muss.

Auf ein weiteres ansehnliches Wachstum stellt sich der weltgrößte Flugzeughersteller Boeing ein. In Everett, nahe bei Seattle im Staat Washington, werden die Großraumflugzeuge B 747, 767 und 777 montiert. Foto: AP

Eine solche Entwicklung unterstellt, wächst die Welt-Luftflotte bis 2018 um mehr als das Doppelte, nämlich von 12 600 Flugzeugen im Jahr 1998 auf 28 400 Maschinen 20 Jahre später. Für die Hersteller von Flugzeugen bedeutet dies wiederum, dass sie inklusive des bis 2018 fällig werdenden Ersatzbedarfs mit einem Absatz von 20 150 Flugzeugen im Wert von 1,38 Billionen Dollar rechnen dürfen. Am meisten profitieren wird danach der Bereich der Regionalflugzeuge mit 4100 Bestellungen: Ihr Anteil an der gesamten Flotte wird sich von 10 auf 17 Prozent erhöhen.

(*Süddeutsche Zeitung*, 29.12.1999, S. 27)

---

5. Untersuche den Artikel und gib an, welche Informationen in den Textteilen jeweils mitgeliefert werden und inwieweit der Aufbau des Textes auf die Pyramide passt.

6. a) Nennt die Mittel, die bewirken, dass manche Teile der Seite besonders auffallen.
  b) Diskutiert, ob es einen Unterschied in der Verständlichkeit der einzelnen Teile gibt, und sucht nach Begründungen dafür.

Nachrichten werden oft im **Lead-Stil** verfasst. Grundsätzlich gilt: Das Wichtigste zuerst. Deshalb müssen zu Beginn die W-Fragen beantwortet werden *(Wer? Was? Wann? Wo? Wie?).*

Überschriften und Vorspann informieren über den Kern der Nachricht; im Nachrichtenkörper werden die Informationen näher ausgeführt. Die Wichtigkeit der Aussagen nimmt gegen Ende ab, damit jeder Artikel bei Platzmangel von hinten her gekürzt werden kann.

Von Flugzeugen und Schneechaos

Meldung, Bericht und Reportage

Die folgenden zwei Artikel erschienen an ein und demselben Tag in ein und derselben Zeitung und beleuchteten ein und dasselbe Ereignis auf unterschiedliche Art und Weise.

1. Gib in wenigen Worten das den Artikeln zugrunde liegende Ereignis wieder und beschreibe die unterschiedliche Art der Aufbereitung sowie die unterschiedliche Wirkung.

Zwei Tote bei glatten Straßen

München (dpa) – Heftige Schneefälle in weiten Teilen Bayerns haben in der Nacht zum Dienstag und am Morgen mindestens zwei Menschenleben gefordert. Mehrere Personen wurden bei zahlreichen Unfällen auf schneeglatten Straßen teils schwer verletzt. Hohe Schneedecken auf den Straßen führten zu erheblichen Verkehrsbehinderungen, teilte die Polizei mit. Bei einem Glätteunfall nahe Laimbichl (Kreis Rottal-Inn) kam ein junger Mann ums Leben. Ein Autofahrer geriet auf der schneeglatten Bundesstraße 20 ins Schleudern und stellte den Wagen quer zur Fahrbahn. Eine entgegenkommende Autofahrerin fuhr in die Seite des Autos. Dabei wurde der Beifahrer tödlich verletzt.
(Süddeutsche Zeitung, 24.11.1999, S. 42)

Hurghada? 17 Stunden Verspätung!

Dutzende Flüge werden am Münchner Flughafen wegen der Schneefälle gestrichen, Starts sind nur auf einer Bahn möglich

Von Jörg Schallenberg

Klackklackklack. Flug AF 1723 nach Paris Charles De Gaulle – annulliert. Klackklackklack. Flug LH 819 nach Hamburg – annulliert. Klackklackklack. Flug EN 9075 nach Pisa – annulliert. Jedes Mal, wenn an diesem Dienstagnachmittag die große Anzeigetafel im Zentralbereich des Münchner Flughafens weiterblättert, werden die Gesichter der Wartenden lang und länger. Dutzende von Flügen müssen wegen des Schneechaos gestrichen werden, hunderte von Maschinen gehen mit Verspätungen von bis zu sieben Stunden in die Luft. Um 12.40 Uhr sollte FTI 203 nach Agadir starten, jetzt steht als Abflugtermin 19.00 Uhr auf der Tafel – voraussichtlich. Die Reisewilligen bleiben trotz aller Schwierigkeiten ziemlich gelassen. Im Terminal A diskutiert eine Reisegruppe über die schönsten Weihnachtsmärkte in Wien. Alle anderen Sehenswürdigkeiten der Stadt haben sie mittlerweile schon durch, schließlich, so berichtet eine Frau, „sind wir seit fünf Uhr auf den Beinen. Um elf Uhr sollte der Flieger gehen, und jetzt hoffen und beten wir, dass die Maschine um viertel nach drei fliegt. Sonst müssen wir mit der S-Bahn zurück zum Bahnhof und dann noch stundenlang mit dem Zug fahren."

Das könnte schwierig werden, denn die S-Bahnen fahren am frühen Nachmittag statt alle zehn Minuten zeitweise nur noch im Abstand von 30 bis 40 Minuten. In umgekehrter Richtung sieht es nicht besser aus. Am Marienplatz üben sich die Fahrgäste im „Bahnsteighopping", weil niemand genau sagen kann, ob als nächstes die S 1 über Laim oder die S 8 über Ostbahnhof fährt. Verlierer bei diesem Spiel sind meist ausländische Touristen, denn die kurzfristigen Ansagen kommen nur auf Deutsch durch die Lautsprecher. [...] Schlimmer noch als beim Abflug ist allerdings die Situation bei der Ankunft. Fast kein Flug trifft pünktlich in München ein, eine Maschine aus Hurghada in Ägypten hat über 17 Stunden Verspätung, viele sind abgesagt. Pressesprecher Hans-Joachim Bues sieht trotz aller Behinderungen keine Schuld beim Flughafen. Selbst mit dem verbesserten Räumdienst sei es oft nur möglich, jeweils eine Start- und Landebahn freizuhalten: „Die andere wird dann gerade geräumt. Das dauert eine halbe Stunde. Außerdem müssen alle Flugzeuge enteist werden, was keine Fluggesellschaft in ihr Zeitschema einplant."

Eine Maschine hat die Prozedur jetzt zumindest hinter sich. Klackklackklack. Flug LH 3660 um 15.15 Uhr nach Wien ist endlich bereit für den Check-In. Auf zum Weihnachtsmarkt.

(Süddeutsche Zeitung, 24.11.1999, S. 15)

2. Ordne die beiden Artikel sowie den „Boeing"-Artikel auf Seite 179 den folgenden Definitionen zu.

1 Ein **Bericht** ist eine aktuelle, aber ausführlichere Information über Ereignisse, Sachverhalte und Argumente. Als Langform der Nachricht vermittelt auch er in sachlicher Form Kenntnisse über die W-Fragen. Er ist dabei oft im Lead-Stil verfasst.

2 Die **Meldung** oder **Nachricht** vermittelt dem Leser in kürzester sachlicher Form eine aktuelle Information über ein Ereignis, die daran beteiligten Personen, den Zeitpunkt, den Ort und die Beweggründe oder Ursachen.

3 Wie ein Bericht stellt eine **Reportage** Sachverhalte, den Ablauf von Ereignissen oder Standpunkte und Argumente dar, allerdings aus der subjektiven Sicht des Reporters, der vor Ort recherchiert hat oder Augenzeuge war.
Um die Reportage besonders interessant zu gestalten, wählt der Reporter einen originellen Anfang und schreibt besonders anschaulich, z. B. durch das Schildern der Atmosphäre und das Zitieren von Zeugen des Ereignisses. Meist enthalten Reportagen auch Hintergrundinformationen. Weil die Reportage nicht nur informieren, sondern auch unterhalten soll, hat sie nicht nur wichtige Ereignisse zum Thema, sondern manchmal auch in leicht humorvoller Weise Erlebnisse am Rande, wie sie fast jeder schon mal erfahren hat oder wie sie jeder theoretisch erfahren könnte.

3. Diskutiert anhand von Beispielen darüber, wann ihr eine Reportage einem Bericht vorziehen würdet.
4. Überprüft, ob die Artikel (S. 180 f.) die W-Fragen beantworten. Schreibt Fragen und Antworten in euer Heft.
5. Erarbeitet anhand von Textbelegen, wie in den Artikeln jeweils die Redewiedergabe gestaltet ist. Versucht eine Regel für die Redewiedergabe der einzelnen Textsorten aufzustellen.
6. Formuliert die Meldung, die der Reportage zugrunde liegt.
7. Schreibe je eine kurze Meldung und einen längeren Bericht zu einem der folgenden Themen und bemühe dich dabei um größte Sachlichkeit.

- Das Fußballspiel x gegen y, das jüngst stattfand (oder ein anderes Sportereignis, das du live oder im Fernsehen verfolgt hast)
- Ein Schul-, Haus- oder Auto-Unfall, dessen Zeuge ich war (oder in den du verwickelt warst)
- Unsere Exkursion nach …

8. Schreibe eine Reportage zu einem der Bilder.

Themen für weitere Reportagen findest du im Projekt am Ende dieses Kapitels.

> - Reportagen beginnen oft mit einem Einstieg, der sofort mitten in das Geschehen führt.
> - In der Reportage wechseln Passagen, die berichten und beschreiben, mit Passagen ab, in denen die Personen selbst zu Wort kommen.
> - Ereignisse sollen nicht nüchtern berichtet, sondern dramatisch erzählt werden.
> - Der Leser soll in das Geschehen hineingezogen werden.
> - In der Reportage sollen auch Hintergrundinformationen gegeben werden.
> - In der Reportage soll die Stimmung einer Situation wiedergegeben werden. Dazu muss der Reporter die Situation genau wahrnehmen: Was kann man sehen, hören und riechen?
> - Bei Reportagen kommt es auf die anschaulichen, charakteristischen Einzelheiten an.
> - Auch Meinungen und Gefühle des Reporters gehören in die Reportage.
> - Reportagen können mit einem Gag, einer Schlusspointe, einem Sachverhalt, der zum Weiterdenken anregt, einem abschließenden Zitat enden oder sie knüpfen an die Einleitung an.

9. Bestimme mithilfe der Informationen im Kasten, ob es sich bei dem Text *Das Mammut-Unternehmen* um eine Reportage handelt.

Das Mammut-Unternehmen

Der Lärm direkt unter dem Hubschrauber lässt die Eingeweide vibrieren, doch der Winddruck ist erstaunlich gering. Gebannt verfolgt Expeditionsleiter Bernard Buigues aus Frankreich, wie der Frachtingenieur am Boden über Funk den Piloten dirigiert. Der hat per Bordkamera auch visuelle Kontrolle über das Gelingen der
5 Operation. Zentimetergenau fliegt er den Haken der ersten und dann auch der zweiten Stahltrosse über die Ringe des Traggerüstes für den Eisblock. Die Trossen straffen sich, und der Ingenieur schreit Buigues ins Ohr, er solle jetzt lieber nicht mehr unter dem Helikopter stehen bleiben.
Die russische „Mi-26" ist der größte derzeit einsetzbare zivile Hubschrauber der
10 Welt. Die acht Blätter seines Hubrotors überspannen 32 Meter und heben unter der Flugmaschine aufgehängte Nutzlasten von rund 20 Tonnen. Und dieses Monstrum hat Buigues mitten in die Ödnis der sibirischen Taimyr-Halbinsel bestellt, wo der Boden, Permafrost genannt, auch im Sommer unterhalb von ein bis anderthalb Meter Tiefe niemals auftaut.
15 Buigues tritt ein paar Schritte zurück – und wird plötzlich von einer Windböe erfasst, die ihn mit aufgeblähter, weil in der Eile nicht verschlossener Jacke fünf Meter weit durch die Luft schleudert. Der Franzose kämpft sich aus dem Schneeberg frei. Der eisige Wind bläst ihm ins Gesicht. Erst jetzt bemerkt Buigues, dass mehrere Zelte der Expedition auf und davon geflogen sind. Und der in tagelanger
20 Arbeit freigestemmte Block mit dem Mammut darin? Ja, tatsächlich: Er beginnt zu steigen.

Schon sieht man die Spitzen der bereits vor Monaten geborgenen und wieder in den frostigen Erdblock implantierten Stoßzähne aus der Grube ragen. Doch dann, so scheint es, zieht es die Fracht mitsamt Helikopter erneut nach unten. Fünf Minuten geht das so, das fast magisch anmutende Aufsteigen und Versinken der Stoßzähne. Mammute sind in den Legenden der sibirischen Ureinwohner nicht etwa Elefanten aus der Urzeit, sondern unterirdisch lebende Kolosse, die sterben müssen, wenn sie ans Tageslicht kommen. Der Frachtingenieur kommt zu Buigues herüber. „Zu schwer", schreit er, „das Mammut will nicht raus." […]

Und nun, es dämmert bereits, schwebt das Mammut zwischen Himmel und Erde. Soll er sich schließlich verwirklichen, Buigues Traum, das Mammut als Permafrost-Block aus dem Boden zu ziehen und nach Chatanga zu fliegen? Dort soll er in einer Höhle bei konstant minus zwölf Grad freigetaut und der Wissenschaft übergeben werden.

Jubelnden Herzens sieht Buigues das Frostpaket endlich steigen. 23 Tonnen, wird er später vom Piloten hören, wiegt der Block, der nach Berechnungen der Expeditionswissenschaftler eigentlich auf 20 Tonnen hatte zurechtgestutzt werden sollen. Und diese 23 Tonnen bremsen den Hubschrauber ein weiteres Mal aus, nunmehr in der Horizontalen. Die „Mi-26" kann die Nase nicht senken, kein Tempo aufnehmen. Buigues hat die Hoffnung schon aufgegeben, da entschließt sich der Pilot zu einem Husarenstück: Aus 20 Meter Höhe zerrt er den Block, als läge der auf einem Schlitten, über den verschneiten Tundraboden, schneller, immer schneller, bis er in einem Schneewirbel verschwindet, aus der endlich ein Frostblock mit Stoßzähnen abhebt und im Sonnenuntergang verschwindet […].

(Geo, 1/2000, S. 128/129)

10. Forme die Reportage in eine kurze Nachricht um. Besprecht anschließend noch einmal die wesentlichen Unterschiede zwischen Nachricht und Reportage im Hinblick auf sprachliche Gestaltung und Absicht.

11. Besucht eine Veranstaltung in eurer Stadt und schreibt darüber eine Reportage.

Interview

Oft werden in der Zeitung neben Fakten auch Meinungen und Einschätzungen, besonders von Experten, wiedergegeben.

1. Beantworte die fünf W-Fragen, die an den folgenden Artikel zu stellen sind:

Warnung vor Aufrüstung der Alpen
Bund Naturschutz kämpft gegen Schneekanonen
Von Christian Schneider

München – Ursprünglich sollten sie nur die Ausnahme sein, doch nun zeichnet sich immer mehr ab, dass sie zur Regel werden: Schneekanonen. 1987 wurden in Bayern erst ganze zehn Hektar mit künstlichem Schnee berieselt, inzwischen sind es nach einer Aufstellung des Bundes Naturschutz (BN) in Bayern rund 290 Hektar.

Die Aufrüstung mit sogenannten Beschneiungsanlagen auch im bayerischen Alpengebiet „geht munter weiter", hat jetzt der Landesbeauftragte des BN, Hubert Weiger, vor der Presse in München kritisiert. „Die Entwicklung läuft völlig unkontrolliert, ohne Beteiligung der Naturschutzverbände und der Bürger." Für den BN-Sprecher ist das „wie ein Wettlauf der Lemminge, wer die Alpen zuerst zerstört hat".

In den Augen der Naturschützer ist der Drang zum Kunstschnee, den es auch in allen anderen Wintersportgebieten des Alpenbogens gibt, ein „Weg in die Sackgasse". Die globale Klimaerwärmung lasse sich auch mit Schneekanonen nicht bekämpfen. Speziell die bayerischen Wintersportorte wären besser beraten, wenn sie sich schon jetzt nach Alternativen zum Brettl-Sport umschauen würden, meinte Weiger.

Der Schnee aus der Retorte, so warnt der BN, verändere langfristig die alpine Vegetation, begünstige die Entstehung von Hochwassern, schädige die Fließgewässer im Gebirge durch hohe Wasserentnahme und verbrauche unverhältnismäßig viel Energie. Für den BN Gründe genug, Schneekanonen abzulehnen.

(Süddeutsche Zeitung, 24.11.1999, S. 45)

2. Wandle Teile des Artikels in ein Interview um, indem du Fragen formulierst, zu denen die Aussagen in Z. 19–23, Z. 23–29 und Z. 30–37 als Antworten passen würden.

> In einem **Interview** befragt ein Journalist eine Persönlichkeit zu ihren Ansichten und deren Begründung (z. B. Expertenbefragung). Beim Interview können Frage und Antwort im Wechsel wiedergegeben werden, man kann aber ebenso die Äußerungen in einen fortlaufenden Artikeltext einbauen und dabei auch zusammenfassen. Beim Interview wie bei der Wiedergabe von Reden gibt es grundsätzlich drei Möglichkeiten, Äußerungen dem Leser zu präsentieren: als direktes Zitat, als indirekte Rede oder als sinngemäße Zusammenfassung.

3. Suche für jede der drei Möglichkeiten ein Beispiel aus dem Artikel *Warnung vor Aufrüstung der Alpen*.

BOULEVARD-PRESSE

Sensationen! Sensationen!

Schnee

- **Hunderttausende zu spät zur Arbeit**
- **250 km Stau**
- **Zwei Tote**

Am selben Novembertag, an dem die zwei Artikel aus der Süddeutschen Zeitung über den Wintereinbruch und seine Folgen informierten (S. 180f.), hing dieser Aufmacher an einem der Zeitungsständer, die am Straßenrand stehen.

1. Vergleiche die Berichterstattungen über die starken Schneefälle in dieser Zeitung und in der Süddeutschen Zeitung.
2. Vergleiche an einem Tag die ganze Titelseite der SZ mit der einer Straßenverkaufszeitung in Hinblick auf Themen und Gestaltung.
3. Überlege, wo und wie die unterschiedlichen Zeitungen verkauft werden. Erkläre die auffälligen Unterschiede der Titelseiten mit ihrer Verkaufsart.

BOULEVARD-PRESSE

Hölle

4. Diskutiert, aus welchen Gründen seriöse Zeitungen Informationen und Meinungen trennen und welche Gefahren bei einer Vermischung entstehen können.
5. Trennt die folgenden Überschriften danach, ob sie neutral formuliert sind und Informationen übermitteln oder ob sie durch subjektive Formulierungen Meinung wiedergeben.

- Bahn schlecht benotet
- Angriff auf die Telekom
- Rebellen fast besiegt
- Die Kanzlerin wackelt nicht
- Kein Fan darf rein
- Ansturm auf die neue Medienwelt
- Weniger Soldaten
- Lob für Sparkurs der Regierung
- Bürger sparen beim Wasser
- Schutzwall gegen die Gen-Medizin
- Grüne wollen Kontroversen wieder offen austragen
- Sorge um Datenschutz

Es gibt verschiedene Typen von Zeitungen. Die regionalen Tageszeitungen (wie z. B. die Mittelbayerische Zeitung) und die überregionalen Tageszeitungen (wie z. B. die SZ) erscheinen wochentäglich. Sie bieten eine möglichst aktuelle Berichterstattung. Im Vordergrund steht der Informationswert einer Nachricht. Sie haben meist einen festen Leserstamm, der die Zeitung größtenteils im Abonnement bezieht. Deshalb heißen diese Zeitungen auch **Abonnementzeitungen**. Davon zu unterscheiden sind die **Boulevardzeitungen**, die überwiegend im Straßenverkauf an den Leser gebracht werden. Sie erscheinen zwar auch in der Regel wochentäglich und bieten ebenfalls Artikel aus allen klassischen Sparten, doch steht hier oft der Unterhaltungs- und Sensationswert einer Nachricht im Vordergrund. Die Artikel wenden sich vor allem an die Gefühle der Leser, um so einen zusätzlichen Kaufanreiz zu bieten.

Was sonst noch in der Zeitung steht

Die Karikatur

Schlussmann

1. Beschreibe die vorliegende Karikatur und erläutere ihre Gestaltungsmerkmale.
2. Welches Problem wird in der Karikatur thematisiert?
3. Welche Bedeutung kommt dem Begleittext *Schlussmann* zu?
   Würde die Zeichnung auch ohne ihn in gleichem Maße wirken?

Die **Karikatur** kann als gezeichneter Kommentar – mit oder ohne Begleittext – zu einem aktuellen Thema verstanden werden, wobei sie das Mittel der Übertreibung verwendet, wie schon ihr lateinischer Ursprung *caricare* (überladen, überzeichnen, verzerren) andeutet. Der Karikaturist stellt sein Thema absichtlich übertrieben und verzerrt dar, um das von ihm Kritisierte der Lächerlichkeit und damit dem Spott des Betrachters preiszugeben. Als illustrative journalistische Stilform gehört sie daher der literarischen Gattung der Satire an und kann in ihrer Zielrichtung humorvoll-witzig, ironisch, aber auch beißend sarkastisch sein.

Der Kommentar

China – Zwei Millionen einsame Männer
Das Internet hält Einzug in den chinesischen Alltag

520 Digital Place nennt sich ein Internetcafé in einem Pekinger Kaufhaus-Keller. Xie Lin, eine junge Buchhalterin im Girlie-Look, lümmelt gelangweilt vor einem nagelneuen Rechner mit Flachbildschirm. Nebenbei telefoniert sie über Handy mit einer Freundin. Xie Lin ist dabei, eine Hongkonger TV-Serie runterzuladen –
5 natürlich nicht vom Originalvertrieb.

Xie Lin findet daran nichts Ungewöhnliches. Sie weiß nichts davon, dass „Baidu", das chinesische Google, zurzeit wegen Copyrightverletzung vor Gericht steht. Westliche Film- und Musikstudios wie Universal, EMI und Warner haben gegen die kostenlose Bereitstellung von geschützten Daten auf der chinesischen Suchma-
10 schine geklagt. Als Xie Lin davon hört, zuckt sie die Schultern. Zahlreiche andere Download-Foren stehen ihr zur Auswahl. Sie greift sich ihr gefälschtes Prada-Täschchen, loggt sich aus und verschwindet in der Shoppingmall.

Wie Xie Lin bewegen sich immer mehr Chinesen mit Selbstverständlichkeit und Selbstbewusstsein im Internet. Über 100 Millionen Anschlüsse sind bisher ange-
15 meldet, Ende des Jahres werden es 134 Millionen sein. Damit ist China die am schnellsten wachsende Internetgemeinde der Welt. Wobei viele Nutzer nicht über einen eigenen Anschluss verfügen, stattdessen die riesigen Internetcafés besuchen, die häufig tageslichtunabhängig in den Untergeschossen der zahlreichen Shoppingmalls eröffnet haben. Oder sich auf Dörfern in alten Ziegelhütten verstecken.

20 Am häufigsten nutzten die Chinesen das Internet als Nachrichten- und Informationsquelle. Fernsehen und Zeitungen werden in China stark zensiert. Zwar dürfen auch die populären Internetportale wie sohu.com oder sina.com keine anderen als die offiziellen Nachrichten veröffentlichen. Doch bieten sie Nutzern Raum für Kommentare und Links zu Chatrooms und themenverwandten Webseiten an, was
25 im Ganzen ein sehr viel breiteres Meinungsspektrum abdeckt als die herkömmlichen Medien. Auch haben die großen Portale bisher die Erlaubnis, bei Journalisten und Schriftstellern zusätzliche Texte zu vorgegebenen Themen anzufordern, die meist in einem lockeren, dem Internet angepassten Ton geschrieben sind.

Ein neuer Trend sind die virtuellen Partnerbörsen. Chinas zahlreiche neue Heirats-
30 märkte präsentieren sich im EDV-Gewand. Meist sucht *Er Sie*. Auch *Er* sucht *Ihn*. Das Problem: Partnerinnen sind Mangelware, ein Resultat vor allem der Ein-Kind-Politik. Gerade einmal 39 082 Frauen haben für den Raum Peking 482 800 Männer zur Auswahl. In ganz China sind es sogar 1 950 365 männliche Kandidaten. Die Informationen über sie sind knapp gehalten. Der erste Eindruck muss genügen.
35 Wie anders ließe sich das Millionenheer einsamer Männerherzen überschauen.

Immer massenhaftere Nutzung aber bedeutet nicht unbedingt größere Freiheit im Internet. Die chinesische Regierung hat jüngst neue Verordnungen erlassen, die den Gebrauch des Internets einschränken. Bald könnte den chinesischen Internetportalen verboten werden, weiterhin unabhängige Kommentare zu den staatlich
40 vermeldeten Nachrichten zu publizieren. Auch sollen Einzelpersonen und Organisationen, die über Mailing-Listen Informatioen versenden, künftig gezwungen

werden, sich als Medienorganisation registrieren zu lassen. Andere Bestimmungen versuchen, die Anonymität von Chatroom-Teilnehmern aufzuweichen. Niemand darf in Zukunft durch Anonymität von Chatroom-Teilnehmern aufzuweichen.
45 Niemand darf in Zukunft durch seine Beiträge im Internet, „Gerüchte verbreiten, die die gesellschaftliche Ordnung verletzen und die Stabilität bedrohen". Darunter könnte im Zweifel jeder unerwünschte Kommentar fallen.

In einem Internetcafé im Haidianviertel nahe der Peking-Universität aber kümmern sich die Studenten nicht um neue Zensurbestimmungen. Hier werden
50 mythischere Konflikte ausgefochten. Rund 150 Monitore flimmern Seite an Seite, am späten Nachmittag sind fast alle besetzt. Über ihnen hängt ein Werbeplakat für Chinas neueste Surfsucht: *World of Warcraft*. Seit Juni dieses Jahres gibt es die chinesische Online-Version von Blizzards Computerspiel-Klassiker. Einen Monat später hatten bereits 1,5 Millionen kleine chinesische *Warlords* den Multi-Player-
55 Modus abonniert. Sie alle befehlen ihre eigenen Armeen aus Menschen, Elfen, Orks und Untoten und sammeln fleißig Erfahrungspunkte für individuelle Superhelden, die in den entscheidenden Schlachten den Ausschlag geben. Nun will die chinesische Regierung die Kampfspielbegeisterung nutzen und demnächst ein Propagandaspiel über den anti-japanischen Krieg der Kommunisten herausbringen.

Georg Blume und Johann Vollmer (© „Zeit online", 5.10.2005)

1. **a)** Besprecht, welche Meinung die Verfasser vertreten.
   b) Mit welchen Argumenten begründen die Autoren den schwunghaften Zuwachs der Internetnutzung in China? Erstelle dazu eine stichpunktartige Gliederung des Textes.
2. Du hast mit der begründeten Stellungnahme die verschiedenen Verfahrensweisen bei der Argumentation wie Vorbringen überprüfbarer Beweise, Berufung auf Autoritäten usw. kennengelernt. Inwieweit halten sich die Autoren daran? Untersuche die Stichhaltigkeit der Argumentation.
3. Erkläre, mit welchen sprachlichen und stilistischen Mitteln die Autoren das westliche Medienverhalten auf das der chinesischen Bevölkerung übertragen.
4. Wie gelingt es ihnen herauszustellen, dass die Chinesen noch nicht so weit sind, bewusst und kritisch mit dem Internet umzugehen? Belege deine Meinung mit Textstellen.

Der **Kommentar** interpretiert und bewertet aktuelle Ereignisse und Auffassungen, aber auch länger anhaltende Zustände in Politik und Gesellschaft.
Er muss namentlich gekennzeichnet sein, weil er die persönliche Meinung des Verfassers wiedergibt und nicht irgendeine weit verbreitete oder die der gesamten Redaktion. Sein Ziel ist es, beim Empfänger **meinungsbildend** zu wirken. Zu diesem Zwecke sammelt der Kommentator die Fakten aus der Nachricht, sucht Hintergrundinformationen, stellt Vergleiche an, argumentiert für seinen Standpunkt und appelliert schließlich an den Leser. Dies alles geschieht aus seinem persönlichen Blickwinkel heraus. Die Sprache ist bunt und vielseitig, sie arbeitet mit Ausschmückungen, rhetorischen Figuren, mit positiv und negativ besetzten Begriffen, aber auch mit Schlagwörtern und Floskeln.

Die Glosse

Frauenfragen

Es gibt keine bessere Abendunterhaltung, als Fußballspiele mit Freunden zu erleben – unvergessliche wie das der Tschechen gegen die Niederländer oder entscheidende wie das der Deutschen heute? Der unbeschwerte Fernsehspaß jedoch kann auch getrübt werden, leicht nur, aber immerhin.

„Was passiert, wenn fünf Jungs von Rudi eine Lebensmittelvergiftung erleiden?", fragt meine Manuela, und Nachbar Tom schüttelt sich kurz, wohl, weil er an sein letztes Magenleiden und das Grillfleisch vor einer halben Stunde denkt. „Dafür durfte Völler ja 23 Spieler mitnehmen", sage ich und glaube, voreilig, zugegeben, die Sache sei erledigt. Ein Irrtum, stellt sich schnell heraus. Denn meine Frau lässt nicht locker, und als ich ihr triumphierendes Lächeln sehe, befürchte ich Schlimmes: „Und was ist, wenn es 13 von unseren Jungs erwischt, spielen wir dann nur zu zehnt gegen die Tschechen. Da haben wir ja erst recht keine Chance?" Wahrscheinlich genügen nicht mal elf, denke ich, sage aber: „Ein Torwart und sieben Feldspieler müssen auflaufen, Minimum. Haben wir die nicht, muss der deutsche beim europäischen Verband beantragen, das Spiel zu verlegen. Aber, keine Bange, mit zwei eigenen Küchenmeistern kann uns nichts passieren. Zumindest nicht beim Essen."

Yvonne, die Nachbarin, will nicht nachstehen. Sie kennt sich aus, weiß, dass „der Lehmann nie die Nummer eins wird, so lange der Kahn im Tor steht". Aber: „Wer kommt denn weiter, wenn alle Spiele einer Vorrundengruppe 1:1 ausgehen?" Mein Einwand, das sei in Portugal ja nicht mehr möglich, wird akzeptiert, für Sekunden jedenfalls. „Und was wäre, wenn ..." Tom schaut leicht genervt, erst an die Decke, dann mich entschuldigend an. Ich bleibe ruhig, bin hilfsbereit, verkünde: „Dann gibt's Elfmeterschießen!" Zufriedene Gesichter, ich atme auf, da durchzuckt mich ein furchtbarer Gedanke ... aber es bleibt mir erspart, den UEFA-Koeffizienten, die Fairplay-Wertung und den Losentscheid zu erklären, Gott sei Dank!

Den Schluck Bier hab' ich mir verdient, da rätselt meine Frau „Warum geht der Ballack denn nicht mal zum Friseur?" und blickt Beifall heischend in die Runde. Fußball, behauptet sie, sei erheblich interessanter, wenn Beckham, Zidane, Figo oder flotte Italiener mitspielen – möglichst aber nicht gegeneinander, dann wäre es so schwer, einer Mannschaft die Sympathien zu verwehren. „Und mit kurzen Haaren sah der Ballack doch viel süßer aus." Yvonne stimmt zu, das war zu erwarten, Tom schlägt die Hände vor das Gesicht und ich fragte: „Wen interessiert denn das, wenn wir die Tschechen besiegen?"

Volker Zeitler

Artikel erschienen am 23. Juni 2004, Die Welt

1. Lies den Text und beschreibe die dort dargestellte Situation.
2. Fasse die Meinung des Autors mit eigenen Worten zusammen und versuche, seine Einstellung sachlich zu formulieren.
3. Nennt die Zielgruppe, die der Autor ansprechen will, und belegt dies mit Textstellen.
4. Klärt gemeinsam die Doppeldeutigkeit der Überschrift und begründet, warum der Autor sie hier verwendet hat.
5. Untersucht mithilfe der Informationen im Merkkasten, welches rhetorische Stilmittel in dieser Glosse überwiegend zum Einsatz kommt.

> Die **Glosse** unterscheidet sich vom Kommentar dadurch, dass sie kürzer und pointierter zu bestimmten Tagesereignissen Stellung bezieht; sie greift Verhaltensweisen an, kämpft für Veränderungen, will ganz bewusst beeinflussen, zum Handeln auffordern.
> Da sie zusätzlich zur Meinungsbildung den Leser auf geistreich-witzige Art unterhalten will, bedient sie sich Ausdrucksmittel, die wir aus der Literatur kennen:
> - Im Aufbau ist sie oft auf eine Pointe als Höhepunkt am Schluss zugespitzt.
> - In der Wortwahl greift sie auf einen ungewöhnlichen, originellen Begriff oder gar auf Wortneuschöpfungen zurück, begeht aber auch durch den unvermittelten Gebrauch von Umgangssprache oder Dialekt bewusst Stilbruch.
> - Bei der sprachlichen Gestaltung verwendet sie gehäuft rhetorische Stilmittel wie Metaphern, Vergleiche, Anaphern, Wortspiele, Hyperbeln, Ironie usw.
>
> Die Karikatur kann als die mit anderen Mitteln, nämlich der Zeichnung, gestaltete Form der Glosse angesehen werden.

6. Studiere über mehrere Wochen hinweg die Veröffentlichungen einer überregionalen Tageszeitung oder eines Nachrichtenmagazin unter der Rubrik *Medien/Fernsehen* und referiere in der Klasse über aktuelle Themen und neueste Entwicklungen.
7. Suche dir eine Unterhaltungssendung oder eine Sportübertragung aus dem aktuellen Programmangebot aus. Verfasse wahlweise ein Protokoll, einen Kommentar oder eine Glosse zur Sendung.
8. Recherchiert im Internet, zu welchen Themen Glossen geschrieben werden. Sammelt eure Ergebnisse und diskutiert, warum bestimmte Themen sich für Glossen besonders gut eignen.

Information ist nicht gleich Information

1. Beschreibe die Grafik: Welches Thema wird behandelt, was ist abgebildet? Formuliere danach die Aussagen, die in diesen Säulendiagrammen dargestellt sind.

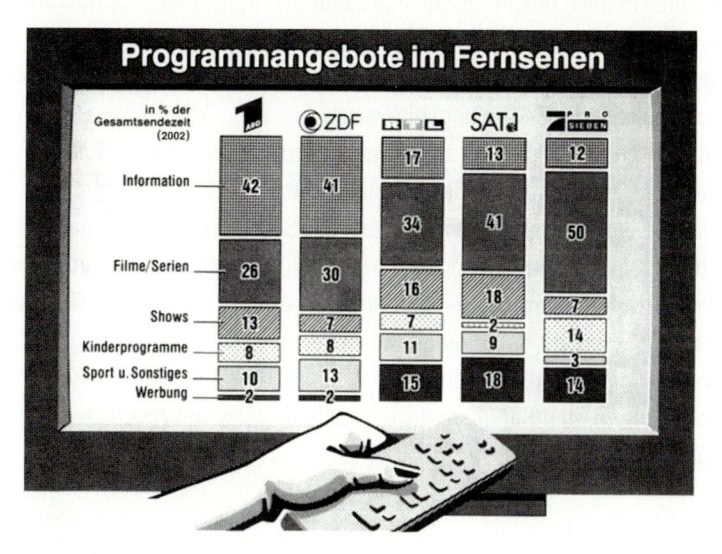

Programmangebote im Fernsehen (in % der Gesamtsendezeit, 2002)

	ARD	ZDF	RTL	SAT.1	Pro Sieben
Information	42	41	17	13	12
Filme/Serien	26	30	34	41	50
Shows	13	7	16	18	7
Kinderprogramme	8	8	7	2	14
Sport u. Sonstiges	10	13	11	9	3
Werbung	2	2	15	18	14

2. Nimm je eine Nachrichtensendung eines öffentlich-rechtlichen und eines privaten Fernsehsenders zur Hauptsendezeit auf Video/DVD auf. Erstelle eine Liste der dort behandelten Themen.
   a) Vergleiche die Berichterstattung hinsichtlich Inhalt und Umfang.
   b) Vergleiche Umfang, Inhalt, Aktualität und Darstellungsweise auch mit den Nachrichten auf einer Homepage im Internet.
   c) Suche am nächsten Tag in einer Abonnement-Zeitung und einer Boulevard-Zeitung nach Artikeln zu all den Themen. Vergleiche auch hier die Berichterstattung hinsichtlich Inhalt und Umfang. Diskutiert, in welchen Fällen die „Bebilderung" durch das Fernsehen/Internet bessere Informationen bedeutet und wo nicht.
3. Nennt die Vorteile, die die Berichterstattung auf Papier im Vergleich zu der im Fernsehen/Internet bietet.
4. „Die immer mehr zunehmende Nutzung des PCs führt dazu, dass die Nutzungszeiten anderer Medien zurückgehen." Überprüft diese These anhand der nebenstehenden Grafik. Diskutiert in der Klasse über die Konsequenzen des ermittelten Ergebnisses.

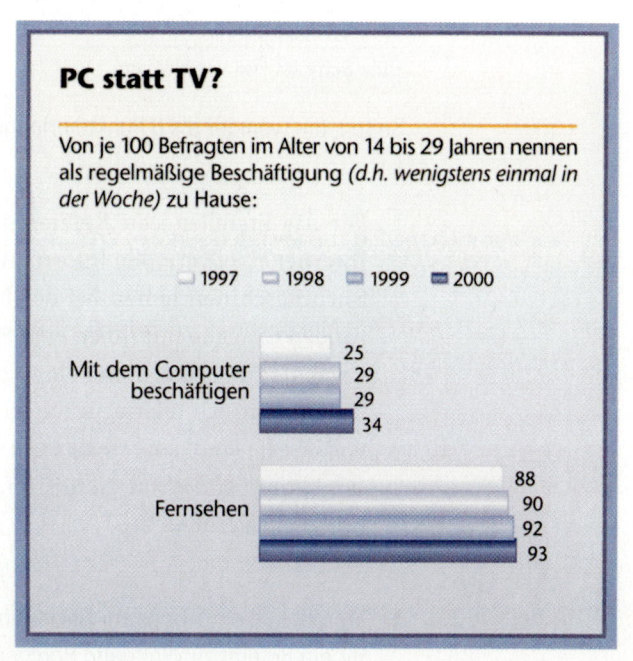

PC statt TV?

Von je 100 Befragten im Alter von 14 bis 29 Jahren nennen als regelmäßige Beschäftigung *(d.h. wenigstens einmal in der Woche)* zu Hause:

1997 | 1998 | 1999 | 2000

	1997	1998	1999	2000
Mit dem Computer beschäftigen	25	29	29	34
Fernsehen	88	90	92	93

Sicher Surfen

Das Internet bietet eine große Fülle von Daten. Suchmaschinen helfen zwar beim Zurechtfinden in der Datenflut, garantieren aber nicht, dass alle gefundenen Informationen genau, richtig oder brauchbar sind.

1. **a)** Sammelt gemeinsam euch bekannte Suchmaschinen. Ermittelt für jede Suchmaschine einen Experten/eine Expertin.
   b) Bildet Kleingruppen mit je einem Experten, der den anderen erklärt, wie die Suchmaschine funktioniert. Lest die Bedienungshinweise.
2. Testet einige Suchmaschinen, indem ihr zum Thema *Barock* Informationen einholt. Notiert eure Ergebnisse zusammen mit der jeweiligen Internetadresse. Vergleicht anschließend, wie gut die Suchmaschinen euch bei der Suche unterstützt haben.
3. Formuliert mithilfe eurer Erfahrungen Tipps zur Informationsbeschaffung im Internet. Achtet auf Hinweise zur Stichwortsuche, Erklärung zum Aufbau einer Suchmaschine und die Angabe einer sinnvollen Reihenfolge der Links.
4. Überprüfe anhand der folgenden Kriterienliste die Qualität eurer in Aufgabe 2 ermittelten Seiten. Erstelle eine Rangliste dazu, welche Quellen am zuverlässigsten erscheinen. Vergleicht eure Ergebnisse.

Kriterien	Ja
Der Autor/die Autorin gibt seinen/ihren Namen und eine Kontaktadresse (Post oder E-Mail) an.	2 Punkte
Der Verfasser/die Verfasserin ist ein Experte auf dem Gebiet (z.B. Angabe des Berufes) bzw. die Seite stammt von einer öffentlichen Einrichtung (z.B. Behörde).	2 Punkte
Die Informationen auf der Seite werden durch Angabe ihrer Herkunft belegt (z.B. aus Büchern).	2 Punkte
Es gibt Angaben darüber, dass die Seite innerhalb der letzten 12 Monate überarbeitet wurde.	1 Punkt
Die Seite ist frei von Werbung.	2 Punkte

Seiten, die weniger als 6 Punkte erlangen, solltet ihr nicht beachten.

> Für das Erstellen von Referaten, aber auch für andere Zwecke, kann das **Internet** eine wertvolle Informationsquelle darstellen.
> **Suchmaschinen** helfen bei der Recherche im Netz, es ist aber wichtig sich für den Umgang mit ihnen eine Strategie zu überlegen, um schnell zu einem Ergebnis zu gelangen und die wesentlichen Informationen zu erhalten.
> Damit man sich relativ sicher sein kann, dass die Informationen richtig und vollständig sind, kann man mithilfe geeigneter **Kriterien** (*Herkunft, Verfasserangabe, Aktualität, Seriosität, Werbefreiheit, keine Kosten*) die Informationen überprüfen.

5. Erprobt nun eure Tipps zur Suche und die Anwendung der Kriterien bei der Recherche für ein Referat zu Wolfgang Borchert oder einem Schriftsteller eurer Wahl.

S. 63/91

Schüler schreiben für Schüler

Schreiben macht Spaß, wenn man von eigenen Erlebnissen berichten kann und wenn durch eine Veröffentlichung dafür gesorgt wird, dass viele Leute den Text lesen. Schreiben macht noch mehr Spaß, wenn man mit dem Computer umgehen kann.

Jahresbericht
Schülerzeitung
Homepage
Klassenzeitung
Lokalseite

Übersicht über Funktionen zur Erstellung einer Zeitung

Zur **Erstellung eines Textes** am Computer müsst ihr
- das Gerät starten,
- ein Textprogramm wählen,
- eine Textdatei erstellen (Menüfeld „Datei" – „Neu"),
- den Text mithilfe der Tastatur eingeben,
- die Textdatei speichern (Symbol „Speichern" in der Symbolleiste anklicken oder „Datei" – „Speichern unter" anklicken, dann den Dateinamen eingeben).

optisches Erscheinungsbild gestalten
- den gemeinten Textteil markieren, in der Symbolleiste das entsprechende Symbol z. B. „Schriftart" anklicken und Option wählen

grafische Elemente einfügen
- in der Symbolleiste „Zeichnen" anklicken und nach Anleitung weiter verfahren oder auf „Einfügen" – „Grafik" klicken und weiter nach Angabe vorgehen

Seitenlayout festlegen
- in der Symbolleiste auf „Zeilenlineal" klicken, „Rahmen oben/unten" usw. anklicken
- Zeilenabstand festlegen

Aufteilung in Spalten
- in der Symbolleiste „Spalten" anklicken, mit der Maus gewünschte Anzahl von Spalten markieren

am Bildschirm das Layout zweier Seiten überprüfen
- in der Symbolleiste „Seitenansicht" anklicken, Option „mehrere Seiten" wählen, Doppelseite markieren

die Rechtschreibung und den Wortschatz überprüfen
- in der Symbolleiste „Extras" – „Rechtschreibung" anklicken, evtl. angebotene Schreibungen bestätigen
- in der Symbolleiste „Extras" – „Sprache" – „Thesaurus" anklicken, evtl. angebotene Optionen bestätigen

PROJEKT

- Legt gemeinsam fest, an wen sich eure Zeitung wenden soll: eigene Jahrgangsstufe, Sekundarstufe I, Lehrerinnen und Lehrer …
- Überlegt, welche Auswirkungen eure Zielgruppenentscheidung für Themenauswahl und Machart der Texte hat.
- Führt euch mithilfe der folgenden Tabelle, die ihr in euer Heft übertragt und ausfüllt, die Merkmale der unterschiedlichen Textsorten noch einmal vor Augen.

Textsorte	Definition	Sprache	Ziel	Besonderheiten
Nachricht				
Interview				
Reportage				
Kommentar				
Glosse				
…				

- Erstellt eine Liste mit Themen, die ihr behandeln wollt:
- Probiert einige Layoutmöglichkeiten aus:
  - Entwickelt einen Seitenkopf für eure Zeitung und auch eine Fußleiste, in der die Seitenzählung (Paginierung) enthalten sein kann.
  - Erprobt die Wirkung verschieden breiter Seitenränder.
  - Wendet bei Mustertexten und ihren Überschriften verschiedene Schriftgrößen und Zeilenabstände an. Experimentiert solange, bis ihr das Gefühl habt, dass ihr dem Erscheinungsbild eines Zeitungsartikels nahegekommen seid.
- Einigt euch auf ein Layout und notiert die Ergebnisse auf einem Übersichtsblatt, an das sich alle halten können.

Layout

Seitenkopf: _____

Fußleiste: _____

Seitenränder: links _____ cm   rechts: _____ cm

Spalten: Anzahl pro Seite _____   Breite: _____

Schriftgröße für: Aufmacher _____ pt

  Schlagzeilen _____ pt   Vorspann _____ pt

  Nachrichtenkörper _____ pt   Zwischenüberschriften _____ pt

Zeilenabstand: _____

Sonstige Festlegungen: _____

- Gestaltet zu zweit jeweils zwei Seiten eurer Zeitung mit einem Thema aus der Themenliste. Achtet dabei darauf, dass die gegenüberliegenden Seiten optisch zueinander passen, da sie eine Einheit bilden müssen.
- Überarbeitet eure Texte. Markiert und löscht Textteile (besonders am Artikelende), die entbehrlich sind. Formuliert den übrigen Text um.

- Ersetzt mithilfe des Thesaurus' sich wiederholende Allerweltswörter.
- Überprüft mithilfe des Rechtschreibprogramms, ob ihr Wörter falsch geschrieben habt. Achtung: Bei Unsicherheiten solltet ihr immer noch einmal in ein Wörterbuch schauen.
- Entwerft eine Titelseite für eure Zeitung und gebt der Zeitung einen Namen.

Kreative Tipps zur weiteren Gestaltung der Zeitung:

S. 117
- Fertigt für das Impressum eurer Zeitung jeweils ein Akrostichon mit euren Namen an. Achtet darauf, dass ihr verschiedene Schrifttypen und Farben verwendet.

LIEB	IM
INTELLIGENT	MAi geboren
SCHIFAHRERIN	SEHR
ARTIG	Charmant

- Gestaltet mithilfe von WordArt Wörter in Farben und Formen dem Inhalt entsprechend.

Wind und Wellen

- Schreibt einen Text ab oder verfasst selbst einen und bringt ihn optisch in eine angemessene Form. Folgende Optionen helfen dabei: Text markieren, kopieren und einfügen, Ausrichtung des Textes wählen.

Das
Das Kamel
Das Kamel steht
Das Kamel steht am
Das Kamel steht am Fuß
Das Kamel steht am Fuß der
Das Kamel steht am Fuß der der Pyramide

HE RZ
HERZ HERZ
HERZH ERZHE
ERZHERZHERZ
HERZHERZ
HERZ
HER
HE
H

PROJEKT

Hyper, hyper …

Ihr könnt auch für andere zu einem Thema einen Hypertext am Computer schreiben, das bedeutet verschiedene Textteile zu verknüpfen (verlinken). Dazu benötigt ihr nicht unbedingt einen Internetzugang. Eine einzige Diskette/CD-ROM hat genügend Platz für mehrere Hypertexte.

Geht folgendermaßen vor:

Erster Schritt
Speichert zunächst die Ausgangsseite (euren Text), die später die weiterführenden Links für die Leser/Leserinnen bereithält, als normale Word-Datei.

Zweiter Schritt
Speichert anschließend die weiterführenden Textteile (Links) als normale Dateien unter eigenen Namen einzeln ab.

Dritter Schritt
Markiert mit der Maus das Wort, von dem aus ihr zu dem weiterführenden Text gelangen möchtet.

Vierter Schritt
Öffnet danach unter dem Menü „Einfügen" die Option „Hyperlink einfügen" und gebt den Dateinamen des Zieltextes bzw. des weiterführenden Textes ein.

Fünfter Schritt
Bestätigt mit einem Mausklick auf das Feld „OK" die Auswahl und der Hyperlink wird erstellt. (Das erkennt ihr daran, dass das markierte Wort blau unterstrichen erscheint.)

- Sammelt in der Gruppe Ideen für mögliche Links und deren Inhalt zum Thema *Barock*.
- Entwerft eine Mind-Map für euren Hypertext, in der die einzelnen Links und ihre Verknüpfungen deutlich werden.

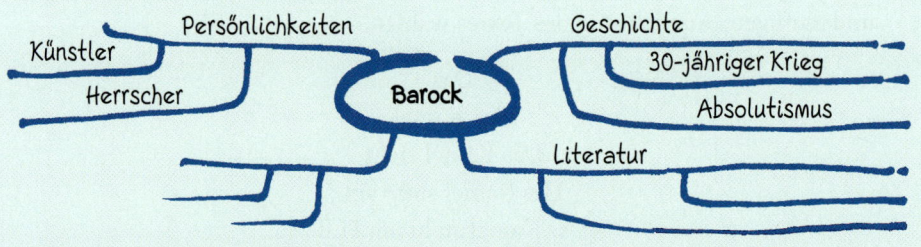

Mind-Map: Barock – Persönlichkeiten (Künstler, Herrscher), Geschichte (30-jähriger Krieg, Absolutismus), Literatur

- Verteilt das Schreiben der Texte für die einzelnen Links unter den Gruppenmitgliedern. Achtet beim Schreiben auf typische, textsortenspezifische Eigenschaften eurer Textbeiträge (leserfreundlich, übersichtlich, …).
- Präsentiert den anderen Gruppen eure Ergebnisse.

Technische Hinweise:
Für die Präsentation der Gruppenergebnisse könnt ihr entweder einen Beamer benutzen oder einen speziellen PC-fähigen Aufsatz für den Overhead-Projektor, den ihr mit einem Computer verbindet.
Projiziert die Texte möglichst gut sichtbar an die Wand, damit alle mitlesen können. Aus diesem Grund sollte die Schriftgröße mindestens 14 pt betragen.
Eine andere Möglichkeit ist die Präsentation am PC selbst. Dazu müsst ihr mit eurer Gruppe von Computer zu Computer gehen und den Links folgen.

Basis für das folgende Glossar sind die Inhalte, die als Grundwissen bzw. Grundfertigkeiten in den Lehrplänen der einzelnen Jahrgangsstufen genannt werden. Je nach Bedarf enthält das einzelne Stichwort Erklärungen, Definitionen oder in wenigen Fällen auch Regelzusammenfassungen zu den wichtigsten Begriffen und Fachtermini, die ihr für die Arbeit mit Band 8 von Wort & Co. benötigt. Manche Stichwörter sind nicht mit einer eigenen Erklärung versehen, es wird jedoch jeweils auf die Erklärung eines anderen Stichworts verwiesen.

Abonnementzeitung, die (siehe Zeitung)

Adjektiv, das (siehe Wortarten)

Adverb, das (siehe Wortarten)

Adverbial, das (siehe Satzglied)
(Plural: die Adverbiale)

Akt, der (siehe Drama)

Aktiv, das (und das **Passiv**)
sind die beiden Genera des Verbs. Eine Handlung oder ein Geschehen wird durch diese Formen aus verschiedenen Blickrichtungen beschrieben. Im Passiv wird das Subjekt des Satzes von einem Geschehen betroffen; im Aktiv ist das Subjekt des Satzes selbsthandelnd am Geschehen beteiligt. Ebenso kann das Passiv einen Vorgang oder einen Zustand beschreiben.
Bsp.: *Ich wasche das Auto.* (Aktiv) – *Das Auto wird von mir gewaschen.* (Vorgangspassiv) oder *Das Auto ist gewaschen.* (Zustandspassiv)

Alexandriner, der . . . . Seite 149
Eine Verszeile mit sechs jambischen Hebungen und einer Zäsur in der Mitte. Findet sich häufig im barocken Sonett und eignet sich besonders für die Wiedergabe von Gegensätzen.
Bsp.: *Was dieser heute baut, reißt jener morgen ein.*

Allegorie, die . . . . Seite 147
Die Wiedergabe abstrakter Begriffe wie Glück, Gerechtigkeit oder Liebe durch Bilder im Sinne von Abbildungen nennt man Allegorie. So steht die Taube für den Frieden, der Sensenmann für den Tod etc.

Alliteration, die
Bei der Alliteration, auch Stabreim genannt, zeigen zwei oder mehrere Wörter innerhalb einer Zeile oder eines Satzes den gleichen (betonten) Anlaut:
Bsp.: *ein **st**arker **St**urm, die **S**onne **s**ank* oder ***K**ahlschlag, **K**ieshügel, **K**rater*

Anapäst, der (siehe Versmaß)

Anekdote, die
In einem kurzen Text wird eine besondere Begebenheit, oft aus dem Leben bekannter Personen, erzählt. Häufig hat die Anekdote eine überraschende Schlusswendung (Pointe). Die Anekdote veranschaulicht meist Charaktereigenschaften eines bestimmten Menschen, aber auch bestimmter Menschentypen oder bestimmter Gruppen. Die Anekdote kann, muss aber nicht der historischen Wahrheit entsprechen.

Apposition, die
ist eine Form des Attributs, und zwar eine nachgestellte Beifügung zum Bezugswort, mit dem sie im Kasus übereinstimmt, und wird mit Kommas vom Satz abgetrennt. Sie kann aus einem Nomen oder einer Nominalgruppe bestehen.
Bsp.: *Schliemann, der Forscher, entdeckte Troja.*

Argument, das . . . . Seite 21
besteht meistens aus drei Elementen, den drei Bs (Behauptung, Begründung, Beispiel). Aus diesen drei Teilen entwickelt sich die Beweisführung. Abhängig von der inhaltlichen Fragestellung kann man von Pro-Argumenten (für eine Position) oder Contra-Argumenten (gegen eine Position) sprechen.

Artikel, der (siehe Wortarten)

Attribut, das

ist ein Satzgliedteil, kein Satzglied. Attribute sind als Zusatzinformationen zu Satzgliedern nur mit diesen umstellbar und sind für die grammatische Vollständigkeit eines Satzes nicht erforderlich.

Bsp.: *Die Suche Schliemanns zog sich über Jahre hin.* (= syntaktisch vollständig)

Die Suche zog sich über Jahre hin. (= syntaktisch vollständig)

Attribute können in unterschiedlicher sprachlicher Form auftreten:

- Ein Adjektiv kann zum Bezugswort treten (Adjektiv-Attribut): *der **restliche** Schutt.*
- Anstelle eines Adjektivs kann auch ein Partizip I oder II treten (Partizipial-Attribut): *der **dahinterliegende** Raum, der **ausgeräumte** Gang.*
- Zum Bezugswort tritt ein weiteres Nomen im Genitiv (Genitiv-Attribut): *der untere Teil **der Tür**.*
- Attribute werden mit einer Präposition an das Bezugswort angeschlossen (Präpositional-Attribut): *die Tür **vor uns**.*
- Das Bezugswort wird durch ein Adverb erweitert (adverbiales Attribut): *des Raumes **da drinnen**.*
- Das Attribut kann auch aus einem Nebensatz bestehen, dem Relativsatz, der durch die Relativpronomen *der/die/das* bzw. *welcher/welche/welches* eingeleitet wird: *der Schutt, **der den unteren Teil der Tür versperrte**.*
- Eine besondere Form des Attributs ist die Apposition, die eine nachgestellte Beifügung zum Bezugswort darstellt. Die Apposition wird mit Kommas vom Satz abgetrennt: *Schliemann, **der Forscher**, grub Troja aus.*

Ballade, die

ist ein erzählendes Gedicht. Sie vereinigt in sich Merkmale des Gedichts, der Erzählung und des Dramas. Mit Vers, Reim und strophischem Aufbau weist die Ballade Merkmale eines Gedichtes auf. Ähnlich einer Erzählung dagegen ist der Entwurf einer spannenden konkreten Handlung, in die – wie bei einem Drama – zahlreiche Dialoge eingearbeitet sein können.

Barock, das oder der .... Seite 140 ff.

Urspr. Begriff aus der bildenden Kunst, speziell der italienischen Architektur. Wurde dann allmählich auf Musik und Literatur übertragen. Setzte sich schließlich als Epochenbezeichnung durch und bezeichnet heute den Abschnitt der europäischen Geschichte von ca. 1600–1720.

Bericht, der .... Seite 181

ist eine Textart und Darstellungsform, die mehr oder weniger ausführliche Informationen über Ereignisse, Sachverhalte, Geschehnisse usw. liefert. Der Bericht vermittelt in sachlicher Form Kenntnisse über die W-Fragen und ist häufig im Lead-Stil verfasst.

Boulevardzeitung, die (siehe Zeitung)

Daktylus, der (siehe Versmaß)

Deklination, die

bezeichnet die Beugung der Wortarten Nomen, Adjektiv, Pronomen und Artikel. Nomina treten in vier Fällen (Kasus) auf, sie werden dekliniert:

1. Nominativ (Wer-Fall): *der Nachbar*
2. Genitiv (Wessen-Fall): *des Nachbarn*
3. Dativ (Wem-Fall): *dem Nachbarn*
4. Akkusativ (Wen-Fall): *den Nachbarn*

Sie weisen verschiedene Genera auf (Maskulinum, Femininum und Neutrum) und die Zahl (der Numerus: Singular oder Plural) der Substantive kann variieren.

Dialekt, der .... Seite 108 ff.
oder die Mundart bezeichnet die in verschiedenen Regionen (Landschaften und Städten) gesprochene Variante einer Sprache im Unterschied zur Hochsprache (auch: Standardsprache). Der Dialekt ist häufig vielfältiger als die vereinheitlichte Hochsprache. Die verschiedenen Dialekte unterscheiden sich in Lautung, Grammatik und Wortschatz vom Standarddeutschen. Aufgrund der regional begrenzten Verbreitung und Verständlichkeit hat der Dialekt andere Einsatzbereiche als die Hochsprache.

Diphthong, der (siehe Laut)

Drama, das. .... Seite 124 ff.
ist eine Textgattung, die Handlung in Monologen einer Figur und Dialogen mehrerer Figuren aufbaut und sich darin von Epik und Lyrik unterscheidet. Häufig sind Dramen in Akte untergliedert, die inhaltliche Einheiten darstellen und sich ihrerseits weiter in Szenen aufgliedern.

Dramatische Texte sind für die Aufführung angelegt und enthalten deshalb Regieanweisungen mit Angaben zu Bühnenbild, Kostümen und Requisiten. Die in einem Drama handelnden Personen heißen Figuren, sie treten stets in Beziehung zueinander (Figurenkonstellation). Die Handlung eines Dramas lebt von der Begegnung unterschiedlicher Charaktere, die gegensätzliche Ziele verfolgen und nicht selten in einen Gegensatz zu gesellschaftlichen Interessen geraten. Dieses die Handlung des Dramas vorantreibende Moment nennt man Konflikt.

Epos, das
(Plural: die Epen)
ist eine längere Versdichtung. Ursprünglich wurden die Epen mündlich weitergegeben. Erst später wurden sie niedergeschrieben und erhielten ihre endgültige Gestalt. In der Antike waren ihre Stoffe die alten Mythen und Sagen von der Entstehung der Welt und dem Wirken der Götter, so z. B. *die Ilias* und *die Odyssee*.

Vor allem im Mittelalter entstehen die Heldenepen, die am Hof und auf Burgen vorgetragen werden und von Rittern handeln. Die Stoffe sind teilweise frei erfunden, aber es sind zum Teil auch Geschichten mit einem historischen Kern, wie z. B. *das Nibelungenlied* (um 1200).

Im Spätmittelalter wurden die höfischen und auch die antiken Epen zu Prosaromanen umgeschrieben.

Erbwort, das. .... Seite 105
Die meisten Wörter des Deutschen sind Erbwörter, die seit jeher der deutschen Sprache angehört haben, weil sie aus dem Indoeuropäischen oder Germanischen „geerbt" wurden. Bsp.: *Frau, Bruder, Vater, Wagen, Pferd, Boot, König*

Erzähler, der (siehe Erzählung)

Erzählung, die
ist eine mündliche oder schriftliche Darstellung von Ereignissen, die wirklich geschehen sein können oder die erfunden worden sind oder auch Mischformen. Ereignisse können aus verschiedenen Blickwinkeln (Erzählperspektiven) erzählt werden. Durch die Erzählperspektive, auch Erzählhaltung genannt, wird festgelegt, was der Erzähler über die Ereignisse und über die Personen wissen kann. Man unterscheidet heute:
- die personale Erzählhaltung: Der Er-/Sie-Erzähler erzählt aus der Sicht einer Person.
- die auktoriale Erzählhaltung: Der Er-/Sie-Erzähler kennt das Geschehen und die Gedanken und Gefühle der beteiligten Personen. Auf dieser Grundlage gestaltet, kommentiert oder bewertet er die Handlung.
- die neutrale Erzählhaltung: Die Vorgänge werden sachlich beschrieben.
- die Ich-Form: Sie kann prinzipiell mit jeder der drei anderen Erzählperspektiven verknüpft werden.

Exposition, die .... Seite 127
  ist der Einleitungsteil eines Dramas, in dem die Figuren eingeführt, Ort und Zeit geklärt werden und die Handlung in Gang gesetzt, evtl. auch eine/die Vorgeschichte erzählt wird.

Fabel, die
  ist eine kurze Geschichte mit Wechselreden (Dialogen), in der Tiere die Rollen von Menschen übernehmen, wie diese sprechen und handeln. Sie enthalten eine Lehre oder Lebensweisheit, üben oft auch Kritik an tatsächlichen menschlichen Einstellungen oder Verhaltensweisen oder an gesellschaftlichen Missständen.

Fach- und Gruppensprache, die .... Seite 106 ff.
  Die Fachsprache ist Ausdruck der Spezialisierung in verschiedenen Bereichen unserer Gesellschaft und dient der präzisen Verständigung von Fachleuten in einem bestimmten Tätigkeitsfeld. Die Fachsprache unterscheidet sich besonders durch ihren Wortschatz von der Normalsprache. Beispiele für Fachsprachen: *Computersprache, Sprache des Sports* oder *der Popmusik, Jägersprache*.
  Sondersprachen dienen dazu, die Zusammengehörigkeit einer bestimmten Gruppe der Gesellschaft zu demonstrieren und diese damit gewollt oder ungewollt abzugrenzen. Zu den Sondersprachen gehören Geheimsprachen (z. B. *Rotwelsch* als Gauner- und Bettlersprache) sowie Gruppensprachen. Eine Gruppensprache wie die *Jugendsprache* ist an aktuellen Trends orientiert, weswegen ihr Wortschatz schnell veraltet.
  Fachsprachen sind also eher sachorientiert, Sondersprachen mehr gruppenorientiert, wobei die Übergänge zwischen beiden Begriffen fließend verlaufen.

Figurenkonstellation, die (siehe Drama)

Fremdwort, das .... Seite 105
  Fremdwörter sind Wörter aus anderen Sprachen, die ihre fremde Gestalt beibehalten und sich dem Deutschen nicht angepasst haben. Die deutsche Sprache hat Fremdwörter aus zahlreichen anderen Sprachen übernommen, besonders aus dem Englischen (z. B. *Sweatshirt*), Französischen (z. B. *Etage*) und Italienischen (z. B. *Pizza*).

Gedicht, das .... Seite 116 ff.
  ist ein einzelner Vertreter der literarischen Gattung Lyrik. Um zu vermeiden, dass das Ich, das in einem Gedicht spricht, mit dem Autor gleichgesetzt wird, verwendet man die Bezeichnung *lyrisches Ich* für den Sprecher im Gedicht. Wichtige Gattungsmerkmale von Gedichten sind in der Regel:
  - Sie sind in Vers- und Strophenform verfasst.
  - Sie reimen sich häufig.
  - Sie besitzen meist ein festes Metrum (Versmaß), das in einer regelmäßigen Abfolge von betonten und unbetonten Silben innerhalb einer Verszeile besteht.
  - Sie enthalten sprachliche Bilder und Vergleiche, um Eindrücke, Gefühle und Stimmungen anschaulich und ausdrucksstark wiedergeben zu können.

Genus, das (siehe Deklination)
  (Plural: die Genera)

Geschehen, das innere und das äußere
  Die Darstellung von innerem und äußerem Geschehen dient dazu, literarische Figuren zu kennzeichnen. Neben Handlungen (äußeres G.) werden daher oft Gedanken, Gefühle und Stimmungen (inneres G.) beschrieben. Vgl. auch den inneren und äußeren Konflikt.

Gliedsatz, der
  ist ein Nebensatz, der die Funktion von Satzgliedern übernimmt, also zum Beispiel
  - ein Subjektsatz an Stelle des Subjekts, Bsp.: *Wer wagt, gewinnt.*
  - ein Objektsatz an der Stelle eines Objekts, Bsp.: *Ich freue mich, dass du kommst.*
  - ein Adverbialsatz an der Stelle eines Adverbials, Bsp.: *Als es ihr zu heiß wurde, sprang sie ins Wasser*, hier als Temporalsatz.

Hauptsatz, der (siehe Satzart)

Heldensage, die (siehe Sage)

Hypertext, der . . . . Seite 198
Eine Ansammlung von Text-, Bild- und/oder Dateneinheiten, die so miteinander vernetzt oder verlinkt sind, dass sich der Benutzer je nach Interesse darin problemlos bewegen kann.

Hypotaxe, die (siehe Satzbauform)

Impressum, das . . . . Seite 171
ist eine Art „Steckbrief" der Zeitung. Darin stehen neben der Postanschrift, der Internetadresse und der Erscheinungsweise der Zeitung die Namen der Journalisten, die für die einzelnen Ressorts (Politik, Wirtschaft, Feuilleton, Sport, Lokales) verantwortlich sind, die sogenannten Ressortleiter. Darüber hinaus erfährt man die Namen von Chefredakteur(-en) und Verleger.

Indikativ, der (siehe Modus)

indirekte Rede, die . . . . Seite 53
wird verwendet, um Aussagen von Personen nicht direkt (wörtliche Rede) wiederzugeben. Der Modus der indirekten Rede ist der Konjunktiv. Bis auf die Wiedergabe früherer eigener Rede (*Ich sagte, ich käme nicht.*) stehen in der Regel Subjekte der 3. Person, es gibt nur drei Zeitstufen (Vergangenheit, Gegenwart, Zukunft): *Er sagt, heute sei schönes Wetter. Deshalb komme seine Schwester. Darauf habe er sich schon lange gefreut. Sie würden spazieren gehen.* Imperative werden mit dem Modalverb *sollen* umschrieben: *Sie sagt, er solle sie am Bahnhof abholen.* Wortfragen werden auch lediglich in den Konjunktiv gesetzt, Satzfragen zusätzlich in indirekte Fragen (mit ob eingeleitet) umgewandelt. *Ob sie über Nacht bleibe, wüssten sie alle noch nicht und deswegen auch nicht, wie lange sie insgesamt bleibe.*

Infinitiv, der (siehe Verb)

Inhaltsangabe, die . . . . Seite 64 ff.
soll die wesentlichen Informationen von Texten zusammenfassen. Durch sie sollen Personen, die die Texte nicht kennen, knapp, sachlich und vollständig über Inhalte und Zusammenhänge informiert werden. Es kommt nicht auf eine persönliche Meinung zum Text an, außer sie wird ausdrücklich gefordert. Die Inhaltsangabe steht im Präsens. In der Inhaltsangabe gibt es keine direkte Rede. Sollte eine genaue Wiedergabe von Gesagtem oder Gedachtem nötig sein, muss auf die indirekte Rede ausgewichen werden.

Interview, das . . . . Seite 185
ist eine journalistische Textsorte. Darin befragt ein Journalist eine Persönlichkeit zu ihren Ansichten und deren Begründung (z. B. Expertenbefragung). Beim Interview können Frage und Antwort im Wechsel wiedergegeben werden, man kann aber den Inhalt auch zusammenfassen und in einen fortlaufenden Artikeltext einbauen. Beim Interview gibt es grundsätzlich drei Möglichkeiten, dem Leser Äußerungen zu präsentieren: als direktes Zitat, als indirekte Rede oder als sinngemäße Zusammenfassung.

Jambus, der (siehe Versmaß)

Kalendergeschichte, die
ist eine besondere Form der Erzählung. Es handelt sich bei Kalendergeschichten um kurze, volkstümliche epische Texte. Sie sollen unterhalten, vor allem aber belehren, weshalb am Ende oft eine „Moral" steht. Sie erschienen lange Zeit als Beiwerk in gedruckten Kalendern. Die beliebtesten Geschichten wurden schon im 19. Jahrhundert zusätzlich in einer Sammelausgabe gesondert veröffentlicht.

Kasus, der (siehe Deklination)
(Plural: die Kasus)

Kommaregeln, die .... Seite 99

Die zehn wichtigsten Kommaregeln

Regel	Beispielsätze
A. Das Komma zwischen Sätzen	
1. Das Komma trennt selbständige Sätze (aneinandergereihte Hauptsätze).	Die Spieler kommen aufs Feld, der Schiedsrichter pfeift, das Spiel beginnt.
Wenn sie durch eine Konjunktion (z. B. *und/oder*) miteinander verbunden sind, kann das Komma entfallen.	Die Lehrerin teilt einen Text aus (,) und die Schüler bearbeiten ihn in Gruppen.
2. Das Komma trennt Hauptsätze und Nebensätze (Gliedsätze) voneinander.	Gabi trifft ihre Freundin, nachdem sie ihre Arbeit beendet hat. Stefan, der gerne liest, freut sich auf den neuen Roman von Gerrit Becker.
3. Zwischen Nebensätzen (Gliedsätzen) gleicher Ordnung, die durch *und* bzw. *oder* verbunden sind, steht KEIN Komma.	Er hofft, dass alle pünktlich sind und (dass) der Unterricht bald beginnen kann.
Zwischen Nebensätzen verschiedener Ordnung steht ein Komma.	Sie hofft, dass alle ihre Hausaufgaben erledigt haben, damit sie die Stunde nicht gleich mit einer Ermahnung beginnen muss.
B. Das Komma bei Partizipial- und Infinitivgruppen	
4.a) Infinitivgruppen werden mit Kommas abgetrennt, wenn sie (1.) durch *um, ohne, statt, anstatt* und *als* eingeleitet sind, wenn sie (2.) von einem Nomen abhängen und wenn (3.) im Hauptsatz ein Verweiswort aus sie hinweist.	(1.) *Er ging, ohne zu bezahlen.* (2.) *Der Versuch, sie zu überzeugen, scheiterte.* (3.) *Er freute sich darauf, sie zu sehen.*
4.b) Partizipialgruppen können durch Komma abgetrennt werden. Steht das Partizip allerdings allein oder nur mit einem Wort als näherer Bestimmung, wird KEIN Komma gesetzt.	Von dem Vorschlag begeistert (,) machte er sich an die Arbeit. Lachend verabschiedeten sie sich.
C. Das Komma zwischen Satzteilen	
5. Das Komma trennt aufgezählte Satzglieder, die nicht durch eine Konjunktion (z. B. *und/oder*) miteinander verbunden sind.	Markus, Lars und Olaf wollen zusammen verreisen. Sie kam, sah und siegte.
6. Geht der Satz nach einer Anrede weiter, steht ein Komma.	Liebe Klara, könntest du mir bitte …?
7. Bei der Datumsangabe steht ein Komma.	München, den 25. 9. 1997
8. Nachgestellte nähere Bestimmungen werden durch Komma abgetrennt bzw. in Kommas eingeschlossen.	Er liebt Musikstars, und zwar besonders Eric Clapton.
Appositionen werden in Kommas eingeschlossen.	Kafka, ein bedeutender deutschsprachiger Autor des 20. Jahrhunderts, starb 1924.
9. Das Komma steht vor adversativen (entgegensetzenden) Konjunktionen (*aber, sondern, jedoch …*).	Die Probleme sind nicht gelöst worden, sondern geblieben.
D. Das Komma bei der wörtlichen Rede	
10. Die wörtliche Rede wird vom Begleitsatz durch Komma getrennt.	„Kommst du heute Abend?", fragte er. „Schnell!", schrie sie.

Konditionalsatz, der . . . . Seite 22 f.
>ist ein Nebensatz (Adverbialsatz), in dem die Bedingung (lat.: *condicio*) für die im Hauptsatz getroffene Aussage, Handlung oder Tatsache angegeben wird. Je nach dem Grad der Wahrscheinlichkeit von Bedingung (im Nebensatz) und Folge (im Hauptsatz) unterscheidet man:
>*Realis:* Bedingung und Folge werden als wahr und unzweifelhaft angesehen (Modus: Indikativ), zum Beispiel: *Wenn es regnet, wird die Straße nass.*
>*Potentialis:* Bedingung und Folge werden als möglich angesehen (Modus: Konjunktiv), zum Beispiel: *Sollte morgen die Sonne scheinen, könnten wir einen Ausflug machen.*
>*Irrealis:* Bedingung und Folge werden als unmöglich oder nicht mehr möglich angesehen (Modus: Konjunktiv), zum Beispiel *Wenn es gestern geregnet hätte, wäre der Rasen nicht so vertrocknet.*

Konflikt, der (siehe Drama)

Konjugation, die
>ist die Flexion des Verbs. Verbformen können nach fünf Merkmalen verändert/bestimmt werden:
>- die Person/die Personen (ich/du/er, sie, es/wir/ihr/sie)
>- der Numerus/die Numeri (Singular, Plural)
>- das Tempus/die Tempora (Zeitformen: Präsens, Präteritum, Perfekt, Plusquamperfekt, Futur I und II)
>- der Modus/die Modi (Indikativ, Konjunktiv, Imperativ)
>- das Genus verbi/die Genera verbi (Aktiv, Passiv)

Konjunktion, die (siehe Wortarten)

Konjunktiv, der (siehe Modus)

Konsonant, der (siehe Laut)

Kurzgeschichte, die
>ist eine kurze Erzählung, deren Handlung ohne Einleitung unvermittelt einsetzt und deren offener Schluss einen Denkanstoß gibt. Sie spielt meist in einer alltäglichen Welt, die in der Zeit angesiedelt ist, in der die Kurzgeschichte entsteht. Sie stellt in schlichter, nüchterner Sprache einen wichtigen Moment (Wendepunkt) im Leben der auftretenden Menschen dar. Sie erlebte in Deutschland eine Blüte nach 1945. Vorbild ist die amerikanische Short story.

Laut, der
>ist der kleinste hörbare Bauteil der Sprache. Aus einzelnen Lauten setzen sich die Wörter zusammen. Man unterscheidet spezielle Lautgruppen: Vokale (Selbstlaute) nennt man die Laute, die von selbst klingen: a, e, i, o, u. Die Konsonanten (Mitlaute) klingen nicht von sich aus; sie brauchen die Vokale, um überhaupt gesprochen werden zu können: b, c, d, f, g, h … Umlaute sind „umgefärbte" Vokale: ä, ö, ü. Im Althochdeutschen hat ein i oder j, das einem Vokal nachfolgte, bewirkt, dass a zu ä, o zu ö und u zu ü umgelautet wurde. Das i oder j ist heute meist verschwunden, der Umlaut ist geblieben. Diphthonge (Doppelvokale) sind Laute, die aus zwei Vokalen bestehen: ei, au, eu.

Lautverschiebung, die . . . . Seite 102
>Die 1. oder germanische Lautverschiebung findet beim Übergang vom Indoeuropäischen zum Germanischen statt.
>Durch die 2. oder hochdeutsche Lautverschiebung (6./7. Jh.) gliedert sich das Deutsche aus dem Germanischen aus. Diese Veränderung beginnt im oberdeutschen Sprachraum (heutiges Süddeutschland), wo das Althochdeutsche entsteht. Im niederdeutschen Sprachgebiet (heutiges Norddeutschland), das von der 2. Lautverschiebung nicht betroffen ist, entwickelt sich das Altniederdeutsche.

Die wichtigsten Veränderungen der 2. Lautverschiebung betreffen die germanischen Konsonanten p/t/k, die im Althochdeutschen zu pf oder ff/(t)z oder s(s)/k(ch) oder (h)h werden.

Lehnwort, das .... Seite 105
Lehnwörter werden aus anderen Sprachen übernommen, passen sich aber in Aussprache, Schreibung und Grammatik dem Deutschen an.

Besonders aus dem Lateinischen sind zahlreiche Lehnwörter Bestandteil der deutschen Sprache geworden, z. B.: Fenster (*fenestra*), Tafel (*tabula*), Münze (*moneta*).

Lied, das .... Seite 120
ist eine verhältnismäßig schlichte lyrische Grundform. Sie ist durch eine einfache strophische Gliederung mit einfachen Reimstrukturen gekennzeichnet (meist Kreuz- oder Paarreim).

Literaturmarkt, der
Die Produktion, der Absatz und der Konsum von Literatur gehorchen weitgehend den Gesetzen des Marktes. Buchverlage und weitere mit der Buchproduktion befasste Betriebe (Druckereien, grafische Betriebe etc.) sowie die Buchhandlungen müssen mit den Werken der Autoren Geld verdienen. Zum literarischen Markt gehören aber auch die Buchkritiker, die Medien, Büchereien, Literaturhäuser, Literaturpreise usw. Zunehmend erlangt auch das Internet für den Literaturmarkt Bedeutung.

Wichtigster Faktor auf der Seite der Konsumenten ist die literarische Rezeption (Aufnahme der Werke) durch die Leser.

Literaturrezeption, die (siehe Literaturmarkt)

lyrische Ich, das (siehe Gedicht)

Massenliteratur, die .... Seite 162 ff.
richtet sich an den Geschmack eines Massenpublikums. Ziel solcher Literatur ist es, durch die Befriedigung des Lesebedürfnisses eines möglichst großen Publikums einen hohen Absatz von Büchern zu erzielen. Um dies zu erreichen, muss die Literatur bekannte und beliebte Themen aufgreifen (z. B. Liebe, Abenteuer, Kriminalfälle, Fantasy, Science-Fiction), bestimmte eingängige Schreibmuster benutzen (z. B. Schwarz-Weiß-Zeichnung der Figuren) und Helden bzw. böse Figuren anbieten, die eine Identifikation bzw. totale Ablehnung ermöglichen. Häufig werden Klischees verwendet (starke Männer, finstere Bösewichte, schöne Frauen etc.). Literatur, die Bestseller-Auflagen erreicht, muss aber keineswegs immer künstlerisch wertlos sein.

Massenmedien, die
sind Mittel zur Nachrichtenübermittlung, Meinungsbildung, Unterhaltung usw. mit großem Verbreitungsgrad, z. B. Zeitung, Rundfunk, Fernsehen, Internet. Synonym: Massenkommunikationsmittel.

Metapher, die .... Seite 121
ist ein bildlicher Ausdruck, bei dem eine bekannte Wortbedeutung in übertragener (bildlicher) Bedeutung gebraucht wird. Metaphern sind etwa *Flussbett* oder *am Fuß des Berges*.

Metrum, das (siehe Versmaß)

Modalität, die . . . . Seite 22 ff.

Übersicht zur Modalität

Inhalt/Funktion	Grammatikalische Form	Sprachliche Mittel im Beispiel
Man kann einfache Aussagen machen.	Indikativ	*Die Zukunft **hat** schon begonnen.*
Man kann angeben, wie sicher etwas ist; wie gewiss man dessen ist.	Einleitesatz Adverbiale der Geltung Futur oder Modalverben	***Ich vermute**, dass ...* ***Meiner Einschätzung nach** ...* *Die Menschen **werden** (wohl) ...* *Das **soll/kann/dürfte** (wohl) ...*
Man kann Aussagen als nur gedacht/hypothetisch hinstellen (oft Bedingungsgefüge).	Konjunktiv II (einschließlich *würde* + Infinitiv)	*Wenn ich einen Doppelgänger **hätte, würde** ich vor allem nicht zur Arbeit **gehen**. ... **ginge** ich ...*
Man kann das, was geschieht oder noch nicht ist, als notwendig, beabsichtigt, möglich, verlangt oder erlaubt darstellen.	Modalverben Einleitesatz Adverbiale	*Er **muss/soll** ...* *Er **will/mag** ...* *Er **kann** ...* *Sie **dürfen** sich Fernsehprogramme anschauen.* *Es ist erlaubt, ... (entspricht „dürfen")* *... notwendigerweise (entspricht „müssen")*
Man kann Gesagtes, Geglaubtes, Gedachtes indirekt wiedergeben.	Konjunktiv I in indirekter Rede, ersatzweise Konjunktiv II (einschließlich *würde* + Infinitiv)	*Meine Kollegin berichtet, sie **komme** gerade vom Landeplatz der Marsmenschen. Mit ihren Hitzestrahlern **würden** sie alles **vernichten**.*

Modus, der

(Plural: die Modi)

ist die Verbform, die den Wirklichkeitsgrad einer Aussage, die Aussageweise deutlich macht. Man unterscheidet zwischen Indikativ und Konjunktiv. Der Indikativ ist der Modus von eindeutigen Aussagen und klaren sachlichen Zusammenhängen, die als real dargestellt werden und ohne Bedenken anerkannt sind. Der Konjunktiv ist der Modus mit dem mögliche oder unmögliche Gegebenheiten und nicht sichere Tatsachen ausgedrückt werden, mit dem die Geltung einer Aussage eingeschränkt wird sowie indirekte Aussagen (→ indirekte Rede) getroffen werden. Der Imperativ ist der Modus der Aufforderung. Die Modalität einer Aussage kann aber auch zum Beispiel durch Modalverben (z. B. *wollen, sollen, können, ...*) oder Modalwörter (z. B. *wahrscheinlich, angeblich, vermutlich, ...*) markiert werden.

Motiv, das

ist ein für den Verlauf einer Handlung bedeutendes Element, das das Geschehen meist wie ein roter Faden durchzieht und bestimmt. Ein traditionell häufig verwendetes Motiv ist z. B. der *Vater-Sohn-Konflikt*. Aber auch in der modernen Film- und Kinoproduktion finden sich immer wiederkehrende Motive der Literatur, etwa das Motiv des *edlen Ritters* oder des *Aschenputtels*.

Mundart, die (siehe Dialekt)

Nachricht, die . . . . Seite 174 ff.

oder die Meldung ist eine kurze, sachliche Mitteilung über einen für den Empfänger in der Regel neuen Sachverhalt. Nachrichtentexte werden oft im Lead-Stil verfasst. Der Vorspann, genannt Lead, informiert in wenigen Sätzen über das Wesentliche, d. h. meist über ein Ereignis, die daran beteiligten Personen, den Zeitpunkt, den Ort und die Beweggründe oder Ursachen. Die Wichtigkeit der Aussagen nimmt gegen Ende hin ab. Nachrichten sollen aktuell sein und ihre Quelle nennen. Das sind häufig die Nachrichtenagenturen.

Nebensatz, der (siehe Satzart)

Nomen, das (siehe Wortarten und Deklination)

Nominalstil, der (siehe Stil)

Novelle, die

ist eine Geschichte, in der das Verhalten eines Menschen in einer inneren oder äußeren Krise dargestellt wird. Zentral ist oft ein einziges Ereignis, durch das das Leben des „Helden" plötzlich eine neue Wendung nimmt. Es handelt sich um eine epische Form, die sich – im Gegensatz zum Roman – durch eine straffe Handlungsführung und konzentrierte Darstellung auszeichnet.

Numerale, das (siehe Wortarten)

Numerus, der (siehe Deklination)

Objekt, das (siehe Satzglied)

Parataxe, die (siehe Satzbauform)

Partizip, das (siehe Verb)

Passiv, das (siehe Aktiv und Passiv)

Personifikation, die .... Seite 121

ist eine Form eines Bildes, die häufig in der Lyrik verwendet wird, um bestimmten Empfindungen und Stimmungen Ausdruck zu geben. Bei der Personifikation werden Gegenstände oder Gedankendinge (z. B. *Angst*) mit menschlichen Eigenschaften versehen. *(Der Himmel lacht.)*

Prädikat, das (siehe Satzglied)

Präposition, die (siehe Wortarten)

Pronomen, das (siehe Wortarten)

Protokoll, das .... Seite 48 ff.

ist eine schriftliche Form mit dem Ziel, besprochene Sachverhalte, Vereinbarungen, Gespräche, Tagungen o. dgl. beweiskräftig zu dokumentieren. Es gehört zum Bereich des sachlichen Schreibens und hat stark informativen Charakter. Man unterscheidet

- das Wortprotokoll (wortwörtliche Mitschrift des Verlaufs)
- das Ergebnisprotokoll (Zusammenfassung der wichtigsten Beiträge und Ergebnisse)
- das Verlaufsprotokoll (mit Einzelheiten versehene zusammenfassende Darstellung dem tatsächlichen Ablauf entsprechend)
- das Unterrichtsprotokoll als Mischform aus Verlaufs- und Ergebnisprotokoll (Darstellung des Unterrichtsergebnisses und des Weges, wie man zum Ergebnis gelangt ist)

Das Protokoll:

- enthält einen Protokollkopf (Name der Veranstaltung, Ort, Datum, Beginn und Ende, Leiter, Protokollführer, Tagesordnung, Teilnehmer)
- ist im Präsens verfasst
- enthält verschiedene Formen der Redewiedergabe
- ist sachlich geschrieben
- muss am Ende vom Protokollführer unterschrieben werden

Redewendung, die .... Seite 112 f.

arbeitet mit sprachlichen Bildern und übertragenen Wortbedeutungen. Dadurch lassen sich bestimmte Verhaltensweisen oder Sachverhalte sehr lebendig und anschaulich darstellen. Die Herkunft vieler Redewendungen liegt in den Lebensbereichen der Vergangenheit (Rittertum, Handel, Handwerk). In manchen Redewendungen haben sich Wörter erhalten, die in der Standardsprache bereits ausgestorben sind (z. B. kein langes Federlesens machen). Die deutsche Sprache übernimmt ständig neue Redewendungen, z. B. aus dem Bereich des Sports (z. B. ein Eigentor schießen).

Redewiedergabe, Formen der .... Seite 52 ff.
Die Wiedergabe von direkter Rede in nicht-direkter Form wird in vielen Textsorten immer wieder benötigt. So müssen Dialoge in Protokollen zusammengefasst oder zumindest nicht wörtlich wiedergegeben werden, in Inhaltsangaben müssen die Inhalte von Rede referiert werden und auch in erzählenden oder berichtenden Texten werden Formen von Redewiedergabe als sprachliche Variante zur direkten Rede immer wieder gebraucht.

Folgende Formen von Redewiedergabe gibt es im Deutschen:
1. Indirekte Rede im Konjunktiv oder im Indikativ. Bsp.: *Herr B. erwiderte, dass er die Aufregung von Frau H. nicht verstehen könne/kann.*
2. Wiedergabe mit dem Infinitiv. Bsp.: *Herr B. erwiderte, die Aufregung von Frau H. nicht verstehen zu können.*
3. Wiedergabe mit präpositionalen Wendungen. Bsp.: *Nach Meinung von Herrn B. ist die Aufregung von Frau H. nicht verständlich.*
4. Wiedergabe durch den Redebericht. Bsp.: *Herr B. kann die Aufregung von Frau H. nicht verstehen.*

Regeln für die Umformung der direkten in die indirekte Rede:
1. Für die indirekte Rede wird in der Regel der Konjunktiv I verwendet.
2. Wenn der Konjunktiv I sich nicht vom Indikativ unterscheidet, dann wird der Konjunktiv II verwendet.
3. Fragesätze, die kein Fragewort am Anfang haben, werden in der indirekten Rede mit *ob* eingeleitet.

Regeln für die Bildung der Konjunktivformen im Deutschen:
1. Der Konjunktiv I wird gebildet aus dem Verbstamm (Infinitiv ohne -en) mit den folgenden Endungen:

    ich geh-e *wir geh-en*
    du geh-st *ihr geh-et*
    er geh-e   *sie geh-en*

2. Für die Formen des Konjunktiv I, die sich nicht vom Indikativ unterscheiden, werden die Konjunktiv II-Formen verwendet:

    ich ginge   *wir gingen*
    (du gingest) *(ihr ging(e)t)*
    (er ginge)   *sie gingen*

    (Die Formen in Klammern werden nicht benötigt, da dort schon der Konjunktiv I ein eindeutiger Konjunktiv ist).

3. Die Formen des Konjuntiv II, die sich vom Indikativ Präteritum nicht unterscheiden, werden durch *würde* + Infinitiv ersetzt. Die Form *„würde* + Infinitiv" wird allerdings häufig auch generell als Konjunktiversatzform in indirekter Rede verwendet.

Regieanweisung, die (siehe Drama)
Reim, der (siehe Gedicht)
Relativsatz, der
Relativsätze sind Nebensätze, die mit einem Relativpronomen (der, die, das/welcher, welche, welches) eingeleitet werden. Als Attribut bestimmen sie Substantive in übergeordneten Satzgliedern (Subjekt, Objekte, Adverbiale) genauer oder auch einen ganzen Satz, zum Beispiel *Der Vater, der eine bunte Schürze trägt, kocht eine Suppe, worüber ich mich sehr freue.* Sie werden vom Hauptsatz durch Kommas getrennt.

Reportage, die .... Seite 180 ff.
> stellt den Ablauf von Ereignissen oder Standpunkte und Argumente dar. Im Unterschied zum Bericht geschieht dies jedoch aus der subjektiven Sicht des Reporters, der vor Ort recherchiert hat oder Augenzeuge war. Das subjektive Element wird z. B. erreicht durch Informationen zum Hintergrund, durch das Zitieren von Zeugen, Beobachtungen und Empfindungen. Der Leser, vor allem von literarischen Reportagen, soll in das Geschehen hineingezogen werden. Ereignisse sollen nicht nüchtern berichtet, sondern dramatisch erzählt werden.

Ressort, das (siehe Zeitung)

rhetorische Figur, die (siehe Stilfigur)

Rolle, die (siehe Drama)

Satzart, die .... Seite 85
> Es gibt drei grundsätzliche Arten, etwas zu sagen:
> - Man kann eine Aussage treffen,
> - man kann jemanden auffordern, etwas zu tun,
> - und man kann jemanden etwas fragen.
>
> Diese drei grundsätzliche Arten, etwas zu sagen, spiegeln sich auch in den drei Satzarten wieder:
> - Aussagesatz: *Corinna schreibt in ihr Heft.*
> - Wunsch- und Aufforderungssatz: *Corinna, schreibe in dein Heft!*
> - Fragesatz: *Schreibt Corinna in ihr Heft?*
>
> Diese drei Satzarten nennt man aus anderer Sicht auch Hauptsätze, weil sie alleine stehen können, während die Nebensätze nie alleine stehen können, sondern immer von einem Hauptsatz abhängig sind.

Satzbauform, die .... Seite 85
> Man unterscheidet zwischen einfachen Sätzen, die nur aus einem Satz bestehen, und den zusammengesetzten Sätzen, die aus mehreren Sätzen bestehen. Sätze kann man auf zwei verschiedene Arten zusammensetzen:
> - Man kann Sätze gleicher Art (meist Hauptsätze) aneinanderreihen, dann entsteht eine Satzreihe (Parataxe): *Er war groß und schlank gewachsen, sein Gang war zwar gebückt, aber er hatte in seinem Leben bisher nur Gutes erlebt und die Augen glänzten voll freudiger Erwartung.*
> - Man kann Haupt- und Nebensätze miteinander verbinden, dann entsteht ein Satzgefüge (eine Hypotaxe): *Obwohl er groß und schlank gewachsen war, ging er gebückt, aber da er in seinem Leben bisher nur Gutes erlebt hatte, glänzten seine Augen voll freudiger Erwartung.*

Satzgefüge, das (siehe Satzbauform)

Satzglied, das
> Satzglieder sind einzelne Bestandteile des Satzes. Sie werden durch die Umstell- und Ersatzprobe ermittelt und durch die Frageprobe bestimmt. Sie können aus einem Wort, einer Wortgruppe oder einem Nebensatz bestehen. Die wichtigsten Satzglieder sind:
> - das Subjekt (Satzgegenstand; Wer oder Was?)
> - das Prädikat (Satzaussage)
> - die Objekte (Genitiv-, Dativ-, Akkusativ-, Präpositional-Objekt; Wessen? Wem? Wen oder was? z. B. Womit?)
> - das Adverbial (Umstandsbestimmung; Warum? Wann? Wie? Wo? …)

Satzreihe, die (siehe Satzbauform)

Science-Fiction, die (siehe Massenliteratur)

Schilderung, die . . . . Seite 32 ff.
> In der Schilderung wird der Gesamteindruck von einer Umgebung/einer Situation wiedergegeben. Dieser Gesamteindruck ist abhängig von der subjektiven Wahrnehmung des Schreibers, der die Situation möglichst mit allen Sinnen wahrnehmen und entsprechend wiedergeben muss. Im Gegensatz zur Erzählung steht die zu vermittelnde Stimmung im Vordergrund, nicht die Handlung.

Sonett, das . . . . Seite 149
> 14-zeiliges Gedicht, das vor allem nach dem Reimschema abba/abba ccd/eed konstruiert wird. Die beiden ersten Strophen (Aufgesang) haben stets vier Verse (Quartette), die beiden letzten Strophen (Abgesang) drei Verse (Terzette). Die strenge formale Gliederung unterstützt vor allem in den Barocksonetten den gedanklichen Aufbau des Gedichtes.

Sprachwandel, der. . . . . Seite 100 ff.
> bezeichnet die Veränderungen, die eine Sprache im Laufe der Jahrhunderte durchmacht. Dazu gehören: Lautwandel (z. B.: 2. Lautverschiebung), Bedeutungsveränderungen (z. B. Aufwertung mhd. *marschalc: Pferdeknecht* → nhd. *Marschall: höchster militärischer Dienstgrad*) sowie die Übernahme von Wörtern aus fremden Sprachen als Fremdwort oder Lehnwort, aber auch aus Fach- und Sondersprachen.

Stil, der
> ist im weitesten Sinn die Bezeichnung für ein besonderes Verhalten oder ein besonderes Aussehen eines Einzelnen oder einer sozialen Gruppe, im engeren Sinn die Summe unverwechselbarer Merkmale von Werken der bildenden Kunst (Malerei, Architektur, Bildhauerei), der Musik oder Literatur in spezifischen Epochen (Epochalstil), Regionen, Gattungen oder Einzelprodukten. Die spezielle künstlerische Ausdrucksweise eines Individuums wird als dessen Personalstil bezeichnet. Des Weiteren unterscheidet man zwischen Verbalstil und Nominalstil. Werden in einem Text besonders viele substantivische Konstruktionen (z. B. substantivierte Verben, Zusammensetzungen) verwendet, spricht man von Nominalstil. Im Gegensatz dazu werden im Verbalstil viele verbale Konstruktionen verwendet.

Stilfigur, die (oder: das Stilmittel)
> Sprachlich-stilistische Mittel (etwa *Metapher* oder *Alliteration*) eines Textes, die der Redner/Schreiber – als ein Teil der rhetorischen Mittel – gezielt einsetzt und deren Untersuchung zum besseren Verständnis dieses Textes beiträgt.

Strophe, die (siehe Gedicht)

Subjekt, das (siehe Satzglied)

Substantiv, das (siehe Wortarten und Deklination)

Symbol, das . . . . Seite 121
> ist eine Form eines Bildes, die häufig in der Lyrik verwendet wird, um bestimmten Empfindungen und Stimmungen Ausdruck zu geben. Beim Symbol verweist ein Wort als bildhaftes Zeichen auf einen Begriff, eine Idee oder einen geistigen Zusammenhang, z. B. die Rose als Symbol für die Liebe oder die Taube als Symbol für den Frieden.

Syntax, die
> ist ein Spezialgebiet der Grammatik. Es beschäftigt sich mit den Bauplänen der Sätze und den verschiedenen Satzarten.

Szene, die (siehe Drama)

Tempus, das (siehe Konjugation)
> (Plural: die Tempora)

Trochäus, der (siehe Versmaß)

Umlaut, der (siehe Laut)

Verb, das

wird auch Zeit- oder Tätigkeitswort genannt. Verben sind Wörter, die eine Tätigkeit, einen Vorgang oder einen Zustand beschreiben. Neben dem Infinitiv (Grundform) und der konjugierten Form (Personalform oder finite Form) können Verben auch als Partizipien (Mittelwörter) auftreten, die nicht konjugiert, sondern dekliniert werden:
- Partizip I (Partizip Präsens): *spielend*
- Partizip II (Partizip Perfekt): *gespielt*

Verbalstil, der (siehe Stil)

Vergleich, der .... Seite 121

Im Vergleich wird zwischen zwei Bereichen, die etwas Gemeinsames haben, eine Beziehung hergestellt. Vergleiche dienen im alltäglichen Leben häufig dazu, Dinge anschaulicher zu beschreiben: *blau wie der Himmel (himmelblau), rot wie die Rose (rosenrot)*.

Versmaß, das

oder auch das Metrum, ist die Abfolge regelmäßig wiederkehrender Hebungen und Senkungen in einem Gedicht, die mitunter vom Rhythmus überlagert wird. Die kleinste metrische Einheit ist der Versfuß. Man unterscheidet:
- der Jambus: x x́ - in: *Der Acker leuchtet weiß und kalt*
- der Trochäus: x́ x - in: *Schön wie niemals sah ich jüngst die Erde*
- der Daktylus: x́ x x - in: *Seltsam, im Nebel zu wandern*
- der Anapäst: x x x́ - in: *Wie mein Glück, ist mein Land*

Mehrere Versfüße ergeben das Versmaß. Entsprechend der Anzahl der Hebungen spricht man von einem Zweiheber, Dreiheber, Vierheber usw.

Endet der Vers mit einer betonten Silbe, nennt man den Versausgang (= Kadenz) männlich oder stumpf; endet er mit einer unbetonten Silbe, nennt man ihn weiblich oder klingend.

Vokal, der (siehe Laut)

Wortarten, die

Die Wortartzugehörigkeit ist ein Kriterium für die Gliederung des Wortschatzes. Die Wortarten lassen sich in flektierbare (Verben, Nomen, Artikel, Adjektive, Pronomen) und nicht flektierbare (Adverbien [auch: Partikel], Präpositionen, Konjunktionen) Wortarten einteilen. Im Einzelnen sind zu unterscheiden:

1. flektierbare Wortarten:	2. nicht flektierbare Wortarten:
• Adjektiv (Eigenschaftswort)	• Adverb (Umstandswort)
• Artikel (Begleiter, Geschlechtswort)	• Konjunktion (Bindewort)
• Numerale (Zahlwort)	• Präposition (Verhältniswort)
• Pronomen (Fürwort)	• Interjektion (Ausrufewort)
• Substantiv oder Nomen (Haupt- oder Namenwort)	
• Verb (Zeit- oder Tätigkeitswort)	

Wortfamilie, die

stellt neben der Wortartzugehörigkeit ein weiteres Kriterium für die Gliederung des Wortschatzes dar. Eine Wortfamilie umfasst die Wörter, die den gleichen Stamm haben. Der Stammvokal kann sich ändern, die Bedeutung der Wörter ist unterschiedlich und die Mitglieder der Wortfamilie können unterschiedlichen Wortarten angehören. Bsp.: *sprechen, Sprichwort, Sprachrohr, sprachlich, spruchreif* usw.

Wortfeld, das

stellt neben der Zugehörigkeit zu einer Wortart oder einer Wortfamilie ein weiteres Kriterium für die Gliederung des Wortschatzes dar. Wörter einer Wortgruppe unterschiedlicher Herkunft, die in ihrer Bedeutung eng zusammen gehören bzw. einem Sinnbezirk angehören, bilden ein Wortfeld. Bsp.: Wortfeld „sprechen": *reden, sagen, fragen, flüstern, schreien* usw.

Zeitung, die . . . . Seite 168 ff.
ist ein aktuelles und regelmäßig erscheinendes Druckerzeugnis. Unterschiedlich hinsichtlich der Art des Vertriebs (Abonnementzeitung, die dem Leser auf Bestellung regelmäßig ins Haus geliefert wird; Boulevardzeitung, auch Straßenverkaufszeitung genannt), nach Verbreitungsgrad (regional, überregional), nach Erscheinungsart (Tageszeitung, Wochenzeitung). Mit diesen äußerlichen Unterschieden sind auch Unterschiede hinsichtlich der inhaltlichen Schwerpunkte und des Stils verbunden. In der Redaktion wird das Material für die einzelnen Sachgebiete (Ressorts) beschafft, gesichtet und bearbeitet. Klassische Ressorts sind Politik, Wirtschaft, Feuilleton, Sport und Lokales.

Textquellenverzeichnis

S. 22 Roswitha Fröhlich/Marie Marcks, Na hör mal! Otto Maier Verlag, Ravensburg 1980, S. 22
S. 33 Boris Panteleimonow, Waldbrand (Titel nicht Original), aus: Der Flüchtige, Reclam, Stuttgart, 1954, zitiert nach: Lesen 8, BSV, 1970, S. 154
S. 34 Gerhard Wahrig, Deutsches Wörterbuch, Bertelsmann Lexikon Verlag, Gütersloh/München 2000, S. 1099
S. 34 Langenscheidt Großwörterbuch Deutsch als Fremdsprache, © 2003, Langenscheidt KG, Berlin und München, S. 884
S. 35 Gabriele L. Rico, Garantiert schreiben lernen. Sprachliche Kreativität methodisch entwickeln – ein Intensivkurs auf der Grundlage der modernen Gehirnforschung, Rowohlt Verlag, Reinbek, 2004, S. 35
S. 40 Ludwig Fels, Bald werden es 5 Jahre ..., aus: Heimatfront, aus: L. F. Kanakenfauna, Luchterhand, Darmstadt, Neuwied, 1982, S. 22 f.
S. 41 Gerhart Hauptmann, Bahnwärter Thiel, aus: Sämtliche Werke in elf Bänden, Centenar-Ausgabe, hrsg. von Hans-Egon Haass, Band VI, Propyläen, Berlin 1962-1971, S. 731
S. 43 Heinrich Heine, Reisebilder, Dritter Teil, S. 42 f., aus: Deutsche Literatur von Lessing bis Kafka, Berlin, Direktmedia Publishing GmbH, 1997 (CD-ROM)
S. 62 Das neue deutsche Taschenlexikon, Bd. 5, Bertelsmann Lexikon Verlag, Gütersloh 1992, S. 240
S. 63 Allzu alt werde ich ..., aus: www.think-of-me.de/Biography/Wolfgang_Borchert.htm; zuletzt besucht am 13.1.06
S. 63 Nach dem Krieg ..., aus: Wolfgang Borchert, Allein mit meinem Schatten und dem Mond. Briefe und Dokumente © 1996 by Rowohlt Taschenbuch Verlag, GmbH, Reinbek bei Hamburg
S. 64 Margret Steenfatt, Hass im Herzen. Im Sog der Gang, Rowohlt Taschenbuch Verlag, Reinbek bei Hamburg 1992, 36.-45.Tausend Februar 1994, Rückseite
Viel Ärger mit Bank-Karte, Nürnberger Nachrichten, 18.11.1999, S. 1
S. 66 f. Heinrich Böll, Anekdote zur Senkung der Arbeitsmoral, aus: Gesammelte Erzählungen, Bd. 2, Verlag Kiepenheuer & Witsch, Köln, 1981, S. 37 f.
S. 70 f. Johann Peter Hebel, Unverhofftes Wiedersehen, aus: Poetische Werke, Emil Vollmer Verlag, Wiesbaden, o. J., S. 271–274
S. 76 f. Loriots dramatische Werke, Diogenes Verlag AG, Zürich ²1981, S. 225 ff.
S. 82 Ansichten von der Nachtseite der Naturwissenschaft, aus: Petzoldt, Die freudlose Muse, Metzler Verlag, Stuttgart, 1978, S. 17
S. 82 f. + 84 Chemie macht müde Männer munter, aus: Kristin Maedefessel-Hermann, Chemie rund um die Uhr, Wiley-VCH, Weinheim, 2004, S. 37 ff.
S. 87 Erich Übelacker, Was ist was?, Band 79. Moderne Physik, Tessloff Verlag, Nürnberg 1996, S. 24 f.
S. 89 Johann Wolfgang Goethe, Erlkönig, aus: Gedichte und Interpretationen. Deutsche Balladen, hrsg. von Gunter E. Grimm, Reclam, Stuttgart 1988, S. 92
S. 90 CD-ROM Encarta Enzyklopädie Pluss 99, Microsoft, 1988
S. 92 Hans Manz, Weigerung, aus: Texte dagegen, hrsg. von Silvia Bartholl, Beltz & Gelberg Verlag, Gulliver zwei, Weinheim und Basel 1993, S. 189
S. 94 f. Die Ausführungen zu den Regeln der Rechtschreibung folgen in den Inhalten, aber auch in Formulierungen weitgehend dem Amtsblatt ... Regelwerk zur deutschen Rechtschreibung. Bekanntmachung des Bayerischen Staatsministeriums für Unterricht und Kultus, Wissenschaft und Kunst vom 22. Mai 1996, Nr. III/9-S4400/4-8/77094 auf den entsprechenden Seiten, zum Teil wörtlich zitiert, zum Teil sprachlich vereinfacht.
S. 95 May Ayin, grenzenlos und unverschämt, aus: Schweigen ist Schuld. Ein Lesebuch der Verlagsinitiative gegen Gewalt und Fremdenhass. Hergestellt bei S. Fischer Verlag GmbH, Frankfurt am Main 1993, S. 31
S. 98 Franz Hohler, Da, wo ich wohne, aus: Texte dagegen, hrsg. von Silvia Bartholl, Beltz & Gelberg Verlag, Gulliver zwei, Weinheim und Basel 1993, S. 50
S. 100,101 und 103 Übersichtskarten aus dem Verlagsarchiv
S. 104 Hermann Unterstöger, Deutsch im Jahr 2099. Ein Blick in die Zukunft unserer Sprache, aus: Süddeutsche Zeitung vom 24./25.7.1999 (gekürzt, in alter Rechtschreibung)
S. 105 Beispiele aus Werner König, dtv-Atlas zur deutschen Sprache, Deutscher Taschenbuch Verlag München, 1978, S. 105
S. 106 Schätzer für Anfänger aus: http://www.uni-karlsruhe.de/~m4m/schaetz.htm; zuletzt besucht am 19.6.2004
S. 109 Harald Weigand, Leber unner Sproch, in: Made in Franken. Best of Mund-Art, hrsg. und mit einem Vorwort versehen von Steffen Radlmeier, ars vivendi Verlag Cadolzburg, 1998, S. 14
S. 110 Sprachkarte, aus: Werner König, dtv-Atlas, Deutsche Sprache, dtv, München, 15. Auflage 2005, S. 160
S. 118 Eduard Mörike, Der Feuerreiter, aus: Karl Otto Conrady: Das große Deutsche Gedichtbuch, Athenäum, Frankfurt/Main, 1987, S. 453 f.
S. 119 Josef Büscher, Angstlied, aus: Karl Otto Conrady, Das große Deutsche Gedichtbuch, Athenäum, Frankfurt/Main, 1987, S. 1082
S. 120 Rose Ausländer, Noch bist du da, aus: ders., Ich häre das Herz des Oleanders. Gedichte. 1977-1979, S. Fischer Verlag, Frankfurt/Main, 1984, S. 86
S. 122 Reiner Kunze, Sensible Wege, aus: Karl Otto Conrady, Philo & Philo Fine Arts GmbH, 1987, S. 1061
S. 123 Jürgen Becker, Im Frühling, aus: Karl Otto Conrady, Das große Deutsche Gedichtbuch, Athenäum, Frankfurt/Main, 1987, S. 1082
S. 123 Walter Helmut Fritz, Bäume, aus: Im Gewitter der Geraden. Deutsche Ökolyrik 1950-1980, hrsg. von Peter-Cornelius Mayer-Tasch, C. H. Beck Verlag, München 1981, S. 104
S. 125 Henning Mankell, Die fünfte Frau, Aus dem Schwedischen von Wolfgang Butt, Paul Zsolnay Verlag, Wien, 1998, S. 9 f.
S. 125 ff. Herbert Rosendorfer, Vorstadt-Miniaturen, Deutscher Taschenbuch Verlag, München 1984, S. 14-16 und 16-19
S. 142 Zerstörung Magdeburgs, aus: B. Roeck (Hg.), Deutsche Geschichte in Quellen und Darstellungen, Bd. 4, Reclam, Stuttgart, 1996, S. 299 f.

S. 143   Andreas Gryphius, Tränen des Vaterlandes, aus: E. Hederer (Hg.), Das dt. Gedicht vom Mittelalter bis zum 20. Jh., Fischer Bücherei, Frankfurt/Main, 1957, S. 50
S. 144 ff. Hans Jakob Christoffel von Grimmelshausen, Der Abenteuerliche Simplicissimus Teutsch, dtv, München, 1975, S. 7 ff.
S. 146   Andreas Gryphius, Ebenbild unseres Lebens, aus: Das große deutsche Gedichtbuch, Athenäum Verlag, Kronberg/Ts., 1977, S. 110
S. 147   Glücksrad, aus: Herder-Lexikon, Symbole, Herder Spektrum, Freiburg, Basel, Wien, 1987, S. 62
S. 148   Andreas Gryphius, Es ist alles eitel, aus: Das große deutsche Gedichtbuch, Athenäum, Kronberg/Ts., 1977, S. 12
S. 150   Simon Dach, Mai-Liedchen, aus: A. Schöne (Hg.), Die dt. Literatur, C. H. Beck Verlag, München, 1963, o.S.
S. 151   Martin Opitz, Ich empfinde fast ein Grauen, aus: Herbert Heckmann (Hg.), 80 Barock-Gedichte, Wagenbach Verlag, Berlin 1976, S. 95/96
S. 152   Petra Rötzer, So fing es an, aus: Fragen und Versuche, Zeitung der Freinetbewegung, Heft 34, S. 34
S. 152   Kurt Marti, Leichenrede, aus: ders., Leichenreden, Nagel & Kimche, Zürich, 2001, S. 75
S. 153   Marie Luise Kaschnitz, Hiroshima, aus: http://www.Kaschnitz.de/sites/gedfr.html
S. 154   Wolfgang Borchert, Die Küchenuhr, aus: ders., Das Gesamtwerk, Hamburg, Rowohlt 1949, S. 201–204
S. 158 f. Hanna Jansen, Über tausend Hügel wandere ich mit dir, Knaur Verlag, © K. Thienemanns Verlag, Stuttgart, Wien, 2003 Covertext • Tilman Röhrig, In 300 Jahren vielleicht, Arena Verlag, Würzburg 2004 Covertext • Henning Mankell, Das Geheimnis des Feuers, Oetinger Verlag, Hamburg 1997 Covertext
S. 161   Nena, 99 Luftballons, Text von Carlo Karges, Edition Hate der EMI Songs Musikverlag GmbH, Hamburg
         Erich Kästner, Fantasie von Übermorgen, aus: http://www.geocities.com/Athens/8307/kaestner/kaestg48.htm, zuletzt besucht am 10.2.06
S. 174   Peter Toussaint, 41000 Wörter für den Kaffeetisch, aus: Neue Ruhrzeitung, Juni 1996, zitiert nach: Deutschstunden 8 neu, Cornelsen Verlag, Berlin 1999, S. 66
S. 179   Süddeutsche Zeitung, 29.12.1999, S. 27, Autor: H. M.
S. 180   Süddeutsche Zeitung, 24.11.1999, S. 42, dpa
S. 180   Süddeutsche Zeitung, 24.11.1999, S. 15, Autor: Jörg Schallenberg
S. 183 f. Martin Meister, Das Mammut-Unternehmen, aus: Geo, Nr. 1/2000, S. 128/129
S. 185   Süddeutsche Zeitung, 24.11.1999, S. 45, Autor: Christian Schneider
S. 186 f. TZ, 24.11.1999, S. 1
S. 189   Georg Blume und Johann Vollmer, China – Zwei Millionen einsame Männer, aus: © Zeit online, 5.10.2005
S. 191   Volker Zeitler, Frauenfragen, Die Welt am 23. Juni 2004

Bildquellenverzeichnis

S.   6   Markus Knebel, Bamberg
S.   7   H. Scheerer, Reden müsste man können, Offenbach 1995, Gabal-Verlag
S.   8   Verlagsarchiv
S. 10   Deutsche Presse-Agentur, Frankfurt (4)
S. 11   Erich Weiß, Bamberg
S. 12   Deutsche Presse-Agentur, Frankfurt
S. 12   Erich Weiß, Bamberg
S. 14   Markus Knebel, Bamberg
S. 19   Erich Weiß, Bamberg
S. 20   Ullsteinbild, Berlin
S. 25   Erich Weiß, Bamberg
S. 30   Verlagsarchiv
         H. Scheerer, Reden müsste man können, Offenbach 1995, Gabal-Verlag
S. 31   Markus Knebel, Bamberg
S. 32   Bildagentur Mauritius, Mittenwald
         Duden 3, Das Bildwörterbuch, Bibliographisches Institut & F.A. Brockhaus AG, Mannheim 1989
S. 34   Verlagsarchiv
S. 36   Verlagsarchiv
S. 39   Interfoto, München
S. 41   DIZ München, Süddeutscher Verlag, Bilderdienst, München
S. 45   Interfoto, München (2)
S. 54   Markus Knebel, Bamberg
S. 62   Bildagentur Mauritius, Mittenwald (2)
         Agentur Superbild, Grünwald
         Interfoto, München
S. 74   Dik Browne © KFS distr. bulls
         Charles M. Schulz, Neue Peanuts-Geschichten © United Features Syndicate Inc. distr., by kipka-komiks.de
         Quino Mafalda, 2. Alles wird gut. Erschienen bei Boiselle & Löhmann, Ludwigshafen. Vertrieben durch Medien Service, Wuppertal, 1996, S. 23
S. 76   Verlagsarchiv
S. 82   dpa, Frankfurt
S. 89   Verlagsarchiv
S. 91   Interfoto, München
S. 99   Artbox, Bremen

S. 100	Werner König, dtv-Atlas, Deutsche Sprache, dtv München, 12. Aufl. 1998, S. 36
S. 101	Werner König, dtv-Atlas, Deutsche Sprache, dtv München, 12. Aufl. 1998, S. 40
S. 103	Werner König, dtv-Atlas, Deutsche Sprache, dtv München, 12. Aufl. 1998, S. 64
	„Mine Heimat" von Martha Müller-Grählert, Zingst, Foto: Okon/Peters, UP-Verlag, Kiel, Best.-Nr. 8146
S. 105	Manessische Liederhandschrift, Universitätsbibliothek, Handschriftenabteilung, Heidelberg
S. 107	Focus 40/1997, S. 270
S. 108	Werner König, dtv-Atlas, Deutsche Sprache, dtv München, 12. Aufl. 1998, S. 170
S. 110	Werner König, dtv-Atlas, Deutsche sprache, dtv, München, 12. Aufl. 1998, S. 160
S. 111	Thomas Langer, Nürnberg
	Cinetext, Frankfurt
	Erich Weiß, Bamberg
	Gunther Kögler, Heroldsberg
S. 116	Bildagentur Mauritius, Mittenwald
S. 117	Artothek, Peissenberg (Goethe-Museum, Frankfurt)
S. 122	Verlagsarchiv
S. 126	Verlagsarchiv
S. 127	Olivia Henkel/Tamara Domentat/René Westhoff, Spray City, Graffiti in Berlin, hg. von der Akademie der Künste, Berlin, im Rahmen von „X94-Junge Kunst und Kultur", Verlag Schwarzkopf & Schwarzkopf, Berlin 1994, S. 79
S. 128	Foto einer Schulspielaufführung der Vorstadt-Miniaturen 1985 am Münchner Elsa-Brändström-Gymnasium
S. 130 f.	Olivia Henkel/Tamara Domentat/René Westhoff, Spray City, Graffiti in Berlin, hg. von der Akademie der Künste, Berlin, im Rahmen von „X94-Junge Kunst und Kultur", Verlag Schwarzkopf & Schwarzkopf, Berlin 1994, S. 32
S. 132	Henry Chalfant/James Prigoff, Spraycan Art, with 224 colour ilustrations, Verlag Thames and Hudson Ltd., London 1987, S. 85
S. 135	Henry Chalfant/James Prigoff, Spraycan Art, with 224 colour ilustrations, Verlag Thames and Hudson Ltd., London 1987, S. 22
S. 136	Verlagsarchiv
S. 138	Hans Peter Doll/Günther Erken, Theater. Eine illustrierte Geschichte des Schauspiels. Belser Verlag, Stuttgart/Zürich, 1985, S. 47
S. 139	Verlagsarchiv
S. 141	Musée National de Versailles et des Triamos, Château de Versailles, Artothek, Peissenberg
S. 142	3 x Verlagsarchiv
S. 143	dtv, München, 1975
S. 144	Stich von Franck, 1648 Krieg und Frieden, Ausstellungskatalog hrsg. von Klaus Bußmann und Heinz Schilling
S. 147	Herder-Lexikon, Symbole, Herder Spektrum 1978, S. 62; Georg Westermann Verlag, Braunschweig 1966
S. 149	Peter Hauch, Bamberg
S. 157	Verlagsarchiv
S. 158	Jansen, Umschlagabbildung, Mauritius Mittenwald
	Röhrig, Umschlagillustration, Dieter Leithold
	Mankell, Einband von Patrick Hespeler
S. 162	Joanne K. Rowling, Harry Potter und der Stein der Weisen, Carlson Verlag, Hamburg [11]1999, S. 5-6
	Perry Rhodan, Sternvogels Geheimnis, Nr. 2013/12, Verlagsunion Pabel-Moewig, Rastatt 2000
S. 163	Agentur Perry Rhodan Kommunikation, Infos aus Verlagsunion Pabel-Moewig, Rastatt
S. 164	Joanne K. Rowling, Harry Potter und der Stein der Weisen, Carlson Verlag, Hamburg [11]1999
	Kultur Spiegel, Heft 4, April 2000, S. 10
	Perry Rhodan, Sternvogels Geheimnis, Nr. 2013/12, Verlagsunion Pabel-Moewig, Rastatt 2000, S. 151
	Gillian Cross, Auf Wiedersehen im Cyberspace, Buch-Cover, dtv Junior
S. 168	http://www.bdzv.de/veranstaltungen/woche/redaktion/schneider.htm
S. 169	Erich Weiß, Bamberg
S. 173	Internet Webside Süddeutsche Screenshots
S. 177	Bildagentur Mauritius, Mittenwald
S. 179	Associated Press, Frankfurt
S. 180	Deutsche Presse-Agentur, Frankfurt
S. 182	Agentur Superbild, Grünwald, ?
S. 185	Bildagentur Bavaria, Gauting
S 183	Martin Meister, Das Mammut-Unternehmen, in: GEO, Nr. 1/2000, S. 130 ff.
S. 186 f.	Süddeutsche Zeitung, München
S. 188	CCC, München
S. 191	Erich Schmidt Verlag, Berlin
S. 193	PC statt TV? aus: Horst W. Opaschowski, 2010 Deutschland, B.A.T. Freizeitforschungsinstitut GmbH, Hamburg, 2001, S. 134
S. 195	Erich Weiß, Bamberg (2)